Das Buch

»Miss Kim weiß Bescheid« versammelt die Leben von acht koreanischen Frauen im Alter von 10 und 80 Jahren. Jede einzelne dieser stellvertretenden Frauenbiografien wird vor einem aktuellen gesellschaftlichen Thema in Korea verhandelt: das heimliche Filmen von Frauen in der Öffentlichkeit, Hatespeech und Cybermobbing auf Social-Media-Plattformen, häusliche Gewalt, Gaslighting, weibliche Identität im Alter und die Ungleichbehandlung am Arbeitsplatz. Auch sich selbst, die plötzlich weltbekannte Autorin, nimmt sie ins Visier. Ihr Erfolg ermöglicht ihr einerseits, ihr Leben als Schriftstellerin komfortabel zu führen, andererseits lässt sie der Hass, der ihr vor allem im Netz begegnet, nicht kalt. Cho Nam-Joos meisterhaftes Können besteht in der glasklaren Sprache, in der sie ihre Prosa verfasst, und gleichzeitig in dem genauen Blick auf die Ungerechtigkeiten Koreas, den sie mit nichts verschleiert, sondern im Gegenteil messerscharf zu Papier bringt. Wie schon bei »Kim Jiyoung, geboren 1982« sind auch die Schicksale dieser acht Frauen nicht annähernd so weit von uns weg, wie wir meinen und hoffen.

Die Autorin

CHO NAM-JOO war neun Jahre lang als Drehbuchautorin fürs Fernsehen tätig. Ihr Roman »Kim Jiyoung, geboren 1982« hat sich weltweit über zwei Millionen Mal verkauft und war auch in Deutschland ein großer Bestseller. Cho Nam-Joo lebt in Korea.

Die Übersetzerin

INWON PARK, Übersetzerin u.a. von Aeran Kims Erzählband »Lauf, Vater, lauf« und Young-Ha Kims Roman »Aufzeichnungen eines Serienmörders«, ist Assistant Professor für Germanistik an der Ewha-Frauenuniversität in Seoul.

CHO NAM-JOO

MISS KIM WEISS BESCHEID

STORYS

Aus dem Koreanischen
von Inwon Park

Kiepenheuer
& Witsch

2. Auflage 2024

Titel der Originalausgabe: 우리가 쓴 것 (Uriga Sseun Geot)
© Cho Nam-joo, 2021
All rights reserved
Aus dem Koreanischen von Inwon Park
© 2022, 2024, Verlag Kiepenheuer & Witsch, Köln
Alle Rechte vorbehalten
Die Nutzung unserer Werke für Text- und Data-Mining
im Sinne von § 44b UrhG behalten wir uns explizit vor.
Covergestaltung: Barbara Thoben, Köln
Covermotiv: © JoyCrew/Shutterstock
Gesetzt aus der Adobe Caslon Pro
Satz: Buch-Werkstatt GmbH, Bad Aibling
Druck und Bindung: GGP Media GmbH, Pößneck
ISBN 978-3-462-00534-9

UNTER DEM
PFLAUMENBAUM

Ich holte die Medizinbox aus dem Küchenschrank. Ich fand in kleinen Tüten abgepackte Blutdrucktabletten für etwa drei Monate, vier Fläschchen mit Augentropfen, eine Salbe, die mir der Arzt gegen meinen Juckreiz am Körper verschrieben hatte, eine Brand- und Wundsalbe, die ich im Frühling wegen einer Verbrühung an der Hand gekauft hatte, und die übliche Hausapotheke wie Verdauungsmittel, Schmerztabletten, Wundpflaster, Desinfektionsspray sowie japanische Schmerzpflaster. Die zwei abgelaufenen Fläschchen mit Augentropfen und die Brand- und Wundsalbe hatte ich eigentlich längst wegwerfen wollen, aber ich war immer noch nicht dazu gekommen. Neulich hatte meine Schwiegertochter in der Medizinbox nach der Narben-Creme gesucht. Bestimmt hatte sie die abgelaufenen Medikamente bemerkt, doch sie schien nachsichtig darüber hinwegzusehen.

Die Augentropfen mit dem gelben Verschluss sollte ich zweimal, die mit dem hellblauen viermal am Tag nehmen. Ich träufelte mir je einen Tropfen aus dem Fläschchen mit dem hellblauen Verschluss in jedes Auge. Die Augen brannten dann immer so stark, dass ich sie erst nicht öffnen konnte. Die Augenpraxis *Dr. Cheong* an der U-Bahn-Station war zwar weder besonders kompetent noch ausgesprochen freundlich, aber ich ging weiter dorthin, weil mir die Apothekerin im Erdgeschoss sympathisch war. Ich konnte mich immer noch an die Verwunderung und Aufgeregtheit erinnern, die mich damals bei der Eröffnung der Apotheke überkommen hatten. Die Apothekerin war eine alte Dame mit locker zusammengebundenen, ungefärbten grauen Haaren.

Sie hatte zwei noch kleinere Plastikfläschchen aus einer kleinen Schachtel geholt, auf die sie dann mit einem Filzstift jeweils *2x am Tag* und *4x am Tag* geschrieben hatte. Sie hatte das Fläschchen mit dem hellblauen Verschluss leicht geschüttelt und mir dazu erklärt:

»Es wird ein wenig brennen, aber die Tropfen wirken gut. Wenn die Jahreszeiten wechseln, greife ich auch immer darauf zurück. Aber Sie dürfen die Tropfen nicht über längere Zeit nehmen. Wenn der Juckreiz nach einer Woche nicht abgeklungen ist, sollten Sie wiederkommen.«

Dann hatte sie die Augentropfen in einen Apothekenbeutel gesteckt, auf den die Inhaltsstoffe und die Einnahmeanweisung aufgedruckt waren, und den Beutel an der einen oberen Ecke nach unten gefaltet. Ich mochte es, wie die Apothekerin die Ecke zu einem Eselsohr einknickte. Es half weder, den Beutel zu schließen, noch machte es ihn griffig, und dennoch knickte sie jedes Mal eine Ecke ein. Als wollte sie damit sagen: *Fertig. Medikamente eingepackt. Alles erklärt.* Wie ein schlichtes *Auf Wiedersehen* – eine charmante Geste.

Beim Blinzeln liefen mir dicke Tränen die Wange hinunter, und mit ihnen leider auch die Augentropfen. Als ich mir die Tränen am Ärmel abwischte, kamen sie mir echt vor. Ich weinte nicht, weil ich traurig war, vielmehr wurde ich erst, als mir die Tränen herunterliefen, von einer Trauer heimgesucht. Vor dem Küchenfenster bogen sich die dürren Äste im Wind.

In dem Pflegeheim, in dem meine älteste Schwester Kumju untergebracht war, gab es einen großen Gemeinschaftsraum im Erdgeschoss. Während das Gebäude mit seinen überwiegend kleinen Fenstern und Wandpaneelen insgesamt eher beengt wirkte, gab es im Gemeinschaftsraum eine große Fensterfront, durch die man auf einen Pflaumenbaum sah. Bei jedem meiner Besuche setzte ich mich mit meiner Schwester davor. Sie nahm dann immer meine Hand und sagte, ich solle sie wieder besuchen, bevor die Blüten abfielen. Ich besuchte sie zweimal, bevor die weißen Pflaumenblüten abgeblüht waren. Ich besuchte sie, als der Baum bereits vollständig mit Laub bedeckt war, und auch, als er alle Blätter wieder abgeworfen hatte. Trotzdem fragte mich meine Schwester jedes Mal, warum ich erst jetzt käme, und verlangte, ich solle wiederkommen, bevor die Blüten abfielen.

Kumju sah nicht mehr richtig, hatte kaum noch Zähne und litt unter Zahnfleischschwund; zudem hatte sie wegen verstopfter Herzkranzgefäße zwei Katheter-Eingriffe über sich ergehen lassen müssen. Das stand in keinem Zusammenhang mit dem Alzheimer. Es waren ganz gewöhnliche Alterserscheinungen. Waren das also keine Krankheiten? Oder war das Altern selbst eine Krankheit? Ich nahm mir vor, meine Schwester öfter zu besuchen.

Kumju hatte mich mehrmals gebeten, Pfirsiche mitzubringen, aber da es zu dieser Jahreszeit keine frischen gab, kaufte ich welche in Dosen. Ich brachte auch eine Packung Mundspülung mit, weil meine Schwester stark aus dem Mund roch, wenn wir eng beieinandersaßen und uns unterhielten. Ob die Mundspülung Verwendung finden würde, war allerdings fraglich. Denn als ich bei meinem letzten Besuch davon gesprochen hatte, hatte mir die Pflegerin, die sich besonders fürsorglich um meine Schwester kümmerte, prompt eine Predigt gehalten. Man könne sich den Magen verderben, wenn man die Spülung aus Versehen hinunterschlucke. Zu meiner Schwester hatte sie dann gesagt:

»Aus Ihrem Mund riecht es doch so süß. Wozu brauchen Sie da noch Mundspülung, nicht wahr?«

Meine Schwester hatte immer rissige Lippen, weil sie nie von sich aus Wasser trank und den Mund ständig leicht offen hielt. Sie presste ihre Lippen aufeinander, nachdem ihr die Pflegerin etwas Lippenbalsam aufgetragen hatte. Beim Betrachten meiner Schwester meinte die Pflegerin, sie fände sie anmutig.

»Wie bitte?«

»Ich sagte, dass sie sehr anmutig ist.«

Meine Schwester hatte sich derart unerschrocken und verbissen durchs Leben geboxt, dass sich um ihren Mund und zwischen den Augenbrauen tiefe Falten eingegraben hatten, die aussahen, als hätte man sie mit einem Messer eingeritzt. Meine Schwester hatte immer angegeben, ihre Gesichtshaut sei glatt und geschmeidig davon, dass sie ihr Leben lang dem Dunst köchelnder Fleischbrühe ausgesetzt gewesen war. Aber als sie den Laden aufgeben musste, verlor auch ihre Haut die Geschmeidigkeit und rötete sich stattdessen immer stärker, ähnlich wie bei Betrunkenen. Zudem hatten sich Altersflecken auf ihrem Gesicht ausgebreitet. Und dieses Gesicht sollte anmutig sein?

»Wenn ich ihr den Balsam auftrage, presst sie wie jetzt nur leicht die Lippen aufeinander. Und wenn ich ihr etwas Creme auf den Handrücken gebe, verteilt sie sie erst mit dem Finger auf Wangen und Stirn, bevor sie sie einklopft. Nie schmiert sie sich grob damit ein. Ihre Teetasse stützt sie immer mit einer Hand ab und Bücher schlägt sie immer vorsichtig auf, damit sie am Rücken keinen Knick bekommen. Die Anmut ist ihr in Fleisch und Blut übergegangen.«

Als Mädchen hatte sich meine Schwester für unsere Eltern um uns jüngere Geschwister kümmern müssen. Nach ihrer Heirat war sie aufgrund der Unfähigkeit ihres Ehemannes gezwungen gewesen, für zwei zu arbeiten, um ihre fünf Kinder zu ernähren und ihnen eine Schulbildung zu ermöglichen. Eigentlich keine außergewöhnliche Lebensgeschichte. Wenn ich an meine Schwester dachte, kam mir immer zuerst das abgegriffene Wort *couragiert* in den Sinn.

Ich hatte nicht gewusst, dass sie so gern las. Den ganzen Tag las sie, das Buch so weit wie möglich von sich haltend, und kniff dabei die nicht mehr ganz sehtüchtigen Augen zusammen. Ob in ihrem Zimmer, unten im Gemeinschaftsraum oder im Esszimmer – überall las sie. Meine Schwiegertochter hatte mir erzählt, dass es mittlerweile Großdruckbücher gab. Also abonnierte ich das Monatsmagazin *Positives Denken* in der Großdruck-Ausgabe für sie und brachte ihr ein paar Bestseller-Essaybände in Großdruck mit.

Eines Tages lag eine Ausgabe von *Positives Denken* im Schoß meiner Schwester, die eingenickt war. Die Pflegerin sagte mir, dass sie ständig beim Lesen einschlief. Vorsichtig nahm ich mir die Zeitschrift und fragte, ob meine Schwester Freude daran habe.

»Das ist schwer zu sagen. Es kommt nämlich oft vor, dass sie tagelang immer dieselbe Seite aufgeschlagen hält. Ich glaube, sie fühlt sich damit einfach wohl.«

»Ich hatte keine Ahnung, dass meine Schwester gern liest.«

»Das erlebt man oft bei älteren Personen mit Demenz. Die, die sich nie verstellt oder verbogen haben, halten eisern an ihren Gewohnheiten fest, aber die, die Dinge unterdrückt haben, verändern sich, sobald ihr Gedächtnis nachlässt.«

Meine Schwester war im Alter zur Kirchgängerin

geworden. Auf meine Fragen, wie man denn so ohne Weiteres gläubig werde und ob sie denn an Gott, Auferstehung, Himmelreich und dergleichen glaube, hatte sie nur erwidert *Ist doch lustig.* Kumju erzählte, dass sie auch mittwochs in die Kirche ging, weil dann ein Bibel-Lektürekurs für neue Senioren-Mitglieder wie sie angeboten würde. Sie sagte, sie würde jeden Tag nach einem Stundenplan in der Bibel lesen und daraus abschreiben, und sie sei Teil einer Lerngruppe, in der sich die Teilnehmer gegenseitig Fragen stellen konnten. Meine Schwester hatte ihre Tasche geöffnet und mir darin ihre Bibel, ihr Schreibheft und ihr Mäppchen gezeigt.

»Vorhin auf dem Heimweg habe ich Textmarker in Pink und Hellblau gekauft.«

Ich glaubte, von Glück sagen zu können, dass sie keiner zwielichtigen Organisation zum Opfer gefallen war. Wie leer und eintönig musste ihr das Leben vorgekommen sein, nachdem ihre Kinder längst großgezogen waren und sie den Laden hatte aufgeben müssen. Wenn sie versucht hätte, die Leere mit Kaffeefahrten und Verkaufsveranstaltungen oder der Zugehörigkeit zu einer Sekte zu kompensieren, wäre das eher ein Problem gewesen. Ich hatte sie nicht gefragt, warum es ausgerechnet die Kirche und Bibel-Lektüre waren und ob sie die winzige Schrift in der Bibel überhaupt entziffern konnte.

»Das ist eine gute Idee. Ob Kirche oder buddhistischer Tempel, ist doch unwichtig. Hauptsache, man findet dort Halt.«

Meine Schwester schenkte meinen abgedroschenen Worten damals keine Beachtung. Ich hatte das alles längst vergessen: die Religiosität meiner Schwester, ihren Glauben und ihre Erlösung.

Ich musste zuerst mit dem Stadtteil- und dem Regionalbus fahren und dann in den Shuttlebus des Pflegeheims umsteigen, um nach anderthalb Stunden das Heim zu erreichen. Für die Kinder meiner Schwester war es selbstverständlich gewesen, sie in ihrer Nähe unterzubringen, aber für mich war der Weg beschwerlich. Ich musste einen ganzen Tag für einen Besuch aufwenden. Ich konnte nicht mehr gut genug sehen, um auf der Fahrt zu lesen, und beim Musikhören wurde mir schwindlig. Neuerdings konnte ich im Bus nicht einmal mehr schlafen. Während ich geistesabwesend aus dem Fenster starrte, fragte ich mich, wie viel Zeit mir wohl noch blieb und ob ich diese untätig verbrachten Momente vielleicht bald bereuen würde.

Bei dem Pflegeheim handelte es sich um ein u-förmiges Gebäude mit einem betonierten Hof, in dem ein Garten angelegt war. Eine niedrige, kreisförmige Sandsteinmauer verlief rund um eine Erdanhäufung, die mit einem großen Pflaumenbaum, Unkrautpflanzen, deren Namen ich nicht kannte, und ein paar Feldblumen bepflanzt war. Es war das einzige Stück Natur im ganzen Pflegeheim. Von außen betrachtet bot der Garten vor dem Gebäude ein recht harmonisches Bild. Blickte man jedoch vom Gemeinschaftsraum nach draußen, wirkte der Pflaumenbaum vor der belebten Straße und der Baustelle gegenüber, wo eine neue Wohnanlage gebaut wurde, merkwürdig fehl am Platz. Als hätte sich ein alter Wanderer, der sonst überall fortgescheucht und abgeschoben worden war, nun einfach irgendwo niedergelassen.

Der Pflaumenbaum war zurückgeschnitten, die trockenen Äste sahen gleichzeitig gepflegt aus. Es war nicht zu erkennen, ob sie abgestorben waren oder nicht. Früher, als es meiner Schwester finanziell noch gut gegangen war, standen bei ihr im Wohnzimmer einige Zwergbäume. Ich hatte meinen Schwager gefragt, ob es künstliche Bäume seien, weil ich mir nicht hatte vorstellen können, dass sie echt sein könnten. Mein Schwager hatte mir eine ganze Weile den Nutzen und die Schönheit von Zwergbäumen erklärt. Nachvollziehen konnte ich das nicht. Ein Baum kam schließlich erst dann zur Geltung, wenn er zusammen mit anderen Bäumen auf einem Berg zum Himmel und den Wolken emporragte. So mitten im Zimmer ging doch keine Stimmung von ihm aus. Mein Schwager hatte darauf erwidert: *Ja, irgendwie hast du recht.*

»Weißt du, es gefällt mir einfach, einen Baum, der eigentlich viel größer als ich sein müsste, nach meinem Gusto zu formen und zu gestalten, ihn in diesem kleinen Topf wachsen zu sehen. Als würde ich Mutter Natur ein Schnippchen schlagen.«

Ich hielt meine Nase an die Blätter. Als ich zweimal tief einatmete, nahm ich zuallererst einen metallischen, stechenden Rostgeruch wahr. Dann schnüffelte ich energisch an dem Baum. Er roch nach Papier, Staub, Erde und nach Holzgegenständen. Nicht etwa nach dem feuchten Geruch frischer Hölzer, wie man ihn aus den Bergen und Wäldern kennt, sondern es war der Geruch, der einem entgegenkommt, wenn man eine Holzschublade nach langer Zeit wieder öffnet. So ließ es sich also auch leben.

Als ich den Pflaumenbaum betrachtete, überkam mich das Gefühl, genau diese Gerüche würden von irgendwoher angeweht kommen. Wo waren die Zwergbäume wohl jetzt?

Kumju war allein im Zimmer. Mit vorwurfsvollem Blick fragte sie mich, als sie aus ihrem Mittagsschlaf erwachte:

»Warum kommst du erst jetzt, Dongju?«

»Habe ich dich geweckt?«

»Nein, nein. Ich habe nicht geschlafen.«

Ich setzte mich zu meiner Schwester, die halb aufgerichtet an die Wand gelehnt im Bett lag. Überraschenderweise roch sie nach frisch gekochten Geschirrtüchern. War sie etwa mit einem nassen Handtuch gewaschen worden?

»Du riechst gut.«

»Dongju.«

»Ja?«

»Warum kommst du erst jetzt?«

»Es tut mir leid. Habe ich dir eigentlich erzählt, dass meine Enkelin ein Kind bekommen hat? Die Babysitterin ist zurzeit im Urlaub, deshalb ist das Kind nachmittags bei uns, bei meiner Schwiegertochter und mir. Um das Kind kümmert sich zwar meine Schwiegertochter, doch allein vom Zuschauen werde ich müde, sodass ich zu nichts komme. Ich gehe schließlich auch auf die achtzig zu.«

»Du, Dongju.«

»Ja?«

»Meine Älteste hat auch ein Kind bekommen. Nachher kommt ihr Mann, um etwas Suppe für sie abzuholen.«

»Ja. Dank deiner Fleischbrühe kann sie bestimmt viel Milch geben.«

»Ach was. Sie ist bitter enttäuscht, weil ich nicht zu ihr komme, um mir das Baby anzusehen.«

Das war zu der Zeit gewesen, als ihr Lokal für Rinderknochensuppe besonders viel Umsatz gebracht hatte. Meine Schwester hatte damals behauptet, weder Müdigkeit noch Hunger zu kennen, solange sie in der Lage war, für die Studiengebühren und Hochzeitskosten ihrer Kinder aufzukommen. Außerdem sei sie glücklich, ihre älteste Tochter mit der Fleischbrühe füttern zu können. Nur die Tochter war anscheinend nicht ganz so glücklich. Die Zeit war wirklich schnell vergangen. Das Kind meiner Nichte war bereits über dreißig und kam jedes Wochenende ins Pflegeheim, es kümmerte sich fürsorglicher um seine Großmutter als seine Eltern.

»Dongju.«

»Wie schön, dass du mich so nennst.«

»Wie soll ich dich denn sonst nennen?«

»Ich habe meinen Namen offiziell ändern lassen, aber mich hat trotzdem niemand damit angeredet. Ich bin dann stattdessen zur Bank und zum Einwohnermeldeamt gegangen, nur um damit aufgerufen zu werden.«

Mein Mann hatte mich verhöhnt. Wozu ich im Alter noch meinen Namen ändern lassen wolle, alte Menschen würden sowieso nur noch im Krankenhaus bei ihrem vollen Namen gerufen werden. Er hatte eigentlich nichts gegen die Idee, er verstand nur meine Beweggründe nicht. Nur ein einziges Mal hatte ich das Thema ihm gegenüber angesprochen, danach nie wieder. Unmittelbar nach dem Begräbnis meines Mannes stellte ich den Antrag auf Namensänderung. Wer mich damals gesehen hätte, hätte sicher gedacht, ich hätte nur auf diesen Moment gewartet.

Meine Schwestern hatten hübsche Namen. Die älteste hieß Kumju – *Gold* –, die mittlere Unju – *Silber* –, ich hieß jedoch Mallyeo, *die allerletzte Tochter*. Kim Mallyeo. Als Kind hatte ich oft geweint, weil mir dieser Name verhasst war. In meiner Generation war er zwar keine Seltenheit, aber er unterschied sich doch sehr stark von den Namen meiner Schwestern. Wenn schon nicht in der Schule, dann wollte ich wenigstens zu Hause mit einem schönen Namen angeredet werden. Als ich meine Mutter darum bat, schimpfte sie: »Der Himmel wird dich bestrafen, wenn du dich über einen so besonderen, verheißungsvollen Namen beschwerst.«

Der Name hatte seinen Zweck erfüllt, meine Mutter

hatte nach mir zwei Söhne bekommen. Doch welchen Nutzen hatte der Name mir gebracht?

Meine älteste Schwester wurde wütender als ich, wenn meine jüngere Schwester mich für meinen Namen aufzog. Sie versuchte an meiner Stelle, unsere Mutter mit stichhaltigen Argumenten zu überzeugen, dass sie mich anders nennen sollte, während mir nichts Besseres einfiel, als dass ich meinen Namen altmodisch fände. »Wir heißen Kumju und Unju, warum heißt sie Mallyeo und nicht Dongju, *Bronze?* Wie sollen wir sie mit diesem andersartigen Namen wiederfinden, wenn wir sie draußen einmal aus den Augen verlieren? Mittlerweile haben wir doch zwei Brüder, warum müssen wir sie immer noch Mallyeo nennen? Mama, wünschst du dir etwa noch einen dritten Sohn?« Heute musste ich zwar über die Einwände meiner Schwester lächeln, aber damals waren sie auf ihre Weise logisch gewesen. Meine Mutter allerdings hatte sie mit einem knappen »Ruhe jetzt!« abgetan.

Meine älteste Schwester hatte mich Dongju genannt, wenn wir unter uns waren, und mir verraten, dass ich meinen Namen offiziell ändern lassen könne, sobald ich erwachsen wäre. Auch als Erwachsene hatte ich noch vierzig Jahre lang als Mallyeo gelebt. Erst mit weit über sechzig wurde ich zu Kim Dongju. Als ich meinen neuen Personalausweis ausgestellt bekam, eilte ich auf der Stelle zu meiner Schwester. Diese war viel bewegter als ich und sagte mit feuchten Augen zu mir: *Natürlich heißt du Dongju.*

»Dongju.«

»Ja?«

»Hat Unju die Operation gut überstanden?«

»Ja, das hat sie.«

»Was für ein Glück.«

»Ja, das war es damals.«

Meine mittlere Schwester hatte mit um die fünfzig Gebärmutterkrebs diagnostiziert bekommen, weswegen sie operiert werden musste. Ihr waren die Gebärmutter und die Eierstöcke entfernt worden und sie hatte sich einer Chemotherapie unterziehen müssen. Das sollte, soweit ich verstand, verhindern, dass sich Metastasen im Gesäßknochen oder in anderen Organen bildeten. Meine Schwester machte viel durch. Trotzdem zog sie die Behandlung tapfer durch, bis sie letztendlich für vollständig geheilt erklärt werden konnte. Zwanzig Jahre später starb sie an Lungenkrebs.

Sie hatte in ihrem Leben weder eine Zigarette angerührt noch mit Rauchern zu tun gehabt. Es war ihr gänzlich unverständlich, warum sie ausgerechnet Lungenkrebs bekommen hatte. Dennoch machte meine Schwester keinen verzweifelten oder verbitterten Eindruck. Lachend sagte sie, der Krebs müsse wohl wirklich etwas gegen sie haben. Ich stimmte unwillkürlich in ihr Lachen ein. Als ich dann nachts allein in meinem Zimmer lag, hatte ich mich furchtbar gefühlt. Warum hatte ich nur gelacht? Warum hatte ich ohne jedes Feingefühl mitgelacht? Die ganze Nacht über quälte mich ein Gefühl der Reue.

Die Ärzte konnten nichts mehr für Unju tun. Nach ihrer Entlassung aus dem Krankenhaus kehrte sie in ihre alte Wohnung zurück, in der sie alleine lebte. Ihre älteste Tochter ließ sich daraufhin für eine Zeit von der Arbeit freistellen und zog bei ihrer Mutter ein, um sie zu pflegen. Zwei- bis dreimal in der Woche schaute eine Krankenschwester von der mobilen Krankenpflege vorbei, die den Zustand meiner Schwester überprüfte, ihr Schmerzmittel oder Nahrungsergänzungsmittel verabreichte und sie mit Medikamenten belieferte. Sie hörte sich die Sorgen meiner Schwester und meiner Nichte an und gab ihnen Ratschläge und Trost. Es war auch die Krankenschwester, die ihnen schließlich mitteilte, die Familie solle sich langsam auf den Tod der Mutter vorbereiten. Dank ihr konnten alle ihre Kinder in ihren letzten Stunden bei meiner Schwester sein.

Auch ich hatte meine Schwester oft besucht. Wir unterhielten uns meistens über vergangene Zeiten. »Weißt du noch?« war die Frage, die ich meiner Schwester am häufigsten stellte. *Weißt du noch, unser Haus? Weißt du noch, diese Sache damals? Weißt du noch, was wir immer gesagt haben?* Wir lachten dabei viel zusammen. Als meine beiden Schwestern und ich noch Kinder gewesen waren, hatten wir nachts immer unter einer Decke gelegen und pausenlos miteinander geschwatzt. Unsere Mutter hatte jedes Mal geschimpft, wir sollten endlich schlafen.

Einmal brachte ich Maiskolben mit. Da Unju an dem Tag bei Kräften war, saßen wir im Wohnzimmer auf dem Boden, hatten Zeitungspapier zwischen uns ausgebreitet und entfernten gemächlich die Hüllblätter und die Fäden von den Maiskolben. Dabei erzählte meine Schwester von ihrer Chemotherapie.

»Weißt du, das war damals wirklich schrecklich für mich.«

»Natürlich war es das.«

»Sie sagen einem zwar, es wäre nicht heiß, aber ich hatte das Gefühl, regelrecht zu brennen. Es war, als ob ich in Flammen aufgehen würde.«

»Das glaube ich.«

»Was habe ich geheult und geschrien«, erinnerte sich Unju schaudernd.

»Doch dank der Behandlung bin ich heute noch am Leben und kann heute zusammen mit meiner alten Schwester Maiskolben schälen. Erst jetzt kommt mir in den Sinn, dass es früher angenehmer war. Ich meine, als es noch Therapiemöglichkeiten gab. Damals habe ich mich noch ans Leben geklammert.«

»Mit deiner alten Schwester? Du bist doch noch viel älter.«

Während wir nebeneinander ein Mittagsschläfchen hielten, dämpfte meine Nichte die Maiskolben. Im Schlaf nahm ich den würzig süßen Maisgeruch wahr. Der Geruch baute sich in meinen Traum ein und rief weit zurückliegende Erinnerungen wach. Unser Haus mit dem großen Hof, die dünnen Bettdecken, die zusammengefaltet auf der Kommode lagen. Es roch nach den Bettdecken, nach Gras und nach Sommer. Es roch nach dem Schweiß unter den Achseln meiner Mutter, nach Reis, nach Verbranntem und nach Erde. Ich sah meine Mutter von hinten, meine Brüder und Schwestern von hinten. Die Sonne ging unter. Wehmut überkam mich, ich versteckte mich draußen unter der Veranda und weinte. Unser Hund wurde davon wach und kam hergelaufen. Er leckte mir die Tränen aus dem Gesicht.

»Tante!«

Es war meine Nichte. Sie hatte mir erschrocken die Tränen weggewischt.

»Was hast du geträumt, dass du richtiggehend weinst?«

»Es war nichts Schlimmes.«

»Ach, was machst du nur für Sachen.«

Wie früher als Kinder wetteten meine Schwester und ich darum, wer mehr Maiskörner in einem Zug mit dem Daumen vom Kolben schaben konnte.

Ich freute mich gerade darüber, dass ich ganze zwölf Körner abgeschabt hatte, da brachte es meine Schwester auf dreizehn. Sosehr ich mich auch anstrengte meinen Daumen weiter zu strecken, ich schaffte nicht mehr als zwölf und gab mich geschlagen. Meine Schwester schob sich die dreizehn Maiskörner in den Mund und lachte.

Der Mais hatte genau die richtige Temperatur und Konsistenz, sodass die Körner nicht sofort zwischen den Zähnen zermatschten. Sie zerplatzten erst beim Kauen und gaben ihren angenehm süßen Saft frei.

Wetten ohne Einsatz, kindlich unbeschwertes Lachen, knackige Maiskörner – das wurde meine letzte gemeinsame Erinnerung an meine mittlere Schwester. Sie starb an einem Sonntagabend in Gesellschaft ihrer Kinder. Ich war ihr immer noch dankbar, dass sie sich mit einem so angenehmen Bild in meine Erinnerung eingeprägt hatte.

Ich hatte geglaubt, ich würde gefasst auf ihren Tod reagieren. Ich hatte genügend Zeit mit ihr verbracht und mich viel mit ihr unterhalten und sie war so geistesklar und gut gelaunt gewesen wie immer. Vielleicht empfand ich gerade deshalb solche Reue. Wenn wir sie vielleicht doch hätten behandeln lassen, wenn wir auf gut Glück alternative Heilmethoden ausprobiert hätten, wäre Unju dann vielleicht noch am Leben? Dann könnten wir uns heute lachend gegenübersitzen und uns gegenseitig damit aufziehen, wie alt wir jeweils geworden waren.

Ich war jetzt in einem Alter, in dem ich, sobald jemand nicht ans Telefon ging, automatisch damit rechnete, dass die Person gestorben war. Der Tod war in so greifbare Nähe gerückt, dass ich ihm abgeklärt gegenüberstand. Außerdem hatte ich meinen Mann und sogar meinen Sohn überlebt. Damals hatte ich wirklich geglaubt, nicht mehr weitermachen zu können, aber das Leben ging trotzdem irgendwie weiter. Wenn ich etwas aß, was die beiden noch nie probiert hatten, oder Orte besuchte, die sie nicht kannten, machte es mich nur traurig, dass ich diese schöne Welt nun ohne sie genießen musste. Dahingegen versetzte mir die Tatsache, dass meine mittlere Schwester tot war, immer wieder aufs Neue einen Stich.

Sie hatte mir optisch geähnelt und war seit meiner Geburt an meiner Seite gewesen. Als Kinder hatten wir uns wirklich jeden Tag gestritten. Trotzdem waren wir Hand in Hand zur Schule gegangen und auch an meinem ersten Arbeitstag hatte ich an der Hand meiner Schwester das Haus verlassen. Auch als ich heiratete und Kinder aufzog, hatte ich das Gefühl, in Unjus Fußstapfen zu treten, die jeweils zwei Jahre vor mir geheiratet und ihr erstes Kind zur Welt gebracht hatte. Erst als sie gestorben war, wurde mir richtig bewusst, dass auch ich bald sterben könnte.

Kumju wollte nach unten in den Gemeinschaftsraum gehen. Im Zimmer fühlte sie sich eingeengt. Obwohl es ihre Idee gewesen war hinauszugehen, machte sie es mir nicht leicht. Sie wollte sich weder in den Rollstuhl setzen noch den Rollator nehmen, und meine Hilfe lehnte sie auch ab. Sie stützte sich am Handlauf im Flur ab, sackte jedoch immer wieder in sich zusammen, weil ihre Beine und Arme nicht genug Kraft besaßen.

Nachdem wir mühsam den Fahrstuhl erreicht hatten, verspürte sie plötzlich Stuhldrang. Sie wollte unbedingt die Toilette in ihrem Zimmer benutzen. Für mich war es zwar ein Katzensprung, für meine Schwester war es jedoch eine nicht zu unterschätzende Distanz. Ich öffnete die Außentür der Flurtoilette und rief überschwänglich: »Das ist ja viel sauberer als die Toilette bei mir daheim. Und sie ist unbesetzt.« Ohne darauf einzugehen, lief meine Schwester unbeirrt in die Richtung ihres Zimmers. Mir blieb nichts anderes übrig, als ihr langsam zu folgen, um auf sie achtzugeben.

Meine Schwester stützte sich mit dem rechten Arm am Handlauf an der rechten Wand ab und griff mit der linken Hand darunter durch nach dem Handlauf. Sich so mit dem ganzen Gewicht am Handlauf abstützend, schritt sie mit beiden Füßen fast gleichzeitig voran. Sie ließ sich mit dem Oberkörper ein wenig nach vorne kippen und griff den Handlauf ein Stück weiter oben, um dann die Füße nachzuziehen, und wiederholte die ganze Prozedur. Entweder war ihr die Hose herunter- oder hochgerutscht, jedenfalls war die weite Krankenhaushose auf beiden Seiten jeweils unterschiedlich lang. Meine Schwester trat andauernd auf den Saum. Gefühlt waren wir zwanzig Minuten unterwegs gewesen, doch als ich im Zimmer auf die Uhr schaute, waren gerade einmal acht Minuten vergangen.

Meine Schwester sagte, es wolle nichts rauskommen. Sie verharrte eine ganze Weile auf der Toilette, um schließlich unverrichteter Dinge wieder aufzustehen. Nichtsdestotrotz seifte sie sich die Hände ein, auch zwischen den Fingern und unter den Fingernägeln, und spülte sie gründlich mit Wasser ab. Warum hatten sowohl ihr Körper als auch das Zimmer diesen unangenehm säuerlichen Geruch angenommen, obwohl sie so reinlich war? Wenngleich ich überhaupt nichts gemacht hatte, sank ich entkräftet auf die Matratze nieder. Meine Schwester setzte sich zu mir, tätschelte mir die Wange und fragte:

»Es ist eng hier drin, nicht wahr? Wollen wir hinausgehen?«

Uff, ich sagte einfach nur ja. Diesmal setzte sich meine Schwester freiwillig in den Rollstuhl. Während ich sie darin über den Flur schob, hielt ich den Blick auf ihren Kopf gerichtet. Die spärlichen Haare am Hinterkopf waren platt gedrückt, ihr Rücken war völlig schief. Ihr Kopf und ihr Körper waren geschrumpft. Ihr ganzer Körper war nach vorne gebeugt und sah wie eine große, verschrumpelte Assel aus, die sich zu einer Kugel zusammengerollt hatte. *Kumju, warum hast du dich so verändert?,* rutschte es mir versehentlich heraus. Meine Schwester antwortete nicht, vielleicht hatte sie mich nicht gehört. Vor dem Ausbruch des Alzheimers war sie körperlich nicht so zerrüttet gewesen. Waren Körper und Geist eines Menschen trennbar? Konnten beide unabhängig voneinander funktionieren? Besaß ein Mensch überhaupt so etwas wie einen Geist oder eine Seele?

»Dongju.«

»Ja?«

»Du gehst zu schnell. Mir ist schwindlig.«

Ich hielt erst einmal an. Anschließend kostete es mich viel Kraft, die zum Halt gekommenen Räder wieder zum Rollen zu bringen. Kräftig packte ich mit beiden Händen die Griffe und lehnte mich mit dem ganzen nach vorn gestemmten Körper dagegen. Erst als wir den Gemeinschaftsraum fast erreicht hatten, kamen wir wirklich in Fahrt.

Ich stellte den Rollstuhl vor das Fenster, von dem aus man den Pflaumenbaum gut sehen konnte. Dann holte ich einen Stuhl und setzte mich neben meine Schwester. Wie gebannt starrte sie auf den Baum, der weder Blüten noch Blätter trug. Ich streckte meinen Arm nach ihr aus und berührte ihre Hand. Als ich ihr über die Fingerkuppen strich, bemerkte ich, dass die Nägel kurz geschnitten waren. Es wurde immer schwieriger, ihr die Fingernägel zu schneiden, die so dick und trocken geworden waren, dass man sie nicht mehr ohne Weiteres mit einem Nagelknipser bearbeiten konnte. Wenn man die Nägel mit Mühe in den Knipser zwang und zudrückte, wurden sie nicht abgeknipst, sondern zersplitterten auf der Stelle. Deshalb waren ihre Fingernägel immer abgesplittert und scharfkantig. Kumjus Gesicht war davon ganz zerkratzt, ihre Halstücher waren voller Ziehfäden und die Strumpfhosen mittlerweile so löchrig, dass man mit dem Finger hineingreifen konnte. Wer mochte ihr wohl die Nägel gefeilt haben?

»Oma!«, rief eine männliche Stimme vom Eingang her, woraufhin sämtliche Omas im Gemeinschaftsraum sich umdrehten – selbst ich, die ich nur eine Enkelin hatte. Ein großer junger Mann kam auf mich zu. Er lächelte freundlich. Ich konnte sein Gesicht nicht deutlich sehen, aber ich wusste, dass er lächelte. Ohne Zweifel lächelte er mich an. Du meine Güte, wurde ich etwa senil?

»Großtante, wann bist du hergekommen?«

Mir blieben die Worte im Hals stecken.

»Ich bin es, Sunghun. Du hast mich doch nicht etwa vergessen?«

»Wie? Natürlich nicht. Wie könnte ich unseren Sunghun vergessen?«

Meine Schwester streckte Sunghun ihre rechte Hand entgegen, die dieser ergriff. Kumju fragte mich: »Du, Dongju, ist Wonchol nicht groß geworden?«

»Ja, Oma. Ich bin sehr groß geworden. Und wie.«

Soviel ich wusste, hatte Wonchol, Kumjus ältester Sohn, seine Mutter kein einziges Mal im Pflegeheim besucht. Wegen Geldangelegenheiten hatte er sich sogar mit seinen Geschwistern überworfen und den Kontakt zu ihnen abgebrochen. Auch an den Kosten für das Pflegeheim beteiligte er sich nicht, das hatte mir Sunghuns Mutter Wonsuk, Wonchols jüngere Schwester und die älteste Tochter meiner Schwester, verraten. Die restlichen vier Geschwister teilten sich die Kosten zu gleichen Anteilen. Aber die meiste Zeit wandte Sunghun für Kumju auf.

Sunghun war bei meiner Schwester im Hinterzimmer des Lokals aufgewachsen. Wonsuk hatte ihn immer auf dem Weg zur Arbeit bei ihr vorbeigebracht. Sunghun war ein pflegeleichtes Kind gewesen. Friedlich hatte er trotz des Lärms der Gäste im Hinterzimmer geschlafen, hatte an freien Tischen gemalt oder Papierquadrate für das *Ddakji*-Spiel gefaltet, bei dem man versuchte, ein am Boden liegendes Papierquadrat mit dem eigenen durch gezielten Wurf umzudrehen. Wenn er von Gästen angesprochen wurde, hatte er ihnen zurückhaltend geantwortet und sich, wenn sie ihm Bonbons oder Kekse schenkten, dafür bedankt und sie seiner Großmutter gebracht. Da er brav und ruhig war, hatte meine Schwester keine Probleme mit ihm, aber draußen in der Nachbarschaft soll er viel von anderen Jugendlichen gehänselt und verprügelt worden sein.

Ob er damals in der fünften Klasse war? Jedenfalls war Sunghun irgendwann von älteren Jugendlichen aus der Mittelschule gequält worden. Meine Schwester hatte erst anderthalb Jahre später davon erfahren, als Sunghun im Schlaf die Decke von sich geschleudert hatte und seine mit blauen Flecken übersäten Schienbeine zum Vorschein gekommen waren. Die älteren Jungen hatten ihm Geld abgenommen, ihn auf Botengänge geschickt, ihn geschlagen, mit Zigaretten angesengt und ihm gedroht, sie würden ihm die Hölle heißmachen, wenn er auf die Idee käme, sie bei den Erwachsenen anzuschwärzen.

Meine Schwester machte sich sofort zum Unterschlupf der Jugendlichen auf. Es war ein kleines, zweistöckiges Ladengebäude, das wegen einer bevorstehenden Renovierung leer stand. Genau wie es Sunghun beschrieben hatte, konnte sie sich durch die kleine Tür des Aufsichtsraums neben dem Parkplatz Eintritt ins Gebäude verschaffen. Sie trug eine Einkaufstasche über der Schulter, in der sie ein Fleischermesser mit einer dreißig Zentimeter langen Klinge transportierte. Die Klinge war spitzer als bei Küchenmessern und leicht nach oben geschwungen.

»Beim Metzger habe ich mir schön dicke Schweinerippen besorgt. Die habe ich so mit dem Messer aufgespießt, dass die Klinge noch herausragte.«

Durch das Fenster des leeren Ladengebäudes entdeckte sie drei Jungen, die ihr bekannt vorkamen und mit zusammengesteckten Köpfen kicherten. Als Kumju die Eingangstür öffnete, schreckten sie auseinander, verunsichert durch das plötzliche Auftauchen einer Erwachsenen. Meine Schwester holte die mit dem Messer aufgespießten Rippen hervor und sagte: »Ich zerlege jeden Tag ein ganzes Rind. Ich schlitze den Bauch auf, hole die Innereien und die Knochen heraus und ziehe die Haut ab. Die Knochen und das Fleisch verwende ich für meine kräftige Brühe, aber die Haut, die Innereien und das Fett werfe ich in einen großen Müllsack, so groß, dass auch Menschen hineinpassen. Die Säcke mit den Lebensmittelabfällen werden in die Müllverarbeitungsanlage gebracht und dort sofort klein gehackt.«

»Bist du verrückt? Das ist eine handfeste Gewaltandrohung. Die Eltern der Jungs hätten dich bei der Polizei anzeigen können.«

»Ich hatte wesentlich mehr Angst vor den Jungs selbst, schon ihr Anblick war Furcht einflößend. Die waren größer und schwerer als ich. Hätten sie sich zu dritt auf mich gestürzt, wäre es ein Kinderspiel für sie gewesen, mir das Messer zu entreißen.«

»Sind sie auf dich losgegangen?«

»Nein. Sie haben mir still zugehört. Also habe ich ihnen gesagt, sie sollen sich meine Worte gut einprägen und aufhören, Sunghun zu quälen. Dann habe ich mich gespielt gelassen umgedreht und bin hinausgegangen. Selbst als ich längst wieder zurück im Laden war, haben meine Beine noch gezittert. Vor lauter Angst, die Jungen könnten mir gefolgt sein, habe ich die Ladentür abgeriegelt und mich drinnen versteckt.«

»Sind sie dir gefolgt?«

»Nein, sind sie nicht. Von da an haben sie Sunghun auch nicht mehr gequält.«

Erst da konnte ich mich beruhigen.

»Sag mal, zerlegst du das Fleisch eigentlich wirklich selbst?«

»Warum sollte ich? Ich kaufe das Fleisch bereits zerlegt beim Metzger.«

»Und warum hast du kein Rind, sondern Schweinerippen genommen?«

»Kinder können das sowieso nicht auseinanderhalten. Ich habe Schwein gekauft, weil das billiger war und genauso imponierend aussah.«

»Und was hast du mit dem Schweinefleisch gemacht?«

»Ich habe es zusammen mit überreifem Kimchi geschmort. Sunghun hat ordentlich zugelangt.«

Dank meiner waghalsigen Schwester und ihres deftigen Rippen-Kimchi-Topfs war Sunghun zu einem reizenden Mann herangewachsen.

Auch ich hatte damals regelmäßig auf meine Enkelin aufgepasst, weil mein Sohn und seine Frau beide berufstätig waren. Wenn meine Enkelin in der Schule war, hatte ich Kumju manchmal in ihrem Lokal besucht. An manchen Tagen hatte ich auch meine Enkelin mitgenommen, daran erinnerte ich mich noch, wenn ich auch nicht mehr wusste, warum. Meine Enkelin und Sunghun machten dann zusammen Hausaufgaben oder lernten für die Schule. Meine Enkelin war nur drei Jahre älter als Sunghun, aber sie hatte ihrem Cousin beim Lernen geholfen, ihm Bücher ausgeliehen und sich insgesamt schwesterlich um ihn gekümmert. Der Hin- und Rückweg zum Restaurant war zwar beschwerlich gewesen, aber ich griff meiner Schwester gern unter die Arme.

Die kurze Verschnaufpause nach dem Gästeansturm um die Mittagszeit nutzten meine Schwester und ich immer, um im Ladenbereich Eiskaffee zu trinken. In meinen achtzig Lebensjahren habe ich niemanden kennengelernt, der besseren Eiskaffee machen konnte als Kumju. Sie maß mit dem Löffel, den Sunghun als Kind benutzt hatte, zweimal Instantkaffee, dreimal Milchpulver und viermal Zucker ab, und gab viele Eiswürfel dazu. Wenn ich meine Schwester fragte, was ihr Geheimnis war, sagte sie immer nur etwas von wegen »*Maxim*-Kaffeepulver und *Beksul*-Zucker«. Eines Tages sagte sie, während sie die Eiswürfel zerkaute:

»Wir stehen doch den ganzen Tag vor der brodelnden Fleischbrühe. Was auch immer man in dieser unerträglichen Hitze und dem säuerlichen Dunst der Brühe auf so engem Raum Eiskaltes zu trinken bekommt, schmeckt erfrischend süß, selbst wenn es Natronlauge wäre.«

»Warum nennst du ausgerechnet Natronlauge als Beispiel?«

Ich hatte Angst, sie könnte es irgendwie ernst meinen.

»Das war doch nur ein Scherz. Selbst wenn ich noch so müde bin, ich brauche nur einmal Sunghuns Hand anzufassen und die Müdigkeit ist wie weggeblasen. Seine winzigen Fäuste, die sich früher so weich und geschmeidig angefühlt haben wie *Songpyeon*-Reiskuchen, sind jetzt groß wie Dampfbrötchen.«

Meine Schwester war sehr geschickt darin gewesen, hübsche kleine halbmondförmige *Songpyeon* zu machen. Und die dampfbrötchengroßen Hände ihres Enkels waren mittlerweile so groß geworden, dass Kumju sie nun mit beiden Händen umfassen musste. Sie waren zu tatkräftigen Händen herangewachsen.

Je länger sich Kumjus Aufenthalt im Pflegeheim zog, desto weniger schienen sich ihre Kinder um sie zu kümmern. Sunghun besuchte nun als Einziger regelmäßig zweimal die Woche meine Schwester. Das hatte ich von der Pflegerin erfahren. Auch heute Nachmittag hatte Sunghun sich einen halben Urlaubstag genommen.

»Warst du das, der ihr die Fingernägel geschnitten hat?«

»Ja.«

»Auch gefeilt?«

»Bitte?«

»Ich meine die Fingernägel. Ob du sie mit der Nagelfeile behandelt hast?«

»Ach so. Ja, am Nagelknipser war eine Feile.«

Wie feinfühlig er doch war. Bei der Vorstellung, dass jemand Großes wie er mit seinem kräftigen Körperbau die kleinen Hände seiner Großmutter hielt und ihr mühsam die Fingernägel feilte, musste ich lächeln.

Wieder zurück im Zimmer teilten wir uns zu dritt eine Dose Pfirsiche. Wir aßen, lachten und plauderten ganz gemütlich, doch als ich gerade den Tisch abgeräumt hatte, erbrach meine Schwester plötzlich das gerade Verzehrte. Ihre Kleidung, die Bettdecke und das Laken waren hin. Während ich noch gelähmt war vor Schreck, zog Sunghun in aller Ruhe Feuchttücher aus der Packung und wischte meiner Schwester damit den Mund und die Hände sauber. Dann rief er per Knopfdruck nach dem Pflegepersonal.

Während Sunghun im Bad meine Schwester wusch, wechselte die Mitarbeiterin rasch das Bettzeug. Wie ein über Jahre eingespieltes Team zogen die beiden meiner Schwester neue Kleidung über und brachten sie in eine halb sitzende Position auf dem Bett. Die Pflegerin nahm ihre Temperatur und meinte, Kumju habe zwar kein Fieber, aber es wäre trotzdem besser, wenn man sie im Krankenhaus untersuchen würde. Es war hoffentlich ein harmloses Verdauungsproblem, aber es könnte eventuell auch ein Anzeichen für eine Entzündung oder ein verstopftes Gefäß sein. Als Sunghun vor Angst erstarrte, beruhigte ihn die Mitarbeiterin.

»Ich habe wohl den Teufel an die Wand gemalt. Sie sollte einfach sicherheitshalber untersucht werden, aber es ist bestimmt nichts Ernstes. Machen Sie sich keine allzu großen Sorgen.«

Erschöpft vom Erbrechen und Gewaschenwerden war Kumju eingeschlafen. Sunghun brachte mich mit dem Auto zur Regionalbus-Haltestelle. Seinen Vorschlag, noch zum Abendessen zu bleiben, er werde mich danach heimfahren, hatte ich ausgeschlagen. Denn dann würde er erst mitten in der Nacht bei sich ankommen, und das konnte ich einem Berufstätigen, der früh aufstehen musste, nicht zumuten. Ich redete mich damit heraus, ich müsse noch irgendwohin.

Auf der Fahrt zur Bushaltestelle bedankte sich Sunghun bei mir und bat mich mehrmals, öfter bei seiner Großmutter vorbeizuschauen. Gern hätte ich gefragt, ob ihre Kinder, das heißt seine Mutter und seine Tanten und Onkel, denn oft vorbeischauten, doch ich ließ es sein. Das konnte ich Sunghun nicht fragen.

»Du bist wirklich ein guter Junge.«

»Nein, nein.«

»Selbst ihre eigenen Kinder bekommen das nicht so toll hin wie du. Wie machst du das? Du revanchierst dich ja richtiggehend dafür, dass dich deine Großmutter aufgezogen hat.«

»Revanchieren würde ich es nicht nennen … Ich habe Oma einfach gern. Ich bin gern mit ihr zusammen. Oma ist doch ein wunderbarer Mensch. Ein ganz wunderbarer Mensch.«

Bei der Rückfahrt im Bus wollten mir Sunghuns Worte nicht aus dem Kopf gehen. *Oma ist doch ein wunderbarer Mensch. Ein ganz wunderbarer Mensch.*

Ich bekam einen Anruf, dass Kumju auf der Intensivstation lag. Der Anruf kam von Sunghun.

»Mama hat zwar gesagt, ich soll mit dem Anruf noch warten. Aber ich fand, dass man dir Bescheid geben muss.«

Aufgrund der eingeschränkten Besuchszeiten konnte ich meine Schwester nicht sofort besuchen. Da die Kinder und Enkelkinder vor mir an der Reihe waren, kam ich erst nach zwei Tagen an die Reihe. Ich verbrachte diese Zeit voller Sorgen. Was, wenn es meiner Schwester noch schlechter gehen sollte? Was, wenn sie bis zum Ende ihrer Tage auf der Intensivstation bleiben musste?

Eine Mitarbeiterin des Pflegeheims hatte meine Schwester früh im Morgengrauen vor dem Bad liegend aufgefunden. Niemand wusste, wie lange sie dort gelegen hatte und warum sie trotz der Windeln, die sie nachts trug, zur Toilette gewollt hatte. An diesem Tag hatten ihre Organe größtenteils aufgehört, ordentlich zu funktionieren – es war, als hätten sie aufgegeben.

Wegen der Beatmungsmaske und dem Gewirr von Kabeln, die an meiner Schwester hingen, war ihr Gesicht kaum noch zu erkennen. Die anderen werden sicher dasselbe gedacht haben wie ich: *Es ist wohl so weit ...*

»Kumju.«

Mir fiel außer ihrem Namen nichts weiter ein. Wenn meine Schwester *Dongju* zu mir gesagt hatte, waren mir wie automatisch die belanglosesten Sachen aus dem Mund gesprudelt. Ich hatte das Gefühl, alles wäre nur wegen der Dosenpfirsiche passiert, die ich mitgebracht hatte. Obwohl ich wusste, dass das nicht stimmte, fühlte ich mich schuldig gegenüber Sunghun und der restlichen Familie. Als würde ich Strafe stehen, stand ich bloß eine Zeit lang mit gefalteten Händen da und kam schließlich wieder heraus.

Weil Sunghun sich die ganze Zeit nicht sehen ließ, fragte ich Wonsuk nach ihm. Sie seufzte tief.

»Keine Ahnung, wo dieser dumme Junge ist.«

»Was ist denn mit ihm?«

»Eigentlich ist diese Behandlung völlig sinnlos. Das Atmen wird vom Beatmungsgerät übernommen, der Blutdruck wird künstlich gehalten. Mama wird nur mit Mühe am Leben gehalten, es gibt keinerlei Aussicht auf Besserung. Außerdem kann sie nicht mehr sprechen, seit sie an das Beatmungsgerät angeschlossen ist. Ständig flößt man ihr Schlafmittel ein, sodass sie uns kaum in die Augen sehen kann. Und da sie auf der Intensivstation bleiben muss, dürfen wir sie nicht einmal so oft besuchen, wie wir möchten. Trotzdem sagt Sunghun, er will seine Großmutter nicht aufgeben. Aber hat das wirklich etwas mit aufgeben zu tun? Wie qualvoll muss das Ganze für Mama sein?«

Das können wir nicht wissen, war eigentlich mein erster Gedanke.

»Was sagen denn die Ärzte?«

»Sie wollten wissen, ob wir uns Intubation und Herz-Lungen-Wiederbelebung wünschen. Falls nicht, müssten wir eine Einverständniserklärung unterschreiben. Wir Kinder hatten eigentlich beschlossen, Mama in Ruhe von uns gehen zu lassen. Doch jetzt stehen wir hier, und das nur, weil Sunghun so einen Aufstand veranstaltet hat.«

Es gab nichts, was ich sagen oder tun konnte. Als ich mit beiden Händen einfach nur die Hände meiner Nichte umfasste, ließ Wonsuk ihren Kopf hängen und fing an zu schluchzen. Ich wusste nicht warum, aber plötzlich beneidete ich meine Schwester.

Sunghun saß auf einem Stuhl vor dem Kassenschalter. Als hätte ihn jemand dort abgestellt, mitten in der Wartehalle, die nach den Sprechzeiten menschenleer war. Als ich zögerte, weil ich nicht wusste, ob ich einfach gehen oder ihn ansprechen sollte, entdeckte mich Sunghun. *Großtante*, rief er und kam auf mich zu.

»Du willst gehen? Ich fahre dich nach Hause.«

»Nein, nein. Warum traust du mir immer so wenig zu? Meinst du etwa, ich finde allein den Weg nicht?«

»Nein, aber ich plaudere gern beim Autofahren.«

»Welchen Spaß soll es einem jungen Menschen wie dir machen, sich mit einer alten Frau wie mir zu unterhalten?«

»Ich unterhalte mich gern mit dir.«

Als Sunghun seinen Arm um meine Schulter legte, musste ich an meinen ältesten Sohn denken. Als er noch Oberschüler war, hatte er mir beim Spazieren genau wie Sunghun seinen Arm um die Schulter gelegt, was mir ein wohliges Gefühl der Sicherheit gegeben hatte. In dem Augenblick war all die Enttäuschung, Angst und Wut, die ich meinem Mann gegenüber empfand, mit einem Mal wie weggeblasen. Eigenartig, dass ich mich von dem schweren Schatten namens Vater und dem Joch namens Ehemann ausgerechnet an die Schulter meines Sohnes flüchten musste. Selbst dass ich Sunghun so wunderbar und beeindruckend fand, erschien mir irgendwie erbärmlich.

Beim Anlassen des Motors fragte mich Sunghun, ob ich mit seiner Mutter gesprochen hätte. Obwohl ich nichts verbrochen hatte, hatte ich ein schlechtes Gewissen. Ich redete um den heißen Brei herum. Ich sagte, ich hätte Wonsuk zum ersten Mal seit Langem wiedergesehen und auch sie sei ganz schön alt geworden. Dann fügte ich hinzu, sie mache sich große Sorgen. *Mama hat recht,* erwiderte Sunghun. Er sagte, er wisse, was der Rest der Familie denke und welche Sorgen sich alle machten. Er wisse auch, dass die anderen im Grunde recht hätten.

»Aber ich kann mir eine Welt ohne Oma einfach nicht vorstellen. Ich glaube nicht an Wunder. Ich wünsche mir nur, dass Oma am Leben bleibt.«

»Aber weißt du, Sunghun, ich würde das an ihrer

Stelle nicht wollen. Einfach so daliegen zu müssen, ohne irgendetwas unternehmen zu können. Welchen Sinn soll das Leben dann noch haben?«

Die Ampel an der Kreuzung wechselte auf Gelb, der Wagen wurde langsamer und hielt vor dem Zebrastreifen an. Sunghun fragte:

»Was wäre denn ein sinnvolles Leben?«

Obwohl ich wusste, dass das Herz meines Sohnes aufgehört hatte zu schlagen, hatte ich den Arzt angefleht, meinen Sohn am Leben zu halten. Ich hatte gesagt, es sei in Ordnung, wenn er die Augen nicht öffnen, nicht sprechen und nichts als daliegen können würde, der Arzt solle ihn nur am Leben lassen, auch wenn es nur für seine junge, noch unverheiratete Tochter und seine alte Mutter war. Ich hatte es ernst gemeint. Ich war der festen Überzeugung gewesen, dass ein lebendiger Ehemann, Vater und Sohn der Familie allein durch seine Existenz Halt und Trost bot. In welcher Hinsicht unterschieden sich mein Sohn damals und meine Schwester jetzt voneinander? Gab es überhaupt einen Unterschied?

Und was war mit mir? Mein jetziges Ich leistete ja auch nichts Produktives und tat nichts weiter, als dem Tod Tag für Tag ein Stück entgegenzugehen. War das etwa ein sinnvolles Leben?

Sunghun wollte noch kurz beim Pflegeheim vorbeifahren. Er sei nicht dazu gekommen, Kumjus Sachen mitzunehmen. Zunächst wollte ich einfach im Wagen warten, doch ich beschloss, dort die Toilette zu benutzen. Rasch ging ich auf die Toilette im Erdgeschoss und wartete anschließend in der Eingangshalle auf Sunghun. Eine alte Frau in Patientenkleidung, die im Rollstuhl saß, und ein alter Mann, ebenfalls in Patientenkleidung, der den Rollstuhl schob, liefen an mir vorbei. War es vielleicht ein Ehepaar? Oder waren sie vielleicht lediglich befreundet? Oder waren sie ein Paar, das sich hier im Pflegeheim kennengelernt hatte? Es quälte mich, dass ich mich in dem ausdruckslosen Gesicht der alten Frau selbst wiedererkannte. In meiner Vorstellung sah ich, wie mich meine Schwiegertochter und meine Enkelin mit erschöpften Gesichtern im Rollstuhl durch den Flur schoben. Ich ging schnell nach draußen, weil die Vorstellung mir den Hals zuschnürte.

Draußen war es stockfinster, nur die warme orangefarbene Beleuchtung beschien die Gebäudefassade und die Umrisse des Pflaumenbaums. Langsam schritt ich zum Pflaumenbaum und stellte mich darunter. Es war das erste Mal, dass ich so nah bei ihm stand. Er roch nach Staub und Erde, und wie ein in die Jahre gekommener Baum. Ich streckte meine Hand nach ihm aus und berührte die Rinde. Sie fühlte sich rau, aber nicht unangenehm an. Vielleicht waren meine Hände auch nur unempfindlich geworden. Erst nachdem ich den Baum eine Weile betastet hatte, nahm ich den Baum als Ganzes wahr – den dicken Baumstamm, der im Licht glänzte, die vom Stamm ausgehenden Äste und die Sprossen, die den Weg aus den Ästen gefunden hatten.

Nachts erwachten die Sinne neu, erst das Riechen, dann der Tastsinn, dann das Sehen.

Als ich langsam entlang eines der Zweige strich, stießen meine Fingerkuppen auf etwas Spitzes. War das ein Insekt? Ich schreckte auf und meine Hand erstarrte. Mit der Fingerkuppe tastete ich die Stelle kreisend ab. Es war klein, kalt und glatt; das war kein Insekt, aber vielleicht eine Larve? Ich streckte meinen Hals vor und begutachtete es mit zusammengekniffenen Augen. Es waren Winterknospen. Intensiv purpurne Winterknospen, die mit den grünen Sprossen kontrastierten. Ich trat einen Schritt zurück und sah, dass die Zweige voller Winterknospen waren. Manche waren noch gänzlich verschlossen, andere wiederum hatten sich bereits einen Spalt geöffnet und gaben ihr Grün preis.

Im Frühling würden sich die Knospen in Blüten verwandeln. Schneeweiße Blüten würden den alten Baum bedecken und die vertrocknete, rissige Baumrinde verdecken, sodass sie nicht mehr zu sehen sein würde. Eine überwältigende Blütenlandschaft breitete sich vor meinem inneren Auge aus und mir war, als drängte mir der Duft von Pflaumenblüten in die Nase. Bei Wind würden die schneeweißen Blüten wie Schmetterlinge durch die Luft flattern. Schließlich würden sie alle auf einmal zu Boden fallen und wie dicke Schneeflocken herumwirbeln.

Plötzlich kam eine Schneeflocke herbeigeweht und ließ sich auf der Spitze eines Zweiges nieder. Wie eine Blüte sah sie aus. Als ich den Kopf zum Himmel hob, sah ich noch mehr langsam niederfallende Schneeflocken. Der Schnee ähnelte Blumen, er ähnelte Blütenblättern. Kumju hatte immer wieder gesagt, ich solle wiederkommen, bevor die Blüten abfallen. Das hatte sie gesagt, als der Baum in Blüte stand, aber auch, als die Blüten längst abgefallen waren.

Erst jetzt habe ich es begriffen. Kumju, erst jetzt begreife ich es. Mit Blüten waren die Schneeflocken und mit Schneeflocken die Blüten gemeint. Liebste Schwester, mit dem Winter meintest du den Frühling und mit dem Frühling den Winter.

TROTZ

Meine Anwältin sagte, sie sei gebeten worden, mir einen handgeschriebenen Brief zu übergeben.

»Wie schon gesagt, ich bin weder zu einem Vergleich bereit noch dazu, die Anklage fallen zu lassen. Verraten Sie mir nichts, weder Namen noch Alter noch Geschlecht. Ich bleibe dabei, das Strafverfahren wird wie geplant durchgezogen.«

Am anderen Ende der Leitung hielt Frau Kim zögernd inne, bevor sie das Gespräch fortsetzte:

»Der Brief ist von der Person, die den Großteil der Hasskommentare geschrieben hat. Es klang, als würden Sie sich kennen. Sie sagt, ich soll Ihnen nur den Brief aushändigen, es gehe ihr gar nicht darum, um Nachsicht zu bitten. Ich habe den Brief gelesen, es steht eigentlich nichts Besonderes drin. Da heißt es, Sie hätten nach Ihrem Vortrag an der Yonju-Universität etwas zusammen getrunken.«

An der Yonju-Universität? Der Yonju-Universität in der Provinz Chungcheong? Das war doch nicht etwa meine Lehrerin? Ich erwiderte hastig:

»Ich komme vorbei und hole ihn ab!«

Die E-Mail meiner ehemaligen Lehrerin hatte mich vor einem Jahr erreicht. Zu dem Zeitpunkt hatte ich etliche Zwischenfälle hinter mir. Die Berichte in den Medien, die Leserrezensionen, die Kritiken und die Verkaufszahlen waren mittlerweile etwas abgeflaut. Auch die Einladungen zu Vorträgen in verschiedenen Institutionen, Bibliotheken und Schulen wurden weniger. Davor war ich derart mit E-Mail-Anfragen überschüttet worden, dass ich irgendwann nicht mehr mit den Absagen hinterherkam.

Sobald ich meinen Laptop eingeschaltet hatte, besuchte ich wie immer erst einmal den Onlineshop *cat-pre.com* und sah mir die Bewertungen von Spielsachen und Snacks für Katzen an. Ich las die neuesten Artikel der Wochenzeitschrift *Sisain* und des Online-Kulturmagazins *Channel Yes*, überflog einen Foodblog, dessen Betreiber ich zwar nicht kannte, dem ich mich jedoch verbunden fühlte, besuchte auf Instagram ein Profil mit Bildern von kunstvoll arrangierten Büchern und ein Twitter-Profil, auf dem über Gott und die Welt hergezogen wurde. Als ich dann meine Mailbox öffnete, fiel mir eine neue E-Mail ins Auge. *Von Kim Hyewon (Lehrerin der Unjin-Mädchenoberschule).*

Unjin-Mädchenoberschule. Meine alte Schule. Erinnerungen aus dieser Zeit hatte ich alle verdrängt. Beim Lesen der drei Silben *Kim-Hye-won* öffnete sich knarrend und schwerfällig eine alte Tür, die ich bislang mit Mühe verschlossen gehalten hatte. Der Roman, den mir meine ehemalige Lehrerin geliehen hatte, stand immer noch in meinem Bücherregal. Der Buchumschlag war mittlerweile verblichen und die restlos vergilbten Buchseiten verströmten diesen speziellen muffigen Geruch alter Bücher.

Es war in meinem dritten und letzten Jahr an der Oberschule, als in den Sommerferien gerade der Zusatzunterricht stattfand. Der Aufsichtslehrer und der Sportlehrer, das einzige Mitglied des Lehrpersonals, das noch einen Rohrstock bei sich trug, waren beide nicht da. Solange wir nichts allzu Auffälliges trugen, störten sich unsere Klassenlehrer nicht daran, dass wir nicht in Schuluniform zum Unterricht kamen. Auch an diesem Tag war ich einfach in einem weißen Poloshirt und einer kurzen Sporthose zur Schule gegangen, als ich am Schultor geradewegs dem Aufsichtslehrer in die Arme lief.

Er wollte ein Exempel an mir statuieren. Niemand von uns trug die Schuluniform, aber ich allein wurde von dem Aufsichtslehrer abwechselnd am Schulranzen, am Arm oder am Ohrläppchen gepackt und ins Lehrerzimmer gezerrt. Dabei rief der Aufsichtslehrer unentwegt: »Ihr Rotznasen, ihr ungezogenen Rotznasen, ihr schludrigen Rotznasen!« Es war offensichtlich, dass seine Wut nicht nur mir galt, sondern allen in meiner Stufe, die ihre Uniform nicht trugen.

Ich bat ihn um Verzeihung, versprach, ich würde von nun an immer meine Uniform tragen. Aber alles Bitten war vergebens und ich wurde mitten im Lehrerzimmer geohrfeigt. Alle für den Zusatzunterricht zuständigen

Lehrer waren im Raum. Einen Moment lang herrschte Stille. Mit einem leisen Quietschen rückte mein Klassenlehrer seinen Stuhl betont langsam nach hinten und erhob sich. Er baute sich vor dem Aufsichtslehrer auf und schubste ihn mit der Handfläche mehrmals gegen die linke Schulter.

»Was fällt Ihnen ein? Wie gehen Sie mit meiner Schülerin um?«

Gerade als der nach hinten taumelnde Aufsichtslehrer meinen Klassenlehrer zurückschubsen wollte, fasste mich eine Lehrerin – es war Frau Kim Hyewon – an der Schulter und zog mich weg.

»Komm, wir gehen nach draußen.«

Hinter dem Nebengebäude, in dem das Lehrerzimmer lag, erstreckte sich ein kleiner Hügelwald. Ich wusste nicht, von wem der Wald gepflegt wurde, ob er überhaupt gepflegt wurde, jedenfalls blühten dort zu jeder Jahreszeit andere Blumen. Zwischen den Robinien verlief ein Pfad, auf dem zwei Personen nebeneinander spazieren konnten, und am Rand waren Bänke weit genug voneinander entfernt aufgestellt, dass man sich dort ungestört unterhalten konnte. Dorthin führte mich Frau Kim.

»Es tut mir leid.«

Ich hatte nicht damit gerechnet, dass ausgerechnet Frau Kim sich bei mir entschuldigen würde. Schließlich hatte mich der Aufsichtslehrer geohrfeigt und den Streit hatte mein Klassenlehrer angefangen. Als ich ihre Entschuldigung hörte, brachen sich die Tränen Bahn, die ich bis dahin zurückgehalten hatte. Ich weinte eine ganze Weile, das Gesicht in den Händen vergraben. Als ich mit Mühe geschafft hatte, meine Atmung zu beruhigen, fragte ich unvermittelt:

»Hätte mich der Aufsichtslehrer auch geschlagen, wenn ich Baek Minju wäre?«

Das Gesicht meiner Lehrerin, das dem Weinen nah war, verzerrte sich erst noch mehr, um dann in Lachen umzuschlagen. Baek Minju war die Schülervertreterin und Schulbeste im geisteswissenschaftlichen Zweig. Später beim Schulabschluss erhielt sie den *Mugungwha*-Preis, der nur an Absolventinnen mit herausragenden Noten und tadellosem Benehmen verliehen wurde. Über das Auswahlverfahren wurde nichts bekannt gegeben, doch niemand beschwerte sich darüber. So eine Schülerin war Minju. Meine Lehrerin strich mir eine Haarsträhne aus dem Gesicht und antwortete sanft:

»Minju hätte er natürlich nicht geohrfeigt.«

Ich musste ebenfalls lachen. Anscheinend hatte meine Lehrerin beim Verlassen des Lehrerzimmers in aller Eile ihre Sachen gegriffen und sich ein Koreanisch-Arbeitsbuch und einen Roman unter den Arm geklemmt. Letzteren hielt sie mir hin und fragte:

»Willst du dir das Buch ausleihen?«

Obwohl die Frage völlig aus dem Zusammenhang gerissen war, nickte ich und nahm es entgegen.

Über den dunkelgrünen Hintergrund zog sich horizontal ein orangefarbenes Rechteck, in dem wie mit

Schreibmaschine getippt *Ein Geschenk des Vogels* stand. Ich las das Buch stückweise in den kleinen Pausen und in der Mittagspause. Auch in der Stunde für freies Lernen setzte ich die Lektüre heimlich fort, ohne dass es der Lehrer merkte, und wieder zu Hause las ich bis tief in die Nacht und schlief erst ein, als ich mit der letzten Seite fertig war. Bis zum Schulabschluss las ich das Buch ungefähr zwanzigmal. Das zweite Halbjahr meines letzten Schuljahrs verbrachte ich einzig und allein damit, für den nationalen Test zum Erwerb der Hochschulreife zu lernen und *Ein Geschenk des Vogels* zu lesen.

Ich war nicht mehr dazu gekommen, meiner Lehrerin das Buch zurückzugeben. Ich hatte das Gefühl, ohne dieses Buch keinen einzigen Tag aushalten zu können. So machte ich meinen Schulabschluss, bewarb mich an verschiedenen Unis, ging zu Aufnahme-Gesprächen und nahm im Rahmen der Aufnahmeprüfung auch am Essay-Test teil. Als schließlich die Abschlussfeier herangerückt war, war das Buch in einem erbärmlichen Zustand. Ich hatte so oft darin geblättert und die Buchseiten flach auseinandergedrückt, dass das Buch fast doppelt so dick war wie zuvor und die Kanten ganz abgewetzt waren. Während ich unschlüssig war, ob ich mich dafür entschuldigen und das Buch so zurückgeben oder gleich ein neues Exemplar besorgen sollte, und damit die Entscheidung hinauszögerte, hatte ich unversehens die Schule verlassen. Damals war ich unsicher und unbeholfen, genau wie jetzt auch noch.

Als ich unter der in der Mail angegebenen Telefonnummer anrief, nahm meine Lehrerin ab.

»*Choah?*«

»Oh, hatten Sie meine Nummer schon?«

»Nein, aber ich konnte mir denken, dass du es bist. Ich habe gerade eine Lesebestätigung für meine Mail erhalten.«

Da wir lange keinen Kontakt gehabt hatten, berichteten wir einander erst einmal, wie es uns ergangen war.

Meine Lehrerin arbeitete nicht mehr an der Unjin-Mädchenoberschule. Sie lehrte an einer kleinen Privatuniversität in Yonju, einer Stadt in der Provinz Chungcheong, im Fachbereich für Medien und kreatives Schreiben.

Sie hatte während ihrer Lehrtätigkeit als Koreanisch-Lehrerin an der Unjin-Mädchenoberschule nebenbei ihren Masterabschluss gemacht und Promotionskurse besucht. Anschließend hatte sie ihre Arbeit aufgegeben und als Lehrbeauftragte an der Uni gearbeitet und dabei ihre Doktorarbeit geschrieben. Sowohl in finanzieller als auch psychischer Hinsicht war es für sie eine harte Zeit gewesen. Dann hatte sie die Ausschreibung für eine befristete Professur an der Yonju-Universität entdeckt und sich um die Stelle beworben. Sie wurde zwar angenommen, aber es handelte sich um einen Lehrauftrag, der jedes Jahr aufs Neue verlängert werden musste. Sie habe eben Glück gehabt, meinte sie. Schließlich sei sie nicht mehr die Jüngste, habe weder eine Elite-Universität besucht noch könne sie einen besonderen Lebenslauf vorweisen. Als ich sie über-schwänglich zu ihrer neuen Stelle beglückwünschte, be-dankte sie sich zwar, wandte aber auch ein, dass sie auch an der Unjin-Mädchenoberschule gern gearbeitet habe.

»Ich hatte nichts gegen das Unterrichten oder gegen die Schülerinnen, auch nichts gegen meine Fächer. Da-mals hatte ich zwar eine schwierige Zeit, aber es war trotzdem schön. Die Mädchen hatte ich alle gern. Ich war nur meinem Bedürfnis gefolgt, mehr zu lernen, und bin schließlich hier gelandet.«

Meine Laufbahn habe sie über Interviews und Arti-kel verfolgt.

»Ich weiß auch, was du als Nächstes vorhast. Kom-mende Woche fährst du zur Buchmesse in Taiwan, nicht wahr? Und in der zweiten Jahreshälfte erscheint dein neuer Roman.«

Sie habe zwar sehr viele Schülerinnen unterrichtet, doch keine von ihnen habe es im Kultur- oder Sportbe-reich zu Berühmtheit gebracht. Dann kam sie vorsichtig auf ihr Anliegen zu sprechen. Ich sei die prominenteste von ihren ehemaligen Schülerinnen, deshalb wollte sie fragen, ob … Mir war bereits klar, dass sie mich bitten wollte, einen Vortrag zu halten. Allerdings war ich beim Lesen der E-Mail davon ausgegangen, dass es ein Vor-trag an der Unjin-Mädchenoberschule sein würde.

Ich hatte nie damit gerechnet, irgendwann vom Schrei-ben allein leben zu können. Auch nicht, als ich an dem Roman arbeitete oder mir der Verlag vorschlug, meinen Roman zu publizieren – selbst dann nicht, als der Roman schließlich mit einem hübschen Cover erschienen war.

Etwa sechs Monate nach Erscheinen des Buches kündigte ich meinen Aushilfsjob im Café. Zum ersten Mal seit meinem Debüt als Schriftstellerin bekam ich Aufträge, da blieb keine Zeit mehr für andere Beschäftigungen übrig. Zwei Monate später hängte ich auch meinen Job im Nachhilfeinstitut, das auf Erörterungen spezialisiert war, an den Nagel. Der Institutsleiter wollte meine Bekanntheit für sein Institut nutzen. Zwar war nichts Merkwürdiges dabei, wenn eine Schriftstellerin Schreibkurse anbot, doch die Textsorten, die ich lehrte, unterschieden sich sehr von den Texten, die ich selbst schrieb. Da es mir vernünftig schien, es gar nicht erst zu gegenseitigen Missverständnissen kommen zu lassen, verließ ich das Nachhilfeinstitut auf eigenen Wunsch. Vor allem konnte ich inzwischen gut von den Einnahmen meines Buches allein leben.

Mein Roman, der eigentlich weder besonders radikal noch provokativ war, wurde in allerlei öffentliche Auseinandersetzungen hineingezogen. Ein Schauspieler mittleren Alters, der meinen Roman gelesen und weiterempfohlen hatte, wurde als *wahrer Feminist* gepriesen, während sich eine junge Radio-Moderatorin nach der Vorstellung des Romans in ihrer Sendung gezwungen sah, sich in den sozialen Medien lang und breit dafür zu rechtfertigen, und schließlich ihr Profil auf privat stellte, als die Hasskommentare nicht aufhörten. Ja, durch diese Medienaufmerksamkeit wurde mein Buch viel gelesen und verkaufte sich gut. Dadurch kam wiederum eine Debatte in Umlauf, das Buch verkaufte sich erneut und wieder wurde darüber geredet, wobei ich nicht sagen konnte, ob es sich dabei um einen Erfolgskurs oder doch eher um einen Teufelskreis handelte.

Ich war der festen Ansicht, dass man mit dem Schreiben Dinge erreichen konnte, dass ich eine Art Schreiben vertrat, dem man sich mit Verantwortung hingeben musste. Es fühlte sich zwar oft beklemmend einsam und scheinbar sinnlos an, aber ich bemühte mich, viel zu lesen, vielen Fragen nachzugehen und viel zu schreiben. Aber anstelle von Wohlwollen wurde mir nur Feindseligkeit entgegengebracht. In Interviews wurden mir Aussagen, die überhaupt nicht von mir stammten, in den Mund gelegt. Sätze und Passagen, die es in meinem Roman überhaupt nicht gab, wurden in Online-Rezensionen als Zitate angeführt.

Schließlich musste ich mich geschlagen geben. Ab einem bestimmten Punkt hatte ich das Gefühl, nur noch benutzt zu werden. Ich wurde von Emotionen übermannt, die ich unbedingt hatte vermeiden wollen, und erkannte, dass sie es geschafft hatten, mich zu zerstören. *Ich wurde zu einer Party eingeladen, zu der ich eigentlich nicht unbedingt gehen musste. Auf der Liste der Eingeladenen stand mein Name, falsch geschrieben.*[*] Mir fielen Trä-

---

[*] Aus Lee Langs Lied *Alle Menschen dieser Welt haben angefangen mich zu hassen.*

nen aus den Augen, doch meine Füße in den rosafarbenen Schuhen tanzten in freudiger Erregung. Ich hatte nur ein Ziel: mir endlich diese Schuhe auszuziehen.

Zu der Zeit schlug ich eigentlich alle neuen Angebote und Anfragen aus. Die Einladung zum Vortrag an der Yonju-Universität nahm ich nicht aus Sentimentalität oder Dankbarkeit an. Ich wollte meiner Lehrerin einfach das Buch zurückgeben. Ich wollte ihr sagen, dass ich dank des Romans die schwierigste Zeit meines Lebens unbeschadet überstanden hatte.

Bald darauf wurde mein Vortrag auf der Website und dem Facebook-Profil der Yonju-Universität angekündigt. Der erste Kommentar lautete »Hoffentlich verreckt sie auf dem Weg hierher«. Ich hatte Angst, bei der Veranstaltung mit Eiern beworfen zu werden. Als ich mit Frau Kims Buch, das aussah, als würde es jeden Moment auseinanderfallen, einer neuen Hardcover-Ausgabe von *Ein Geschenk des Vogels* und einem Präsentkorb mit Gebäck in den Zug stieg, schwor ich mir, dass ich nie wieder einen Vortrag halten würde.

Ich wurde nicht mit Eiern beworfen. Der kleine Hörsaal war gedrängt voll. Ich beendete den Vortrag zwar früher als geplant, aber da die anschließende Diskussionsrunde sich in die Länge zog, ging die Veranstaltung viel später zu Ende als vereinbart. Das Signieren dauerte noch ungefähr eine weitere Stunde. Beim Unterschreiben der Bücher erfuhr ich, dass viele der Gäste Studierende von anderen Universitäten in der Gegend waren oder sogar selbst Literatur unterrichteten, was mich im Nachhinein unsicher und verlegen machte.

Meine Lehrerin und ich gingen anschließend noch mit zwei Studentinnen, denen mein Roman besonders gut gefallen hatte, zu einem späten Abendessen. Meine Lehrerin, die im Taxi vorne saß, drehte sich zu mir nach hinten und fragte:

»Hast du schon mal *Saengseon-Guksu* gegessen, Choah?«

»Ich habe mal Nudelsuppe mit Meeresfrüchten probiert.«

»Haha, aber das hier ist etwas ganz anderes. Es ist mehr wie ein Fischeintopf mit Nudeleinlage, scharf und sämig. Du solltest es probieren, es ist eine regionale Spezialität.«

In der Tischmitte stand eine Pfanne mit kreisförmig angerichteten *Doribaengbaeng*, frittierten Stints in Marinade; dazu bekam jede von uns eine Schüssel mit *Saengseon-Guksu*. Beides kannte ich bisher nur aus dem Fernsehen. Die *Saengseon-Guksu* schmeckte nicht so stark nach Fisch wie gedacht und enthielt viel herzhaftes Filet, das angenehm sättigte. Die in Öl frittierten Stints, die mit einer pikanten Marinade bestrichen waren, waren geradezu köstlich.

Als Erstes bestellten wir *Soju*. Nachdem wir zwei Flaschen geleert hatten, musste eine Studentin gehen. Bevor sie aufbrach, wollte sie gern ein gemeinsames Foto machen, aber weil wir alle rote Gesichter hatten, verwarfen wir die Idee. Dafür signierte ich der Studentin mein Buch. Der Stift rutschte mir andauernd aus den Fingern, was mich etwas nachdenklich stimmte und fürchten ließ, ich könnte schon betrunken sein.

Meine Lehrerin bestellte noch jeweils eine Flasche *Soju* und Bier. In aller Ruhe füllte sie das Bierglas bis zur Hälfte mit *Soju* und goss etwas Bier hinzu.

»Nimm einen großen Zug, ohne es zu vermischen, dann schmeckt es zuckersüß.«

Das bezweifelte ich. Ich nahm das Glas entgegen und trank einen Schluck. Es war wirklich zuckersüß. Ich warf einen Blick auf das Glas, trank wieder und rief erstaunt *Wow! Wow!* Wir waren bereits angeheitert von dem süßen Alkohol, als meine Lehrerin sagte, sie müsse mir etwas gestehen.

»Das Buch übrigens. Das war nicht ich.«

»Das Buch? Sie meinen *Ein Geschenk des Vogels?*«

»Ja. Ich glaube, du bringst da etwas durcheinander. Du meinst doch den Tag, an dem du von Kim Seongtae geohrfeigt wurdest, oder? In den Sommerferien während des Zusatzunterrichts.«

»Genau.«

»Es stimmt, ich bin damals mit dir in den Hügelwald gegangen. Und weil ich die erste Stunde bei euch hatte, bin ich vor dir ins Klassenzimmer gegangen und habe dir noch gesagt, du sollst dir vor der Stunde das Gesicht waschen. Als du dann ins Klassenzimmer nachkamst, war dein T-Shirt vorne ganz durchnässt.«

Ach ja? Daran konnte ich mich nicht erinnern. Zumindest stimmte es, dass ich im dritten Jahr während

des Zusatzunterrichts im Sommer von dem Aufsichtslehrer geohrfeigt worden war und dass Frau Kim daraufhin mit mir in den Hügelwald gegangen war, um
mich zu trösten. Der Aufsichtslehrer hatte also Kim
Seongtae geheißen. Dass mir meine Lehrerin *Ein Geschenk des Vogels* geliehen hatte, war ausschließlich
meine Erinnerung, wohingegen die Erinnerung an
mein durchnässtes Poloshirt meiner Lehrerin gehörte.
Mir war schwindlig. Wir bestellten mehr Bier und Soju
und dazu frittierten Fisch. Es wurden viele zusammen-
hanglose Geschichten erzählt.

Meine Frage, ob sie vor Ort Familie oder Verwandte
hätte, verneinte meine Lehrerin. Gerade aus diesem
Grund habe sie sich, ohne zu zögern, um die Stelle in
Yonju beworben. »Ich wurde nämlich von meinem Vater geschlagen«, fügte sie hinzu. Nach ihrer Pubertät
hätten die Prügel nachgelassen, und als sie dann erwachsen war, sei es ganz vorbei gewesen. Trotzdem
könne sie all das bis heute nicht vergessen. Die Anspannung und den Schmerz, die innere Unruhe und
Depression.

»Vielleicht habe ich dich damals genau aus diesem
Grund nach draußen geführt. Als du mit geröteter
Wange im Raum standst, hatte ich das Gefühl, mich
selbst zu sehen. Denn bei mir war es genauso. Auch ich
habe immer um Verzeihung gebeten, habe gesagt, ich
würde es nie wieder tun, habe mich weinend an meinen Vater geklammert und ihn angefleht. Aber wenn er
dann zuschlug, erstarrte ich auf der Stelle. Ich konnte

kein Wort herausbringen und selbst meine Tränen versiegten sofort.«

Ihre jüngere Schwester hatte sich so früh es ging in ein anderes Abhängigkeitsverhältnis begeben und geheiratet, während meine Lehrerin allein die Stellung gehalten hatte, um ihre schwache Mutter in Schutz zu nehmen. Zum Schluss hatte sie mit der Familie gebrochen und die Flucht ergriffen. Heute wisse sie, dass die Gewalttätigkeit ihres Vaters von seiner Unfähigkeit herrührte. Er sei zu einem Tyrannen geworden, weil er sich jedes Mal, wenn er im Berufsleben versagte, vergewissern wollte, dass er zumindest daheim seinen Willen durchsetzen konnte. Während meine Lehrerin sich weiter an ihren Vater erinnerte, hörte ich still zu. Ich fragte weder nach den Einzelheiten noch erzählte ich ihr meine eigene Geschichte. Es quälte mich zu sehr.

»Meine Güte, ich muss betrunken sein. Was erzähle ich da meiner Schülerin?«

»Jetzt bin ich doch keine Schülerin mehr.«

»Das stimmt. Weißt du, wie überrascht ich war, als ich im Klappentext die Angaben über die Autorin gelesen habe? Wir sind nur acht Jahre auseinander. Jetzt sind wir beide in den Vierzigern. Wir werden zusammen alt.«

Sie schüttelte sich vor Lachen. Mir war nicht nach Lachen zumute. Meine Lehrerin sah mich gelassen an und sagte, ich bräuchte mir keine Sorgen um sie zu machen, sie sei mit ihrem jetzigen Leben zufrieden. Da sei ich erleichtert, erwiderte ich.

Erst nach drei Uhr morgens verließen wir das Lokal. Meine Lehrerin bot mir an, bei ihr zu übernachten. Das behagte mir nicht recht, ich wollte ihr lieber nicht zur Last fallen. Ich sagte, ich würde am Bahnhof in einem Café oder Fast-Food-Laden warten und mit dem ersten Zug um sechs Uhr wieder nach Seoul fahren. Meine Lehrerin schüttelte sich abermals vor Lachen.

»Um diese Uhrzeit haben hier doch keine Cafés mehr geöffnet. Glaubst du etwa, die Cafés und Fast-Food-Ketten haben hier rund um die Uhr geöffnet wie im Zentrum von Seoul? Komm mit, wenn du nicht am Bahnhof auf der Straße schlafen willst.«

Notgedrungen ging ich mit zu ihr und schlief bis in den Nachmittag hinein. Dann gingen wir zusammen eine Katersuppe essen.

Als ich in Seoul ausstieg, kamen mir die letzten zwei Tage unwirklich vor wie ein Traum. Ich hatte Kopfschmerzen und mir war übel, wobei ich nicht genau sagen konnte, ob es nur am Kater lag oder ob in meinem Unterbewusstsein noch etwas arbeitete. Zu Hause nahm ich erst einmal ein heißes Bad, rührte mir danach ein süßes Honigwasser an und legte mich schlafen. Ich musste mich die ganze Nacht nicht vom Fleck gerührt haben, denn als ich am nächsten Morgen aufwachte, lag ich in derselben Haltung wie vorm Einschlafen, die Hände, mit denen ich mir die Bettdecke ans Gesicht gezogen hatte, noch am Saum.

Ich trank ein Glas kaltes Wasser und setzte mich

an den Schreibtisch. Vergessen geglaubte Erinnerungen stürzten auf mich ein. Ich bekam keine Luft, mein Herz pochte wie wild. Ich versuchte mich gerade zu beruhigen, indem ich tief ein- und ausatmete, als ich eine KakaoTalk-Nachricht von meiner Lehrerin erhielt. »Bist du gestern gut nach Hause gekommen?« Ich antwortete mit »Ja«. Beim Vergleich unserer beiden Nachrichten kam mir meine Antwort zu kurz angebunden vor. Also fügte ich eine weitere Zeile hinzu. »Zu Hause habe ich mich sofort wieder hingelegt und bin erst jetzt wach geworden.« Dann schob ich ein »haha« hinterher. Meine Lehrerin antwortete ebenfalls mit »haha«.

Haha. Hahaha. Hahahaha … Das findest du witzig? Du findest das also witzig? Mir entwich ein leises, tiefes Lachen, als würde ein Keks zerbröseln und sich in ein drum herum wimmelndes Ameisenheer auflösen. Das Ameisenheer krabbelte mir in die Ohrmuschel, ließ mein Trommelfell erzittern und kroch am Gehörknöchelchen, der Hörschnecke und dem Hörnerv vorbei ins Gehirn. Die Ameisen krabbelten kreuz und quer, manche bahnten sich durch die Augen und Nase den Weg nach draußen, andere fielen die Speiseröhre hinunter. Dort fraßen sie sich hindurch und breiteten sich dann im ganzen Körper aus, um schließlich mein Herz anzunagen. Mir krampfte sich das Herz derart zusammen, dass ich die Hand da aufdrückte, wo der Ausschnitt meiner Bluse war, und mich über die Tischplatte nach vorne beugen musste.

Ich schleppte mich in die Küche, um eine Schmerztablette zu schlucken. Ich hatte mal gelesen, dass Schmerzmittel auch bei Herzschmerzen wirkten. Zu der Zeit griff ich täglich auf Schmerztabletten zurück, weil es mir psychisch derart schlecht ging.

Bis ich wieder an den Schreibtisch getorkelt war, war noch eine Nachricht von meiner Lehrerin angekommen. Sie habe gestern dummes Zeug geredet, ich solle es einfach vergessen. Dummes Zeug? Was hatte sie mir erzählt? Wir waren ziemlich betrunken gewesen und ich konnte mich nicht mehr an alles erinnern, was meine Lehrerin gesagt hatte. Doch eines war sicher – das Gespräch in jener Nacht hatte etwas auf dem Grund meiner Erinnerungen und Gefühle aufgewirbelt. Ich klappte den Laptop auf und begann, eine Geschichte zu schreiben.

War es wirklich ein Zufall?

Mein Vater hatte bläuliche Lippen. Er wirkte dadurch wahlweise, als sei er krank, verfroren oder betrübt. Wenn mein meist wortkarger Vater mal etwas sagte, sammelte sich an seinem Mund gelber, dickschleimiger Speichel. Oft kämpfte er im Stillen gegen den Brechreiz an.

Während mein Vater nach Worten rang, sie unterdrückte und einfach hinunterschluckte, nahm meine Mutter kein Blatt vor den Mund. Stets mit einer tiefen Falte zwischen den Augenbrauen, hatte sie an allem etwas auszusetzen. Das soll nicht heißen, dass ich meine Mutter nicht mochte. Ich glaubte damals, das müsse so sein. Doch irgendwann übernahm mein Bruder diese Rolle, was alle außer mir in der Familie für selbstverständlich hielten. Nur ich konnte mich nicht damit abfinden. Ich hatte das Gefühl, Tag für Tag winzige, weiche Fischgräten hinunterzuschlucken. An manchen Tagen hinterließen sie nur leichte Kratzer in meiner Kehle, an anderen Tagen wiederum waren die Schmerzen so stechend scharf, dass ich nicht weiteressen konnte. An guten Tagen konnte ich die Gräten problemlos hinunterschlucken. Niemand sonst wusste von dieser Angst und den Schmerzen.

Es war in meinem ersten Jahr an der Oberschule. Mein Vater, der von Beruf Taxifahrer war, hielt gerade an einer roten Ampel, als das Auto hinter ihm auf seines auffuhr. Er zog sich keine Wirbelsäulenverletzung dabei zu, nur eine Muskelprellung. Doch entgegen dem ärztlichen Befund, nach einer Woche Ruhe werde es ihm wieder gut gehen, konnte sich mein Vater auch dann noch nicht bewegen und musste fast einen Monat in der Rehaklinik in einem Zimmer für sechs Patienten zubringen. Danach hängte mein Vater seinen Job an den Nagel. Er sagte, er bekäme im Straßenverkehr Angstzustände. Er habe das Gefühl, die Lichter der Autos vor ihm nähmen ihn scharf ins Visier, die Autos im Rückspiegel rückten immer näher und die Fahrzeuge links und rechts von ihm würden immer größer. Danach wanderte er von einem Gelegenheitsjob zum nächsten. Doch nicht mein Vater oder meine Mutter verzweifelten darüber oder wurden wütend, sondern mein Bruder. Und das ließ er an mir aus.

Sobald ich auch nur ein wenig später nach Hause kam,

geriet er in Rage. Mal verriegelte er das Haustor, sodass ich nicht hereinkam, ein anderes Mal packte er mich an den Haaren und zerrte mich ins Haus. Dann leerte er immer den Inhalt meiner Tasche aus und schaute in mein Portemonnaie. Warum wollte er wissen, wie viel Geld ich bei mir hatte? Ich schrie ihn dann an, was er sich eigentlich einbilde, einfach so an meine Sachen zu gehen, beschimpfte ihn und schleuderte alles weit von mir, was gerade in Reichweite war.

Es war der Tag, an dem mein Bruder an einer chinesischen Elite-Universität aufgenommen wurde. Er war damals bereits an einer renommierten Universität in Seoul im Fachbereich Chinesische Sprache und Literatur eingeschrieben und hatte schon immer von seinem Wunschtraum gesprochen, in China zu studieren. Für mich war das zwar nur schwer nachvollziehbar, da mir schon das Lernen an der Oberschule verhasst war, aber schließlich war das nicht das Einzige, was ich an meinem Bruder schwer nachvollziehen konnte.

Nach meinem Unterricht im Nachhilfeinstitut besorgte ich auf dem Heimweg eine kleine Torte. Die gemeinsame Erfahrung, unter einem Dach und mit denselben Eltern aufzuwachsen, hatte meinen Bruder und mich untrennbar zusammengeschweißt. Aus diesem Grund hasste ich ihn einerseits und hatte andererseits Mitleid mit ihm. Aber ich war stolz auf seine akademischen Leistungen und freute mich mit ihm. Auf die Frage der Verkäuferin, wie viele Kerzen ich bräuchte, verlangte ich vier. Denn wir waren eine vierköpfige Familie. Während ich mit der Tortenschachtel, die viel zu groß für die Torte war, nach Hause lief, strahlte ich und war bester Laune, weil ich mir auf einmal wie ein Teil einer harmonischen Familie vorkam.

Am Eingang standen die Schuhe meines Bruders.

»Mama, ist er zu Hause?«

Ich schleuderte meine Turnschuhe zur Seite und betrat den Flur genau in dem Augenblick, als sich die Tür zum Zimmer meines Bruders öffnete, der anscheinend gerade aufgestanden war und zerzaust und sich die Augen reibend aus seinem Zimmer trat.

»Du schläfst schon? Wir müssen doch feiern! Ich habe eine Torte mitgebracht!«

Als ich die Tortenschachtel in der Küche abgestellt und abwechselnd nach meiner Mutter und meinem Vater rief, fragte mein Bruder höhnisch:

»Was soll das bitte werden?«

»Mama hat es mir vor dem Nachhilfeunterricht erzählt. Dass du bestanden hast.«

»Na und?«

»Was?«

»Na und? Na und? Willst also ordentlich feiern, was?«

Ich antwortete kaum hörbar: »Herzlichen Glückwunsch.«

Mein Bruder warf einen flüchtigen Blick in die Tortenschachtel und sah mich an.

»Wenn du schon dämlich sein musst, solltest du zumindest so was wie Taktgefühl entwickeln.«

Dann verschwand er in seinem Zimmer. Meine Mutter, die bis dahin aus sicherer Entfernung zu uns herübergespäht hatte, trat erst jetzt dazu und stellte die Torte ungehalten in den Kühlschrank.

»Wo sollen wir das Geld für ein Auslandsstudium hernehmen? Der Junge ist doch ohnehin verbittert, warum musst du ihn auch noch provozieren?«

»Kann er denn neben dem Studium nicht jobben? Gibt es in China etwa keine Teilzeitjobs?«, maulte ich ganz leise. Meine Mutter seufzte tief und sagte, das Herz zöge sich ihr zusammen, wenn sie an meinen Bruder denke. Ich hätte gern gewusst, wie sich ihr Herz anfühlte, wenn sie an mich dachte, aber ich fragte sie nicht danach.

Mein Vater setzte sich wieder ans Steuer. Eine Woche später stürzte er samt Taxi von einer Hochstraße acht Meter in die Tiefe auf ein leeres Gelände. Da es frühmorgens und Straße und Gelände menschenleer waren, verunglückte nur mein Vater.

Mein Bruder traf verspätet im Krankenhaus ein, weil er mit Freunden auf Kneipentour gewesen war. Ich warf ihm an den Kopf, er sei an allem schuld. Schluchzend hielt ich ihm vor, nur seinetwegen sei unser Vater Taxi gefahren; »Wozu ist ein Auslandsstudium, ein Studium überhaupt gut? Mach lieber Vater wieder lebendig.« Plötzlich blitzte es vor meinen Augen, dann wurde es dunkel. Ich erstarrte. Meine Wange fühlte sich zuerst taub an, dann brannte sie.

Danach wechselte ich kein einziges Wort mehr mit

meinem Bruder. Was auch nicht schwierig war, denn mein Bruder ging direkt darauf nach China und verbrachte dort acht Jahre. Die Lebensversicherung meines Vaters und sämtliche Spenden der Kondolenzbesucher flossen in die Studiengebühren und Lebenshaltungskosten meines Bruders. Ich hingegen jobbte während des gesamten Studiums bis zum Umfallen und blieb beim Abschluss mit zehn Millionen Won Studienkredit-Schulden zurück. Bis heute habe ich keinen Kontakt zu meinem Bruder.

Über diesen Tag schrieb ich. Allerdings überzeichnete ich die Ereignisse ein wenig, beispielsweise schrieb ich, dass mein Bruder die Torte zu Boden geworfen und das Zimmer verwüstet hatte und dass mein Vater auf der Stelle aus dem Haus gestürzt war und sich das Leben genommen hatte. Zum allerersten Mal schrieb ich über mich. Bereits bei meinen ersten Schreibversuchen hatte ich mir vorgenommen, auf keinen Fall meine eigenen Erlebnisse zu verarbeiten oder etwas nur zu Papier zu bringen, um mich meiner Gefühle zu entledigen. Bis jetzt hatte ich den Vorsatz streng eingehalten, aber nun hatte ich ihn gebrochen. Wie gebannt saß ich acht Stunden lang vor dem Laptop und schrieb die Erzählung in einem Zug nieder, und ich fürchtete mich vor der Reaktion meiner Familie.

Ich wusste, dass mein Bruder alles von mir las, sogar die Erzählungen, die in verschiedenen Literaturzeitschriften und Online-Magazinen veröffentlicht wurden. Das hatte meine Mutter mir ab und zu erzählt. Diese

Erzählung hatte er bestimmt auch gelesen, aber es kam keine Nachricht von ihm. Tat es ihm vielleicht leid? Hatte er im Nachhinein ein schlechtes Gewissen? Oder war er zu stolz, um nachzufragen, ob die Geschichte von uns handelte? Jedenfalls äußerte sich meine Familie, wegen deren Reaktion ich mir Sorgen gemacht hatte, nicht zu der Geschichte. Die Vorwürfe machte mir zu meiner Überraschung jemand ganz anderes.

Mitten in der Nacht rief meine Lehrerin Kim Hyewon an, mit der ich seit dem Vortrag keinen Kontakt mehr gehabt hatte.

»Wie konntest du nur meine Geschichte stehlen und literarisch verarbeiten? Das ist meine qualvollste Erinnerung! Es hat mich große Überwindung gekostet, sie dir anzuvertrauen. Wie konntest du nur?«

»Bitte?«

»Die Erzählung in der neuesten *Littor*-Ausgabe. Die Geschichte handelt doch von mir!«

»Wie … wie kommen Sie auf diese Idee?«

»Weil es genau so gewesen ist. Genau so.«

Meine Lehrerin behauptete, ich hätte den unfähigen Teil und den gewalttätigen Teil ihres Vaters in zwei Charaktere, in einen *Vater* und einen *Bruder*, aufgeteilt. Ich hätte ihr Erlebnis, bei dem sie im Krankenhaus, in dem ihre Mutter gelegen hatte, von ihrem Vater geschlagen worden war, leicht abgewandelt in die Szene, in der die Protagonistin nach dem Tod des Vaters von ihrem Bruder geschlagen wird. Auch die Episode, in der der ältere Bruder die Tasche und das Portemonnaie der Protagonistin kontrolliert, sei eine genaue Beschreibung des Verhaltens ihres Vaters. Und damit nicht genug: Dass die Protagonistin auf der Stelle erstarrt, als sie geschlagen wird, sei eine genaue Beschreibung dessen, wie sie sich verhalten habe.

»Auf dieser Welt gibt es so viele Frauen, die von ihren Vätern oder Brüdern geschlagen werden. Das ist natürlich tragisch, aber es kommt doch häufig vor.«

»Das kommt häufig vor? Wie leicht dir das über die Lippen geht. Jetzt, wo du auf deinem hohen Schriftstellerinnen-Podest stehst, kannst du auf die Frauen, die sich unten am Boden abmühen, herabschauen, was? Du meinst, du kannst das Ganze einfach so mit einem Label wie ›universell‹ oder ›alltäglich‹ zurechtbiegen? Seid ihr überhaupt dazu imstande, euch vorzustellen, du und deine Leser, dass die Frauen auf dieser Welt sich voneinander unterscheiden, dass jede mit ihrem ganz eigenen Schmerz fertigwird?«

»Warum denken Sie, dass ich mir das nicht vorstellen kann? Sie sind nicht die Einzige, der es so geht.«

Frauen erzählten mir andauernd ihre Geschichten. Nach Vorträgen in Bibliotheken, vor Autorengesprächen, selbst in den flüchtigen Momenten, wenn ich in Buchläden meine Bücher signierte, erzählten sie mir von sich – nicht um eine Antwort oder einen Ratschlag von mir zu hören, sondern weil es einfach aus ihnen herausbrach. *Hier, meine Daumenspitze habe ich bei der Arbeit in der Fabrik verloren, das Kind habe ich in die Obhut meiner Mutter gegeben, ich weiß nicht, ob das die richtige Entscheidung war, ich kann nicht so gut Koreanisch, ich komme aus Vietnam, ich habe einen MeToo-Fall zur Anzeige gebracht* ... Wir dankten einander. *Vielen Dank, dass Sie dieses Buch geschrieben haben, vielen Dank, dass Sie das Buch gelesen haben. Vielen Dank, dass Sie mir Ihre Geschichte anvertraut haben, vielen Dank, dass Sie gekommen sind.*

Bis zuletzt brachte ich es nicht über mich, meiner Lehrerin zu sagen, dass es in der Erzählung um meine eigenen Erlebnisse ging. Ich wollte nicht, dass es aussah, als würde ich mich rechtfertigen wollen, etwa damit, dass auch ich das Recht darauf hatte, mich frei zu äußern, zu schreiben und meine Gedanken und Gefühle zu artikulieren. Wer bestimmte überhaupt, ob ich dieses Recht hatte, und nach welchen Kriterien? Ich wollte mich weder vor mir selbst noch meiner Lehrerin oder sonst jemandem erklären. Ich konnte einfach nicht mehr. Ich legte auf.

Ich war zwar neugierig zu erfahren, wie die Erzählung aufgenommen wurde, aber bei Kurzgeschichten war es schwierig, sich einen Überblick über die Leseeindrücke zu verschaffen, bevor sie in Buchform erschienen. Ich wollte meiner Lektorin deswegen schreiben, brach die Kurznachricht jedoch ab. Was sollte das mitten in der Nacht?

Schließlich gab ich den Titel der Erzählung in eine Suchmaschine ein. Es erschienen keine Ergebnisse zu meiner Geschichte, nur andere Seiten, auf denen die Wörter vereinzelt vorkamen. Auch in den Online-Buchhandlungen gab es noch keine Sterne-Bewertungen oder Rezensionen zu der *Littor*-Ausgabe. Ungeduldig gab ich meinen Namen ein. Wann hatte ich zum letzten Mal meinen Namen in die Suchmaschine eingegeben? Irgendwann war ich es leid geworden, all die Inhalte und Artikel und vor allem die darunter stehenden Kommentare zu lesen.

Eine ältere Kommilitonin, mit der ich noch ab und zu Kurznachrichten austauschte, hatte mich einmal angerufen und gefragt, ob wir nicht etwas essen gehen wollten. Noch bevor das Essen serviert wurde, hatte sie mich vorwurfsvoll gefragt, ob ich eigentlich wisse, wie hinterhältig die Mädchen heutzutage seien, und dass die Jungen, einschließlich ihres eigenen Sohnes, den Schaden davonträgen. Der Besitzer des Cafés, in dem ich gejobbt hatte, ein Mann mittleren Alters, rief mich an und grüßte mich mit den Worten »Die Mutter aller Feministinnen. Muss ich von jetzt an aufpassen, was ich sage?«. Ich wurde wieder und wieder als Vergleichsgegenstand herangezogen, um das herausragende Talent anderer Schriftstellerinnen hervorzuheben. Es kam auch unzählige Male vor, dass mein Roman in Kritiken, Debatten und Streitgesprächen zu einem Schatten seiner selbst zurechtgestutzt und zusammengepresst wurde.

Meine insgesamt sehr unterschiedlichen Texte, die alle aus meiner langen und komplizierten persönlichen Geschichte, der Vielzahl an mir zugewiesenen Rollen und meinen Grübeleien entstanden waren, wurden versimpelt und nach Lust und Laune angeführt. Was heißt überhaupt zurechtbiegen? Was bedeutet es, etwas zurechtzubiegen? Nach dieser Vereinnahmung meiner Texte konnte ich kein Wort mehr schreiben.

Ich hatte meine Anwältin im Rahmen meiner Recherchen kennengelernt und wir hatten uns locker angefreundet. Wir trafen uns ab und zu zum Essen. Anwältin Kim hatte mir von Zeit zu Zeit geraten, meine Internettrolle anzuzeigen, und mir ihre Hilfe dabei angeboten.

»Sie können den Leuten ins Gewissen reden, so viel Sie wollen, Sie können ihnen Ihr Leid klagen, um sie zu überzeugen, wie schädlich ihr Verhalten ist, und an ihre Vernunft appellieren, das alles bringt nichts. Man muss diese Leute ausnahmslos anzeigen. Erst wenn sie plötzlich mit der Polizei zu tun haben, die Kosten für einen Vergleich auftreiben müssen und eine Vorstrafe bekommen, erst dann wird ihnen klar, was sie da eigentlich verbrochen haben. Erst dann bereuen sie ihre Tat auch wirklich. Und wenn sich erst einmal herumspricht, dass Sie nicht zimperlich mit Ihren Trollen umgehen, werden die Hasskommentare auch weniger.«

»Die Kommentare machen mir eigentlich nichts aus.«

»Trotzdem sollten wir etwas dagegen unternehmen. Sie glauben, Sie könnten sie einfach ignorieren? Stimmt nicht. Wenn Sie in Ruhe leben wollen, müssen Sie etwas tun, sich lautstark dagegen wehren, offiziell

Beschwerde einlegen und einen Strafantrag stellen. Nur so tanzen einem die Leute nicht auf der Nase herum.«

Ich wusste, dass Anwälte nur ungern diese Art von Fällen übernahmen, da sie viel Arbeit und wenig Umsatz bedeuteten. Aus Dankbarkeit für ihr Angebot sagte ich, ich würde sie auf jeden Fall um Hilfe bitten, wenn ich mich entschließen sollte, jemanden anzuzeigen. Aber zu dem Zeitpunkt hatte ich eigentlich nicht wirklich vor, die Hasskommentare anzuzeigen. Als ich meinem Verlag jedoch zum zweiten Mal schreiben musste, dass ich meinen Vertrag widerrufen und den Vorschuss zurückzahlen wollte, weil ich nicht wusste, wann ich wieder zum Schreiben fähig wäre, wurde mir klar, dass es so nicht weitergehen konnte.

Das Büro meiner Anwältin übernahm es, neben Hasskommentaren unter Artikeln auch Kommentare in verschiedenen Online-Communitys, auf Blogs und in den sozialen Netzwerken zu sammeln. Sie wählten dabei vor allem Fälle aus, die über bloße Beschimpfungen hinausgingen und konkrete Androhungen von Gewalt oder sexueller Belästigung enthielten. Solche Fälle sind mit einer höheren Strafe verbunden, da sie nicht nur unter Beleidigung fallen, sondern auch unter Bedrohung und obszöne Nutzung von Kommunikationsmedien.

Auf diese Weise kamen für den ersten Durchgang mit Strafanträgen allein Hunderte Beschwerden zusammen. Wir verteilten die Anträge auf fünf verschiedene Polizeibehörden, weil wir fürchteten, es könnte zu viel Material für eine einzige Behörde sein. Ich reichte die Anträge eigenhändig ein. Ich hatte damit gerechnet, es würde unangenehm werden, aber das war es nicht. Es war eine neuartige, interessante Erfahrung, einen Strafantrag zu stellen und meine Aussage als Antragstellerin zu Protokoll zu geben. Das Ganze kam mir vor wie ein Teil meiner Recherchen.

Das Verfahren ging nur schleppend voran, und ich konnte immer noch nicht wieder schreiben.

»Es ist also jemand, … den Sie kennen?«, fragte mich meine Anwältin vorsichtig, als ich den Brief zu Ende gelesen und wieder in den Umschlag gesteckt hatte.

»Wir haben uns einmal gesehen.«

Es war nicht meine Lehrerin gewesen. Es war die Studentin gewesen, die damals bis zum Schluss mit uns getrunken hatte. Ich konnte mich weder an ihr Gesicht noch an ihren Namen erinnern. Hatte das Mädchen auch nur einen Laut von sich gegeben? War sie überhaupt bis zum Schluss geblieben? Anscheinend schon. Nur deshalb hatte sie so schön und rührend darüber schreiben können, über wie viele Themen wir uns zu dritt unterhalten, wie tiefgehend wir einander verstanden und wie sehr wir uns gegenseitig getröstet hatten. Dann war sie meinen Spuren im Netz unerbittlich gefolgt und hatte einen Haufen beleidigender Kommentare hinterlassen. Diese beiden Verhaltensweisen lagen auseinander wie zwei Gegenpole. Aber waren sie wirklich so gegensätzlich?

»Alles in Ordnung?«

Ich nickte.

»Mir geht es gut. Ich werde einen Strafantrag stellen, wie bei den anderen Kommentaren auch.«

»Weil Sie sich hintergangen fühlen?«

»Nein. Sie hat sich mit ihren Hasskommentaren eben strafbar gemacht.«

Diesmal nickte meine Anwältin. Sie fragte noch mal, ob es mir gut gehe, und bot mir an, wenigstens auf einen Kaffee zu bleiben, aber ich lehnte ab. Ich hatte noch etwas zu erledigen.

Wieder zu Hause angekommen, laufe ich sofort ins Arbeitszimmer und klappe den Laptop auf. Ich schreibe eine Mail, die mit den Worten *Liebe Frau Kim* beginnt. Ich schreibe, dass es mir leidtut. Dass ich mich dafür schäme, einfach aufgelegt zu haben. Dass der Großteil der Erzählung auf meinen eigenen Erfahrungen basiert. Dass wir Ähnliches erlebt haben, ja, aber dass das nicht heißt, dass wir ein und dieselbe Person sind. Dass aber die Gespräche, die wir die ganze Nacht hindurch geführt haben, meine verschütteten Erinnerungen wachgerufen haben. Dass ihre Vorwürfe also berechtigt sind. Ich schreibe, dass ich die trostlosen, aufreibenden Tage meines letzten Schuljahrs – wie ich mich selbst für meine absolute Hilflosigkeit verachtete, wie meine Mutter mir am Morgen meiner Universitätseintrittsprüfung Seetangsuppe vorsetzte, obwohl man laut Aberglauben vor einer wichtigen Prüfung keine essen sollte, und dazu sagte »Ein Studium können wir uns für dich nicht leisten« – nur dank *Ein Geschenk des Vogels* und dank ihr durchstanden habe. Dass ich heute am Leben bin, weil sie mir damals zur Seite gestanden hat. Ich schreibe, dass ich damals so mit meinen Problemen beschäftigt war, dass ich zugegebenermaßen vergaß, dass es anderen Leuten in meinem Alter noch wesentlich schlechter ging, und dass ich mich heute dafür schäme. Ich schreibe, dass ich durchaus weiß, dass es harscheste Lebensbedingungen gibt, die außerhalb meines Erfahrungshorizonts und meiner Vorstellungskraft liegen. Dass auch meine Leser viel mehr als das, was ich geschrieben habe, aus meinen Erzählungen herauslesen. Ich schreibe, dass ich daher endlich diese Scham abstreifen möchte; dass ich damit aufhören möchte, vor Scham den Blick zu senken, mich zu verstecken und immer mehr einzuigeln. Ich schreibe, dass ich mich wiederum dafür schäme, dass ich damit aufhören will. Ich schreibe, dass ich nicht begreifen kann, warum ich mich eigentlich schämen muss. Ich schreibe, dass ich mich über sie ärgere. Ich schreibe, dass es mir leidtut und dass ich ihr dankbar bin. Ich schreibe, dass ich sie sehen möchte. Ich schreibe, dass wir uns irgendwann treffen sollten. Ich schreibe, dass ich sie nicht sehen möchte. Ich schreibe, dass wir uns am besten nie wiedersehen. Ich schreibe, dass sie mir trotzdem fehlen wird. Ich schreibe, dass wir uns letztlich wiedersehen werden.

WEGGELAUFEN

Mein Vater war von zu Hause weggelaufen. Der Anruf meiner Mutter erreichte mich abends in der U-Bahn, als ich auf dem Heimweg von der Arbeit war. Im ersten Moment hatte ich sie falsch verstanden und *weggelaufen* als *den Weg durchlaufen* aufgefasst.

»Was? Welchen Weg, zur Erleuchtung etwa? Besucht Papa neuerdings den Tempel?«

»Weggelaufen. Dein Vater ist von zu Hause weg-ge-lau-fen.«

Wenn sie mir gesagt hätte, er wolle den Weg zur Erleuchtung durchlaufen und ein buddhistischer Mönch werden, hätte ich ihr das eher abgenommen. Dieses Jahr würde er zweiundsiebzig. Er hatte keinerlei psychische Erkrankungen wie beispielsweise Demenz. Seine sieben Jahre jüngere Frau pflegte mein Vater stets kultiviert zu siezen. Aber er war auch jemand, der sich nur dann an den Esstisch setzte, wenn seine Frau den Tisch perfekt gedeckt und vom Besteck bis zum Wasserglas alles an seinen festen Platz gestellt hatte. Bis er in den Ruhestand ging, hatte er außer zu den Begräbnissen seiner Eltern und seiner Schwiegereltern kein einziges Mal bei der Arbeit gefehlt; selbst an den Tagen, als seine drei Kinder geboren wurden, war er zur Arbeit gegangen. Er

besaß weder eine Kreditkarte noch nutzte er Dauerauf-
träge für Überweisungen oder gar Onlinebanking, denn
er vertraute laut eigener Aussage auf nichts, was er nicht
mit eigenen Augen sehen konnte. Und dieser Mann
sollte von zu Hause weggelaufen sein?

Wie? Was sagst du da?, fragte ich etliche Male nach,
um dann erst einmal an der nächsten Station auszustei-
gen. Es war ausgerechnet ein Knotenpunkt. Ich wurde
von den Menschenmassen mitgerissen, die aus der U-
Bahn strömten, um in eine andere Linie umzusteigen.
Als ich mich mit Mühe aus dem vorwärtsdrängenden
Strom befreit hatte, hatte meine Mutter bereits aufgelegt. Ich zog mir am Getränkeautomaten eine Dose geeisten Kaffees, setzte mich auf eine leere Bank in einer
Ecke des Bahnsteigs und rief zurück.

»Was soll das heißen? Warum sollte Vater denn weggelaufen sein? Und wann?«

»Es ist eigentlich schon fast einen Monat her.«

»Was? Warum sagst du das erst jetzt?«

»Ich dachte natürlich, er würde bald zurückkommen.
Da blamiere ich mich doch nicht vor unseren eigenen
Kindern. Welch eine Schande in diesem Alter.«

»Bist du sicher, dass er weggelaufen ist? Und nicht
entführt wurde oder sich verlaufen hat?«

»Er hat mir einen Brief hinterlassen.«

Als ich in der Mittelschule war, hatte ich auch einmal versucht, von zu Hause wegzulaufen, und einen
Abschiedsbrief geschrieben. Am Tag davor war ich mit
einer Freundin dabei erwischt worden, wie wir in ih-

rem Zimmer heimlich Alkohol tranken, und hatte von meiner Mutter dafür eine ordentliche Tracht Prügel bekommen. Ich glaube, in dem Brief hatte ich ausschweifend darüber geschrieben, dass ich zwar etwas Unrechtes getan hätte, aber eine so unmenschliche Behandlung auf keinen Fall dulden könne, meine Eltern sollten also nicht nach mir suchen.

Nach der Schule ging ich erst einmal zu einer Freundin. Als es dann Abendessen gab, gab mir die ältere Schwester meiner Freundin indirekt zu verstehen, dass es Zeit für mich war zu gehen. Ich wusste nicht, wo ich noch hinsollte. Ich schlug ein wenig Zeit auf dem Spielplatz tot und kehrte dann zu unserem Haus zurück, das ich leer vorfand. Ich beschloss, das Weglaufen rückgängig zu machen. Doch der Brief, den ich auf meinen Schreibtisch gelegt hatte, war nicht mehr da. Also blieb mir nichts anderes übrig, als mich mit umgehängter Schultasche und mit Schuhen in meinem Kleiderschrank zu verstecken. So schlief ich ein, bis ich hörte, wie meine Mutter an die Zimmertür klopfte und mich zum Abendessen rief. Schlaftrunken verließ ich den Schrank, kam mit meinen Schuhen in den Händen aus dem Zimmer und setzte mich an den Tisch.

»Bring die Schuhe in den Flur und leg auch die Schultasche ab.«

Meine Mutter hatte in einem ruhigen Ton gesprochen, also räumte ich widerstandslos Schuhe und Tasche weg und aß mein Abendessen. Auch meine Brüder ließen kein Wort darüber fallen, dass ich hatte weglaufen wollen. Nach dem Essen zog ich mich um wie immer, sah fern und ging schlafen. Vielleicht war mein Vater ja auch nur im Schrank? Ich stellte ihn mir vor, wie er mit seinen Schuhen in den Händen zusammengekauert im Schrank hockte. Und das bereits seit einem Monat. Ihm waren bestimmt die Beine eingeschlafen.

»Hallo? Hörst du mir eigentlich zu? Soll ich ihn als vermisst melden?«

»Ob das in dem Fall überhaupt möglich ist? Ich erkundige mich mal. Hast du es den anderen schon gesagt?«

»Ähm, kannst du es vielleicht deinen Brüdern sagen? Ich bringe es nicht übers Herz.«

Das ging mir nicht anders. *Ach, Papa, hättest du dich doch lieber auf den Weg zur Erleuchtung begeben!* Wenn mein Vater sämtlichen Schmerz und sämtliches Leid dieser Welt von sich abgestreift und sich der Religion hingegeben hätte, dann wären wir ihm vielleicht für kurze Zeit böse gewesen, hätten aber auf lange Sicht Verständnis mit ihm gehabt. Ich holte tief Luft und rief der Reihe nach meine Brüder an. Mein ältester Bruder gab eine Weile keine Antwort. Dann sagte er, er habe verstanden und werde sofort zu unserem Elternhaus fahren. Mein zweitältester Bruder regte sich auf, was ich da für einen Unsinn reden würde, und außerdem habe er heute keine Zeit für so etwas, er feiere gerade seinen Hochzeitstag. Ich sagte ihm, er solle sich nicht so anstellen und auf der Stelle nach Hause kommen.

Ich sah auf dem Handy nach dem Weg übers U-Bahn-Netz. Um zu meinen Eltern zu kommen, musste ich zweimal umsteigen. Warum war mein Vater nur weggelaufen? Bis ich zu Hause ankäme, wäre es neun, wenn wir ungefähr zwei Stunden lang meiner Mutter zuhörten und uns einen Plan überlegten, wäre es elf, bis ich mich wieder auf den Heimweg machen konnte, halb eins, bis ich zu Hause wäre, und bis ich mich gewaschen und alles für den Tag erledigt hätte, halb zwei. Wirklich, warum war mein Vater nur weggelaufen?

Bereits am Ende der Straße roch es nach *Cheongguk-jang*-Eintopf aus fermentierten Sojabohnen. Ich wunderte mich, in welchem Haus um diese Uhrzeit noch zu Abend gegessen wurde, bis mir klar wurde, dass der Duft aus unserem Haus kam. Ungeachtet der Umstände hatte meine Mutter Glasnudelsalat gemacht und dazu Makrelen und sogar Zucchinischeiben gebraten. Mein ältester Bruder und seine Frau sowie mein zweitältester Bruder langten bereits zu. Meine Mutter legte Besteck für mich auf den Tisch und sagte:

»Warum kommst du so spät? Wasch dir die Hände und iss erst einmal.«

Gerade als ich fragen wollte, wie sie in dieser Situation ans Essen denken könne, sagte mein zweitältester Bruder, er hätte gern noch mehr Reis. Mir blieb nichts anderes übrig, als mich auch an den Tisch zu setzen. Eigentlich war mir wirklich nicht nach Essen zumute, aber mir lief plötzlich das Wasser im Mund zusammen.

Wir drei Geschwister hatten seit unserer Kindheit eine Vorliebe für *Cheonggukjang,* was für Kinder eher ungewöhnlich war. Meine Mutter machte ihn mit geschnittenem, knackigem Rettich-Kimchi, gehacktem Schweinefleisch und zerdrücktem Tofu, damit der Eintopf schön dickflüssig wurde. Zum Schluss rührte sie noch einen Löffel der hausgemachten Sojabohnenpaste ihrer älteren Schwester hinein, was den Eintopf besonders deftig machte. Mein Vater hatte diesen köstlichen Eintopf immer verabscheut. Er meinte, der säuerliche, faulige Geruch fermentierter Bohnen würde in jede Faser der Kleidung und sogar bis in die Haare dringen und sei nicht wieder wegzubekommen. Wenn mein Vater lange arbeiten musste, war das für uns ein *Cheonggukjang*-Tag. Seitdem mein Vater im Ruhestand war, hatten wir den *Cheonggukjang* meiner Mutter nicht ein einziges Mal essen können.

Ich schöpfte mir einen großen Löffel *Cheonggukjang* aus dem Topf und verrührte ihn mit dem Reis. Die glatten, heißen Reiskörner rutschten mir, noch bevor ich sie kauen konnte, die Kehle hinunter, mein Bauch wurde warm und mein Kopf begann zu schwitzen. Der Eintopf schmeckte so gut wie eh und je. Auch der Glasnudelsalat war zwar abgekühlt, aber nicht aufgeweicht. Bei mir zu Hause aß ich zwar das gleiche Kimchi, nämlich das von meiner Mutter, aber hier bei ihr schmeckte es seltsamerweise viel besser. Wir widmeten uns vollends dem Essen und als wir fertig gegessen hatten, war es bereits nach zehn.

Beim Essen war die Stimmung fröhlich gewesen, als begingen wir einen Feiertag. Aber als wir uns im Wohnzimmer gegenübersaßen, waren wir alle wieder betreten. Meine Schwägerin sah sich verstohlen um und ging dann in die Küche, um Kaffee zu kochen. Missbilligend flüsterte mein zweitältester Bruder zu meinem ältesten Bruder herüber:

»Warum hast du sie überhaupt mitgebracht?«

»Es ist doch eine Familienangelegenheit, da hat sie das Recht, Bescheid zu wissen. Hast du es deiner Frau etwa nicht erzählt?«

»Natürlich nicht. Heute ist unser Hochzeitstag. Wir haben sogar Joon zu meinen Schwiegereltern gebracht, weil wir endlich mal wieder zu zweit essen gehen wollten. Sie trinkt jetzt allein vor sich hin, also machen wir es kurz. Ich muss so schnell wie möglich wieder nach Hause.«

»Ach so, hast du dir deshalb noch mal Reis nachgenommen?«

Ich wies die beiden an, still zu sein. Dann fragte ich meine Mutter endlich nach den Einzelheiten. Sie stieß erst einmal einen tiefen Seufzer aus.

»Es war im letzten Monat, am Siebzehnten. An dem Tag hatte ich mein Spartreffen. Als ich zurückkam, hing dieser Zettel am Kühlschrank.«

Meine Mutter schob sich, weiterhin auf dem Boden sitzend, Stück für Stück bis zum Fernsehschrank und zog dort einen Zettel aus der Schublade.

»Wer weiß, wie viele Jahre mir noch bleiben. Ich möchte von nun an mein eigenes Leben führen. Sucht nicht nach

mir. Es tut mir leid. Die 1,6 Millionen Won auf dem Spar-
konto nehme ich mit.«

Mein zweitältester Bruder beugte sich über den Zettel, den mein ältester Bruder unserer Mutter entrissen
hatte, las ihn laut vor und lachte entgeistert.

»Vielleicht ist Vater dement geworden?«

In diesem Augenblick kam meine Schwägerin mit
einem Tablett mit fünf Tassen Kaffee zurück. Mein
zweitältester Bruder verstummte und mein ältester
Bruder gab meiner Mutter den Zettel zurück. Meiner
Mutter, die den Brief noch mal las, kullerten plötzlich
dicke Tränen aus den Augen.

»Heute kommt er bestimmt zurück, morgen kommt
er bestimmt zurück ... Ich hatte solche Angst, euch davon zu erzählen, aber so kann es doch nicht weitergehen. Was sollen wir tun?«

Mein zweitältester Bruder schlürfte seinen Kaffee
und erwiderte:

»Na, was schon? Wir müssen ihn bei der Polizei als
vermisst melden.«

»Aber Papa wird nicht vermisst, er ist weggelaufen.
Glaubst du, die Polizei wird ernsthaft nach ihm suchen?
Er ist eindeutig aus freien Stücken verschwunden. Weder seine körperlichen Fähigkeiten noch sein geistiges
Urteilsvermögen sind beeinträchtigt. Ein völlig gesun-
der, erwachsener Mann hat sein Haus verlassen, was
soll da die Polizei ausrichten? Ein Privatdetektiv würde
sich eher lohnen.«

Mein zweitältester Bruder schimpfte: »Wieso bist du

so negativ? Denk doch an Vaters Alter. Es könnte doch sein, dass er plötzlich dement geworden und aus dem Haus gelaufen ist. Oder vielleicht steckt er in finanziellen Schwierigkeiten, von denen wir nichts wissen, oder jemand will sich an ihm rächen. Er könnte auch in eine kriminelle Sache verwickelt sein.«

»Du bist doch negativ, nicht ich. Musst du gleich den Teufel an die Wand malen?«

Um meine streitenden Brüder abzulenken, fragte ich meine Mutter:

»Gibt es niemanden, den wir noch fragen könnten, wo er ist?«

»Euer Vater hat doch keine sozialen Kontakte. Seit er im Ruhestand ist, sitzt er nur zu Hause vor dem Fernseher. Ich habe bei eurem Onkel angerufen und so getan, als wollte ich mich nur mal nach seinem Befinden erkundigen, aber er schien keinen blassen Schimmer zu haben. Auf dem Handy eures Vaters waren nur die Nummern von euch dreien, eurem Onkel und eurer Tante.«

»Das Handy hat er nicht mitgenommen?«

»Er hat gar nichts mitgenommen. Nicht einmal eine Unterhose. Er muss das Haus in Turnschuhen und seiner Outdoorkleidung verlassen haben. Du weißt doch, diese Wanderjacke und -hose, die er sich im Herbst plötzlich gekauft hat. Ich habe ihm damals gesagt, es sei mir ein Rätsel, wozu er sich das gekauft hat, wo er doch nicht das Geringste mit Wandern am Hut hat. Und er hat das Diktiergerät mitgenommen, das du ihm gekauft hast. Die 1,6 Millionen Won hat er am Vortag abgehoben, das habe ich schon überprüft.«

Mein zweitältester Bruder fragte mich: »Du hast Vater ein Diktiergerät geschenkt?«

»Nein, einen MP3-Player. Er hat mich einmal gefragt, was diese Dinger seien, die junge Leute zurzeit im Ohr stecken haben. Ich habe ihm gesagt, dass man mit dem Smartphone sowohl Musik als auch Radio hören kann und dass ich ihm eins schenken würde. Aber er wollte nicht. Als ich ihm daraufhin sagte, es gebe auch kleinere Geräte, mit denen man nur Musik hören kann, hat er mich gebeten, ihm ein günstiges davon zu kaufen. Ich habe ihm die hundert beliebtesten *Trott*-Lieder auf den Player geladen.«

»Wann war das?«

»Ist schon eine Weile her. Vor drei, vier Monaten vielleicht?«

»Und er hat sich in der Zwischenzeit nicht bei dir gemeldet?«

»Nein. Bei dir auch nicht?«

»Nein. Du bist ja sein Lieblingskind.«

Mein ältester Bruder nickte zustimmend.

»Das stimmt. Das Nesthäkchen! Dich hat er immer ausgeführt, dir scharfen Reiskuchen und neue Kleider gekauft … Er war ganz vernarrt in dich. Weißt du noch, was er für ein Theater gemacht hat, als du ausziehen wolltest? Ich habe echt gedacht, er würde dir den Kopf kahl scheren. Wie konnte so ein Vater einfach … Wie sollst du denn nun heiraten?«

Als ich vor zwei Jahren mit der Begründung, mein neuer Arbeitsplatz sei zu weit entfernt, verkündete, ich würde ausziehen, war mein Vater in Rage geraten. Er sagte mir, ich hätte keine Ahnung, wie gefährlich und chaotisch es auf dieser Welt zugehe.

»Solange du unverheiratet bist, werde ich dich beschützen. Ich werde dafür sorgen, dass du unbefleckt bleibst.«

»Ich werde bald neunundzwanzig und bin seit fünf Jahren berufstätig. Du glaubst doch nicht im Ernst, dass ich wirklich unbefleckt bin?«

Als mein Vater erfuhr, dass ich nicht nur mit kleinen, sondern auch mit vielen größeren Makeln behaftet bin, und dass mir diese Makel persönlich nichts ausmachen, war er sehr bestürzt. Täglich geriet ich mit ihm aneinander, weil er meine Wertvorstellungen und mein Verhalten missbilligte, bis die emotionale Kluft zwischen uns irgendwann so groß wurde, dass ich nicht mehr unter demselben Dach leben wollte wie er.

Mein Vater kapitulierte schließlich. Er hielt mir ein Sparbuch hin. Es waren die 30 Millionen Won, die er mir eigentlich erst für meine Hochzeit hatte geben wollen. Er schlug vor, ich solle sie für die Kaution meiner Wohnung benutzen – allerdings unter der Voraussetzung, dass ich nach zwei Jahren, wenn der Mietvertrag ablief, heiratete. Ich schlug sofort ein, denn mit meinem Freund hatte ich ohnehin vereinbart, erst einmal zwei weitere Jahre Geld zu verdienen, bevor wir heiraten würden. Je mehr Geld wir für die Mietkaution zur

Verfügung hätten, desto größer wäre die Wohnung, die wir uns leisten konnten, es war also ein sehr gutes Angebot für mich.

Ich fühlte mich zwar manchmal einsam und fand es zermürbend, mich neben der Arbeit um den Haushalt und um das Essen zu kümmern, auch wenn es nur für mich allein war. Trotzdem gefiel es mir besser, als mit meinen Eltern zusammenzuleben. Vor allem besserte sich das Verhältnis zu meinem Vater, sobald ich ausgezogen war. So verstrich unversehens die Zeit, und im Frühling würden die vereinbarten zwei Jahre vorbei sein.

Das Verhältnis zu meinem Freund war weiterhin gut. Mein Vater hatte gemeint, am besten sollten sich seine und meine Eltern im Winter offiziell treffen und die Hochzeit sollte dann im Frühling stattfinden. Doch jetzt war mein Vater nicht mehr da. Was würde nun aus meiner Hochzeit? Was sollte ich meinem Freund sagen? Sollte meine Mutter nun allein zum offiziellen Treffen der Eltern und zur Hochzeit kommen? Eigentlich war es doch lächerlich zu heiraten, jetzt wo mein Vater weggelaufen war. Aber angenommen, ich würde gar nicht mehr heiraten, durfte ich trotzdem den Mietvertrag verlängern? Solche Gedanken reihten sich aneinander, bis ich mir kopfschüttelnd vorwarf, mir weniger Sorgen um meinen Vater als um meine eigenen Belange zu machen.

Ich schüttelte schnell den Kopf, um mich von diesen nebensächlichen Gedanken zu befreien, und verkündete stattdessen, ich wolle Flyer anfertigen und verteilen. Mein ältester Bruder sagte, er werde zur Polizei gehen. Meine Mutter meinte, sie wolle die Geschwister meines Vaters informieren, auch wenn sie nicht sicher war, ob das eine gute Idee war. Mein ältester Bruder fragte meinen zweitältesten Bruder:

»Und was willst du machen?«

»Wenn das alles nichts bringt, werde ich einen Privatermittler ausfindig machen, der nach Vater suchen kann.«

»Warum bist du in Familienangelegenheiten immer so unmotiviert? Er ist schließlich auch dein Vater. Ein Leben lang hat er dafür gesorgt, dass du etwas anzuziehen und zu essen hast und eine Ausbildung bekommst!«

»Na, das muss ich aber richtigstellen. Ich habe immer nur deine abgetragene Kleidung bekommen und als Einziger von uns durfte ich nicht studieren.«

»Du konntest nicht studieren, weil du nicht genug dafür gepaukt hast. Aber das hat doch nichts mit Vater zu tun!«

»Nun gut, unsere Schwester hat es eigenständig geschafft, aber du doch nicht. Du hast dreimal wiederholt und trotzdem nur an einer drittklassigen Uni studiert. Wenn ich wie du zwei zusätzliche Jahre hätte finanziert bekommen, dann hätte ich es auf eine viel bessere Uni geschafft als du.«

Meine Brüder wurden immer lauter, als meine Mutter dazwischenschrie:

»Wollt ihr euch auch noch mit sechzig dermaßen streiten? Auch an meinem Ahnentisch, wenn ich tot bin? Ich bin eure Mutter und die Älteste hier. Was fällt euch ein, euch vor meinen Augen so aufzuspielen?

Niemand von euch hat mich nach meiner Meinung gefragt. Ihr macht euch nicht einmal Sorgen darüber, wie es mir überhaupt geht, so ganz allein. Ich habe bei eurer Erziehung versagt, völlig versagt. Welch eine Schande, und das vor den Augen meiner Schwiegertochter.«

Ich war erschrocken. Nicht weil meine Mutter laut geworden war, sondern weil sie sich so klar und deutlich artikuliert hatte. Wenn unsere Familie um den Esstisch saß und sich bei Obst und Tee unterhielt, war es immer nur mein Vater gewesen, der seine Ansichten äußerte, während meine Mutter in sich hineinmurmelte und wir Kinder zustimmend nickten. Ob es um wichtige Fragen wie die Wahl der Wohngegend, der Schule oder des Berufs ging, oder um weniger wichtige Entscheidungen wie die Frage, wohin wir verreisen, was wir essen und was wir im Fernsehen schauen sollten – alles lief nach dem Willen meines Vaters, während meine Mutter stets nur vor sich hin murmelte. Ich hatte gar nicht gedacht, dass sie auch dazu fähig war, ihre Meinung derart klar und deutlich zu artikulieren.

Unsere erste Krisensitzung beendeten wir ohne Erfolg. Meine Mutter und ich blickten meinen Brüdern nach, bis sie mit ihren Autos, die in der steilen Gasse dicht an dicht geparkt waren, sicher weggefahren waren. Gerade als ich mich auch auf den Weg zur Bushaltestelle machen wollte, zwinkerte meine Mutter mir zu und zog mich wieder in Richtung Haus. Hatte sie vielleicht weitere Informationen, die sie vor meinen Brüdern nicht hatte erzählen können? Zurück im Haus streckte sie mir einen Haufen Papier, der auf der Mikrowelle gelegen hatte, entgegen. Es waren alles Rechnungen … Für Strom, Wasser, Gas, Telefon.

»Gehe ich damit einfach zur Bank?«

Jetzt wurde mir klar, warum meine Mutter uns ausgerechnet nach einem Monat vom Verschwinden meines Vaters erzählt hatte. Die Zahlungsfristen der Rechnungen rückten näher. Meine Mutter hatte bislang von meinem Vater immer nur eine bestimmte Geldsumme für ihre Einkäufe bekommen und wusste nichts darüber, wofür das restliche Geld ausgegeben und ob etwas gespart wurde. Um das Geld hatte sich immer mein Vater gekümmert. Als er in den Ruhestand gegangen war, hatte er gesagt, es sei schön, dass er nun zur Bank gehen könne, ohne sich zu hetzen. An Tagen, an denen er sich um die Rechnungen kümmern musste, habe er nie Zeit zum Mittagessen gehabt. Als ich ihn einmal fragte, warum er die Bankangelegenheiten nicht meiner Mutter überließ, die schließlich nicht berufstätig war, hatte er mit dem Kopf geschüttelt.

»Das ist meine Sache. Dafür bin ich in dieser Familie verantwortlich.«

Seine Sache … Was hatte mein Vater noch als »seine Sache« bezeichnet? Als mein ältester Bruder, der zwei Jahre hintereinander in der Aufnahmeprüfung durchgefallen war, auf ein Studium verzichten wollte und eröffnete, er wolle lieber arbeiten und die Studiengebühren für seine jüngeren Geschwister verdienen, hatte mein Vater das Gleiche gesagt. Er hatte es auch gesagt, als meine Mutter erst im Nachhinein erfuhr, dass mein Vater schon seit fünf Monaten kein Gehalt mehr ausgezahlt bekommen hatte, weil sich das Unternehmen in einer finanziellen Krise befand. Und er hatte es gesagt, als wir erfuhren, dass unsere Großmutter zusammengebrochen war und er uns drei Kinder davon abhalten wollte, ins Krankenhaus zu fahren. *Das ist meine Sache.*

Nun gab es in diesem Haus niemanden mehr, der all die kleinen und großen Dinge erledigen konnte, die mein Vater für sich beansprucht hatte. Zuerst wollte ich meiner Mutter anbieten, mich für sie um die Rechnungen zu kümmern, doch dann dachte ich, sie sollte es ruhig selbst lernen, und erklärte es ihr. Eine Wartenummer ziehen und warten, dann zum Schalter gehen und den Anweisungen des Bankangestellten folgen. Meine Mutter verzog auf meine Erklärungen hin den Mund.

»Da wäre ich auch selbst drauf gekommen.«

Wie erwartet wurde die Sache bei der Polizeibehörde nicht als Vermisstenfall behandelt und daher nicht weiter verfolgt. Die Flyer mit dem Foto meines Vaters riss meine Mutter binnen zwei Stunden wieder von den Wänden. Sie behauptete zwar, es wäre wegen der vielen Spaßanrufe, aber sie wollte vermutlich nicht, dass es sich in der Gegend herumsprach. Das Wetter wurde immer kälter, doch wir hatten immer noch keine Nachricht von meinem Vater.

Am Samstag hatten wir unsere zweite Krisensitzung. Meine Mutter hatte auch diesmal *Cheonggukjang* gekocht und dazu marinierte Rinderrippen und *Dotori-muk* zubereitet. Das Eichelgelee in Salatmarinade mit dem intensiven Duft von Perillakörnern war meine Lieblingsbeilage. Diesmal war ich diejenige, die zwei Schälchen Reis aß. Mein ältester Bruder, der eifrig an den Rinderrippen genagt hatte, sagte meiner Mutter mit fettverschmierten Lippen, sie solle von nun an nicht mehr so viel Essen vorbereiten. Dabei rülpste er heftig.

Meine beiden Schwägerinnen waren nicht mitgekommen, weil sie beschäftigt waren. Während die Erwachsenen seufzend im Wohnzimmer saßen, hatten meine Nichten und Neffen das Zimmer meines Vaters in Beschlag genommen. Für die Kinder meiner Brüder, die in Wohnungen lebten und sich deshalb ständig anhören mussten, dass sie nicht springen sollten, war das großelterliche Haus anscheinend der aufregendste Spielplatz der Welt. Die Kinder sprangen vom Schreibtisch, fuhren mit dem Drehstuhl hin und her, öffneten alle Schubladen und schütteten den ganzen Inhalt heraus. Als Krönung rissen sie ein Blatt nach dem anderen von dem Abreißkalender, der neben dem Spiegel hing, zerknüllten sie und bewarfen sich damit wie bei einer Schneeballschlacht; dann kamen sie kreischend ins Wohnzimmer gerannt.

»Der Kaffee schwappt gleich über, ihr Lausbuben«, rief meine Mutter. »Geht zurück ins Zimmer!«

Ich wunderte mich, warum die Kinder heute wohl so wild waren, da hörte ich ihre Stimmen aus dem Zimmer. *Das macht echt Spaß, endlich wieder in diesem Zimmer zu spielen! Und viele neue Sachen gibt es auch!*

Nach meinem Auszug hatte mein Vater ein Arbeitszimmer aus meinem Zimmer gemacht. Obwohl er kaum Bücher besaß und nicht einmal gerne las, bestand er darauf, dass ich meinen Schreibtisch zurückließ. Es war ein L-förmiger Schreibtisch, an dessen linker Seite ein Regal mit fünf Fächern angebracht war. Ich hatte ihn seit der Mittelschule benutzt. Da mein sogenanntes Officetel, die kleine Apartmentwohnung, in die ich einzog, mit den nötigsten Einbaumöbeln ausgestattet war, ließ ich den Schreibtisch als großzügige Geste da. Später beobachtete ich bei jedem Besuch, wie mein Vater das Regal nach und nach mit Büchern wie *Die Drei Reiche*, *Die Gespräche des Konfuzius* und Autobiografien von prominenten Unternehmern füllte.

Wenn meine Nichten und Neffen früher zu Besuch gekommen waren, war es an der Tagesordnung gewesen, dass sämtliche Bücher in meinem Regal herausfielen, mindestens ein Kosmetikartikel zerbrach und die Schubladen verkehrt herum auf dem Boden lagen. Aber seitdem mein Zimmer das Zimmer meines Vaters geworden war, hielt die Familie die Kinder streng zurück. Mein Vater hatte nicht ausdrücklich verlangt, sein Zimmer nicht in Unordnung zu bringen. Es gab darin auch keine wertvollen Gegenstände. Dennoch achteten wir darauf. Andererseits erlaubte mein Vater auch nicht ausdrücklich, dass die Kinder in dem Zimmer spielten. Mit der Zeit schienen es auch die Kinder selbst als Opas Zimmer zu betrachten, in dem sie nicht spielen durften.

Der Abreißkalender, dessen Blätter bereits bis zum letzten Tag dieses Jahres herausgerissen waren und von dem nur noch die Leimkante an der Wand baumelte, die Bände der *Drei Reiche*, die treppenartig auf dem Tisch gestapelt lagen, die lebhaft mit erhitzten Wangen herumhüpfenden Kinder. Ich konnte eine Weile die Augen nicht von dem Zimmer abwenden. Es war befremdlich, das Zimmer ohne meinen Vater zu sehen, aber gleichzeitig bot das Durcheinander ein reizvolles Bild. Das hauchte mir ein schlechtes Gewissen ein.

Mein ältester Bruder brachte schließlich das Thema Privatdetektiv zur Sprache, doch mein zweitältester Bruder war dagegen.

»Ich habe mich umgehört. Da soll es ganz viele Leute geben, die ständig Geld für laufende Kosten verlangen, obwohl sie keinen Finger krumm machen. Und wenn man am Ende sein Geld los ist, kann man nichts unternehmen, weil man Angst vor diesen Leuten haben muss.«

Meine Mutter stimmte ihm zu: »Ja, ich habe auch ein schlechtes Gefühl dabei. Ich will mit solchen zwielichtigen Menschen nichts zu tun haben.«

»Wie lange sollen wir denn noch so untätig warten? Wir wissen nicht, was Vater macht und, ehrlich gesagt, nicht mal, ob er überhaupt noch am Leben ist. Er hat keine engen Freunde, hat nicht einmal sein Handy mitgenommen und eine Kreditkarte besitzt er auch nicht. Wir haben keine Spur, die wir verfolgen könnten. Wir haben keine Ahnung, wie und wo wir mit der Suche beginnen sollen.«

Mein Vater besaß sehr wohl eine Kreditkarte, auch wenn er sie selten benutzte. Ich hatte sie ihm letztes Jahr gegeben. Ihm machte es zwar nichts aus, Bargeld bei sich zu führen, aber hin und wieder schien er eine Kreditkarte nötig zu haben, zum Beispiel wenn er unerwartet Freunde traf oder rasch eine neue Brille in Auftrag geben wollte oder zum Arzt gehen musste. Ich sagte meinem Vater, ich würde die Karte am besten von meinem Freund ausstellen lassen, der Bankangestellter war, weil es ihm als Leistung angerechnet wurde, wenn er Kunden für Kreditkarten anwarb. Doch ausgerechnet zu dem Zeitpunkt hatte ich mich gerade mit meinem Freund gestritten und wir redeten nicht miteinander, also gab ich meinem Vater erst einmal meine Karte. Ich hatte sie mir einmal ausstellen lassen, damit mein Freund seine Leistungsquote erfüllen konnte. Ich bezahlte nur die Jahresgebühr und benutzte sie kaum.

»Betrachte es als Taschengeld von deiner erwachsenen Tochter. Aber nicht über Gebühr benutzen. Du willst deine Tochter schließlich nicht zu einer Kreditunwürdigen machen, oder?«

Ich formulierte das alles absichtlich so flapsig. Sollte mein Vater ablehnen, wollte ich die Karte lachend wieder in mein Portemonnaie stecken, als wäre es ein Scherz gewesen. Denn als meine Brüder und ich unserem Vater, als er in den Ruhestand ging, angeboten hatten, jeden Monat etwas Geld zu schicken, war er sehr entrüstet gewesen und hatte gerufen: »Was sind das für Eltern, die Geld von den eigenen Kindern annehmen?«

Wenn das die Ansicht meines Vaters über das Verhältnis zwischen Eltern und Kindern war, dann wollte ich ihm nicht zu nahe treten. Meine Brüder und ich sparten das Taschengeld, das wir ihm nicht geben durften, auf einem Konto an.

Mein Vater starrte auf die Karte, die ich ihm hinhielt. Auf der pinkfarbenen Karte war ein roter, hochhackiger Schuh abgebildet, darunter stand in einem Schriftzug: *die Lady Card für die Twenties & Thirties*. Mein Vater, der die Karte ohne Weiteres entgegennahm und sie in sein Portemonnaie steckte, sagte *Erzähl deiner Mutter nichts davon*. Ich nickte nur verlegen und vergaß sogar, einen Witz zu machen. Mein Vater verwendete die Karte tatsächlich so gut wie nie. Mal gab er 13.000 Won und dann 34.000 Won in einer Gaststätte aus, dann 23.000 Won in einer Praxis für Physiotherapie und 41.000 Won in einem Bekleidungsgeschäft. Das war alles, was mein Vater in etwas mehr als einem Jahr mit der Karte bezahlt hatte, und seit seinem Verschwinden hatte er die Karte gar nicht mehr benutzt.

Ich zögerte kurz, ob ich meiner Mutter und meinen Brüdern davon erzählen sollte, ließ es aber sein. Ich wollte das Versprechen, das ich meinem Vater gegeben hatte, nicht brechen und die Sache an die große Glocke hängen, wo er die Karte doch nicht einmal benutzte.

Am Morgen nach unserer zweiten Krisensitzung, also am Sonntag, bekam ich gegen 9 Uhr eine Kurznachricht.

[Web-Benachrichtigung] Kartenzahlung
6.500 Won, 11.12.09:11, Gaststätte An der
T-Kreuzung, Gesamtbetrag 6.500 Won.

Verschlafen warf ich einen Blick auf die Nachricht, die ich zunächst für Werbung hielt. Ich warf das Handy verärgert aus der Hand und drehte mich zur anderen Seite um, als ich mit einem Schlag wach wurde: Es war mein Vater! Es war eine SMS-Benachrichtigung darüber, dass er die Kreditkarte benutzt hatte. Mir rauschte das Blut in den Ohren und ich fühlte einen Druck auf den Augen. Ich suchte hastig die Nummer meines ältesten Bruders auf meinem Handy heraus, um ihn anzurufen, ließ es dann aber doch sein. Ich musste einen kühlen Kopf bewahren. Mein Vater wusste genau, dass ich bei jeder Kartennutzung eine Benachrichtigung per Kurznachricht erhielt. Als ich damals die Benachrichtigung erhielt, dass er beim Physiotherapeuten mit der Karte bezahlt hatte, hatte ich ihn angerufen und gefragt, ob er sich verletzt habe.

»Heutzutage bekommt man bei jeder Transaktion eine SMS-Benachrichtigung. Und da werde ich benachrichtigt, weil die Karte auf meinen Namen läuft.«

»Das heißt, du bist jedes Mal benachrichtigt worden? Da kann ich ja nicht mehr nach Lust und Laune die Karte einsetzen.«

Haha, hatte mein Vater gelacht und dann ein paar Tage darauf die Karte erneut benutzt. Ich war mir ganz sicher, dass niemand die Karte gestohlen hatte, sondern dass es auch dieses Mal mein Vater war. Er hatte in der Gast-stätte *An der T-Kreuzung* für 6.500 Won gefrühstückt und mit der Karte bezahlt, obwohl er wusste, dass ich eine Kurznachricht erhalten würde. Warum hatte er das getan?

Ich schaltete meinen Laptop ein und suchte nach der Gaststätte *An der T-Kreuzung*. Es gab im ganzen Land unzählige Gaststätten mit diesem Namen, in denen Nu-delsuppe, Schweinerippchen, geschmorter Degenfisch oder Hühnereintopf verkauft wurden. Ich versuchte mich auf der Homepage der Kreditkartengesellschaft einzulog-gen, aber die PIN-Nummer wollte mir nicht einfallen. Ich gab zwei-, drei-, viermal eine falsche PIN ein, woraufhin ich aufgefordert wurde, zusätzlich meine Einwohnermel-denummer anzugeben. Nach zwei weiteren Falschein-gaben erschien eine Meldung, dass das Konto bei einem weiteren Fehlversuch gesperrt würde. Ich rief beim Kun-dencenter an, aber weil Sonntag war, konnte man nur Kartenverlust oder -diebstahl bei der Hotline melden.

Ob ich es vielleicht einfach als Kartendiebstahl melden sollte? Auf diese Weise würde ich meinen Vater bestimmt finden. Aber wie würde sich das auf unser Verhältnis aus-wirken, wenn ich ihn wie einen Kriminellen ausfindig machte? Ich dachte auch darüber nach, der Polizei die Informationen über die Transaktion zu übergeben. Wür-den die Polizeibeamten dann unverzüglich die Adresse der Gaststätte herausfinden und am Tatort aufkreuzen? War die Polizei überhaupt dazu berechtigt und fähig?

Ich nahm erst einmal ein Notizblatt und schrieb sämt-liche PINs auf, die ich in meinem Leben benutzt hatte, und strich die sechs Zahlenkombinationen, die ich gerade ausprobiert hatte, und diejenigen, die eher neu waren, durch. Auch die allzu einfachen strich ich durch. Übrig blieben nur zwei, und nach einigem Grübeln gab ich eine davon ein. *Falsche Passworteingabe.* Mein Konto wurde gesperrt und es hieß, ich solle es nach einem Anruf beim Kundencenter wieder versuchen.

Meiner Mutter und meinen Brüdern erzählte ich nichts davon, denn ich hatte das Gefühl, dass eine weitere Kurznachricht kommen könnte. Aber mein Vater benutzte die Karte nicht weiter, und am nächsten Tag konnte ich mich nach einem langwierigen Telefonat mit dem Kundencenter endlich einloggen und die Zahlungsinformationen einsehen. Die Gaststätte *An der T-Kreuzung* befand sich etwas außerhalb von Seoul in Gwangmyeong. Weder hatte unsere Familie dort jemals gewohnt, noch hatte mein Vater in Gwangmyeong gearbeitet oder hatten wir dort Verwandte. Ich rief in der Gaststätte an, bei der es sich um ein einfaches Lokal handelte, das hauptsächlich Suppen anbot. Man sagte mir, das Menü zu 6.500 Won sei ihr Sojasprosseneintopf, ein Gericht, das die Marktleute aus der Umgebung gern morgens zum Frühstück bestellten, und gestern früh hätten unzählig viele männliche Gäste allein dagesessen und den Sojasprosseneintopf verzehrt.

Die Sache mit der SMS-Benachrichtigung schien ein Ausrutscher gewesen zu sein, der für meinen Vater vorerst keine Konsequenzen haben würde.

Mein Cousin traf mich in der Nähe meines Arbeitsplatzes, weil er mir die Einladung zu seiner Hochzeit geben wollte. Mein gleichaltriger Cousin war zwei Monate nach mir auf die Welt gekommen und durch die gesamte Schulzeit hindurch für meinen Freund gehalten worden. Als ich die Einladungskarte in den Händen hielt, kamen mir fast die Tränen.

Als Kind hatte ich es gehasst, einen gleichaltrigen Cousin zu haben. Beim Aufwachsen wurden wir in jeder Hinsicht miteinander verglichen. An Feiertagen, wenn die Verwandtschaft versammelt war, mussten wir uns Rücken an Rücken stellen, um zu zeigen, wer größer war, und wir wussten immer ganz genau, wie die Schulnoten des anderen waren und auf welche Schule der andere ging. Zum Glück tat sich keiner von uns beiden besonders hervor. Was die Körpergröße betraf, war mal mein Cousin und mal ich größer, bis er mich schließlich wieder überholte, und in der Schule hatte ich zwar immer die besseren Noten, aber wir schafften es beide auf Unis von ähnlichem Rang. Nachdem durch den zweijährigen Militärdienst meines Cousins ein zeitlicher Abstand in unseren Lebensphasen entstanden war, wurden wir nicht mehr direkt miteinander verglichen, da wir dadurch zu unterschiedlichen Zeitpunkten das Studium abschlossen und in den Beruf einstiegen. Ich hatte geglaubt, ich würde zuerst heiraten, aber mein Cousin, von dem ich gar nicht gewusst hatte, dass er eine Freundin hatte, war mir zuvorgekommen. Das Leben steckte wirklich voller Überraschungen.

»Es gibt doch auch digitale Einladungskarten. Warum wolltest du mich unbedingt treffen?«

»Nur so, ich wollte sie dir gern persönlich übergeben. Du bist schließlich nicht nur meine Cousine, sondern auch mein bester Kumpel. Wäre ich eine Frau, hätte ich dir den Brautstrauß zugeworfen. Wenn du nichts dagegen hast, würde ich gern diese Blumen, die man sich an den Hochzeitsanzug steckt … wie nennt man das noch mal?«

»Boutonnière.«

»Boutonnière oder was auch immer. Ich werde sie dir zuwerfen.«

»Du denkst doch nicht etwa, dass meine gegenwärtige Situation das erlaubt?«

»Ach ja …«

Wir beide wussten nicht, worüber wir reden sollten. Ich hatte keine Lust, meinen Cousin nach den Hochzeitsvorbereitungen zu fragen und zu schwatzen, denn mit jemandem, der unmittelbar vor einem besonderen Tag stand, konnte ich schlecht über die heikle Sache mit meinem Vater sprechen. Als ich wortlos an der Einladungskarte herumfingerte, klopfte mir mein Cousin auf die Schulter.

»Er kommt bestimmt bald wieder.«

»Weißt du, mir geht es eigentlich gut. Ich muss ja schließlich jeden Tag ins Büro, muss arbeiten, muss mein Leben leben. Ich esse ordentlich, und inzwischen schlafe ich in den meisten Nächten gut. So ist das Leben.«

»Schön, dass es dir gut geht. Mein Onkel hatte dich doch besonders lieb. Als ich von der ganzen Sache gehört habe, habe ich mir mehr Sorgen um dich gemacht als um meine Tante.«

Das Gleiche hatte ich schon von einigen Leuten gehört. Ich war eigentlich nie der Meinung gewesen, dass mich mein Vater besonders lieb hatte. Warum eigentlich nicht? Immerhin hatte ich zu zweit mit meinem Vater Sachen unternommen, hatte hinter den Rücken meiner Brüder Taschengeld bekommen, und wenn ich abends spät nach Hause kam, war mir mein Vater immer draußen halbwegs entgegengekommen. Ich konnte meinem Cousin weder zustimmen noch das Gegenteil behaupten.

Auf der Hochzeit meines Cousins brach meine Mutter in lautes Klagen aus. Sie begann bereits leise zu schluchzen, als der Bräutigam eintrat, und dann, als das Brautpaar zusammen den Gang entlangschritt, weinte sie laut los. Die Brautmutter, die sich ihrerseits verstohlen die Tränen abgewischt hatte, drehte sich nach meiner Mutter um. Als meine Mutter, mit roten Augen und roter Nase, nach dem Familienfoto vom Podest herunterkam, umfasste meine Tante ihre Hände. Erneut brach meine Mutter in Gejammer aus, als hätte sie sich nur mit Mühe zurückgehalten.

Rückblickend hätten wir eigentlich nicht unbedingt zur Hochzeit gehen müssen. Man hätte sicher Verständnis für uns gehabt. Doch meine Mutter und ich, verwickelt im Netz von Loyalitäten, Beziehungen,

Pflicht und Anstand, hatten uns selbst auf die Veranstaltung gezwungen, bei der wir die unangenehme Anteilnahme, den übertriebenen Trost und die argwöhnischen Blicke der anderen ertragen mussten. Womöglich nahmen meine Mutter und ich all das auf uns, um den Anschein der Normalität aufrechtzuerhalten. Wie auch immer, ich schämte mich wegen meiner Mutter und verließ frühzeitig die Hochzeitshalle, ohne etwas gegessen zu haben.

Noch am selben Abend kam die zweite Kurznachricht an. 22.000 Won in einem Café an der Hongik-Universität. Ich saß gerade mit meinem Freund in einem Kino in Gwangwhamun. Beim Erhalt der Kurznachricht wurde mein Kopf ganz leer. Meine Gedanken wurden ganz wirr und seltsam, sodass ich eine ganze Weile auf das Handydisplay starrte und nur mit Mühe die Fassung zurückfand. Es handelte sich um eines dieser Cafés, in denen man bei der Bestellung an der Kasse bezahlt. 22.000 Won, das war mehr als ein einzelner Kaffee. Mein Vater hatte vielleicht Kaffee und ein Dessert bestellt, und dann konnte es sein, dass er sich immer noch dort aufhielt. Ich flüsterte meinem Freund ins Ohr »Tut mir leid, ich muss gehen« und verließ, ohne seine Antwort abzuwarten, das Kino und hielt ein Taxi an.

Auf der Straße herrschte viel Verkehr. Bei normalen Verkehrsverhältnissen wäre man in zwanzig Minuten da gewesen, doch als wir den Kumwha-Tunnel passierten, waren bereits dreißig Minuten vergangen. Der Taxifahrer sah durch den Rückspiegel, wie ich ungeduldig mit den Fußspitzen wippte, und fragte, ob ich sehr spät dran sei. »Ich bin auf der Suche nach meinem Vater«, rutschte es mir heraus, und dann wusste ich nicht mehr, was ich noch sagen sollte.

»Oje, hat Ihr Vater Alzheimer? Ich gebe Gas.«

Ohne zu wissen, was bei uns eigentlich los war, fügte der Taxifahrer hinzu, »Bringen Sie Ihren Vater ins Pflegeheim, die restliche Familie wird noch ausgelaugt und krank. Aber Sie sind eine gute Tochter.« Ich brach in Tränen aus. Mit gesenktem Kopf und beiden Händen vor dem Gesicht schluchzte ich, bis wir ankamen.

Ich sah, dass die Plätze am Fenstertresen, der sich an der gesamten Glaswand entlangstreckte, alle besetzt waren. Die meisten Gäste waren mit ihren Laptops beschäftigt oder lasen, nur ein Mann direkt an der Eingangstür starrte gedankenverloren nach draußen. Meinen Vater konnte ich nicht entdecken. Während ich Schritt für Schritt die Backsteintreppe hinauflief, zitterten mir die Beine. Mit aller Kraft stemmte ich mich mit dem ganzen Körper gegen die Tür, weil mir die Kraft dazu fehlte, die Tür mit dem Arm zu öffnen, und trat ein. Auch unter den wenigen Gästen, die für die Bestellung Schlange standen, war mein Vater nicht dabei.

Ich streckte meinen Hals aus und lief umherspähend in den ersten Stock. Die meisten Gäste waren junge Leute in meinem Alter. Da entdeckte ich am Fensterplatz in der Ecke eine ältere Frau mit ordentlich zurückgekämmten grauen Haaren. Ihr gegenüber saß mit dem Rücken zu mir ein schmalschultriger Mann mit einer Wollmütze. Mein Herz pochte. Unbewusst duckte ich mich etwas und lief in die Richtung der beiden. Auf dem Tisch lag die Verpackung von einem Sandwich, dazu Teller, Gabel und zwei Pappbecher. Mein Herz schlug so wild, als wollte es mir aus dem Körper springen. Sachte drückte ich mir mit der rechten Hand auf die linke Brust.

Langsam, einen Schritt nach dem anderen, näherte ich mich dem Tisch und starrte die alte Frau so auffällig an, dass es an Unhöflichkeit grenzte. Aber die Frau war so ins Gespräch vertieft, dass sie meinen Blick nicht wahrzunehmen schien. Überwiegend sprach die Frau, während der Mann mit dem Kopf nickte. Obwohl ich so dicht dran war, dass ich hätte mit meinem Arm nach ihnen greifen können, konnte ich den Inhalt des Gesprächs überhaupt nicht ausmachen. Vielleicht lag es an der lauten Musik oder aber an meinem Geisteszustand.

Endlich.

Die graue Strickjacke des Mannes war voller kleiner Fusseln. Ich streckte zitternd meine Hand aus und berührte den grauen Rücken. Der Mann drehte sich mit dem Oberkörper langsam zu mir um.

»Was wollen Sie?«

Es war nicht mein Vater. Die beiden waren, aus der Nähe betrachtet, mindestens zehn Jahre jünger als mein Vater.

»Ich habe Sie für jemand anderen gehalten ...«

Ohne eine Entschuldigung hervorbringen zu können,

wandte ich mich hastig um. Ich schlug mit der Faust gegen mein noch wilder schlagendes Herz und sah mich an den anderen Tischen im ersten Stock um. Ich hätte nicht gedacht, dass all die fremden Gesichter um mich herum mir einen solchen Horror bereiten könnten. Ich holte mein Handy hervor. Seitdem ich die Kurznachricht erhalten hatte, war bereits eine Stunde vergangen. In der Zwischenzeit hatte mein Freund sechsmal angerufen und zwei KakaoTalk-Nachrichten geschickt. Er schrieb, er mache sich Sorgen, ich solle ihn zurückrufen.

Wieder im Erdgeschoss sah ich mich noch einmal um und bestellte dann einen geeisten schwarzen Kaffee. Ich zeigte der Aushilfe an der Kasse ein Foto von meinem Vater, das in meinem Handy gespeichert war, und fragte sie, ob sie sich an ihn erinnerte, er hätte hier vor ungefähr einer Stunde eine Bestellung für 22.000 Won bezahlt. Die Aushilfe erwiderte, sie habe erst vor zwanzig Minuten ihre Schicht angetreten, die andere Aushilfe sei schon gegangen.

»Ich weiß zwar nicht, worum es geht. Aber wenn Sie die Aufnahmen der Überwachungskamera sehen möchten, müssen Sie damit zur Polizei gehen.«

In einem Zug leerte ich den eiskalten Kaffee, sodass mir ein stechender Schmerz durch den Kopf fuhr. Mit wem hatte mein Vater dieses Café besucht und etwas für 22.000 Won bestellt? Das Gesicht der alten Frau mit den zurückgekämmten Haaren ging mir eine ganze Weile nicht mehr aus dem Kopf.

Mein Vater kam nicht zurück. Meine Brüder und ich besuchten meine Mutter häufiger als früher. Es gab Wochenenden, an denen meine Schwägerinnen, Nichten und Neffen alle mitkamen, und solche, an denen nur die Kinder mitkamen. Aber es gab auch Wochenenden, an denen nur wir Geschwister zusammmmenkamen. Meine Mutter, die anfangs so ambitioniert viel gekocht hatte, hielt jetzt nur die Zutaten bereit. Zusammen brieten wir Kimchi-Puffer, grillten Schweinebauchscheiben und machten Teigtaschen. Ich war überrascht, wie gut mein zweitältester Bruder Teigtaschen formen konnte. Nach dem Essen standen meine Brüder nebeneinander an der Spüle. Ganz harmonisch erledigten sie gemeinsam den Abwasch, indem der eine mit Spülmittel und Schwamm das Geschirr reinigte und der andere mit Wasser nachspülte. Als ich sagte, das sei eine ganz neue Seite, die ich da an meinen Brüdern entdeckte, erwiderte meine Schwägerin, zu Hause würde mein Bruder durchaus mit anpacken.

»Kochen, Abwasch, Putzen, Wäsche, das macht er alles. Aber es ist ganz seltsam. Sobald er hier durch die Eingangstür kommt, ist es, als würde er in eine andere Dimension übergehen. Plötzlich macht er gar nichts mehr und rührt sich nicht vom Fleck.« Meine Schwägerin hielt inne und sah verstohlen zu meiner Mutter herüber. Meine Mutter nickte und sagte *Natürlich, heutzutage muss man das gemeinsam erledigen*. Ich hatte nicht gewusst, dass sie das auch so sah. Schließlich kümmerte sich meine Mutter auch heutzutage, wo alle die Hausarbeit gemeinsam erledigten, ja allein darum.

»Ich dachte immer, du betrachtest den Haushalt als Teil deiner Natur.«

»Was heißt hier Natur? Er hängt mir zum Hals heraus.«

Indem wir beim Kochen mehr Zeit miteinander verbrachten als früher, erfuhren wir immer mehr übereinander. Mein ältester Bruder hatte zum Beispiel eine Bäcker-Lizenz. Sein Traum war es, eine kleine Café-Bäckerei zu eröffnen, in der er Selbstgebackenes verkaufen konnte. Er sagte, momentan seien die Pläne noch vage, aber sobald er das Startkapital zusammenhabe, wolle er es in Angriff nehmen. Meine Schwägerin sei auch einverstanden.

Wir erfuhren auch, dass mein zweitältester Bruder und seine Frau eine Fertilitätsbehandlung erhalten hatten. Das erste Kind hatten sie zwar ohne Komplikationen bekommen, aber sie hatten wohl eine leidvolle Zeit durchlaufen, weil sich kein zweites ankündigte. Die beiden hatten sich zwar entschlossen, sich zufrieden dem einen Kind zu widmen, das sie hatten, wurden allerdings ständig gefragt, warum sie kein zweites Kind bekämen, wo ein Einzelkind doch schließlich einsam aufwachse. Meine Mutter entschuldigte sich bei meinem Bruder, weil sie das auch schon zu ihm gesagt hatte. Wir drei Geschwister, die bis dahin keine einzige Kurznachricht gewechselt hatten, richteten uns einen Gruppenchat ein und riefen abwechselnd jeden

Abend unsere Mutter an. Ich trennte mich von meinem Freund, wurde befördert und verlängerte meinen Mietvertrag um zwei weitere Jahre.

Die SMS-Benachrichtigungen wurden zwar seltener, kamen aber dennoch weiterhin. 12.000 Won in einer *Noraebang*-Singkabine im Stadtteil Wangsimni, 58.000 Won in einem Outlet-Geschäft in Paju, 16.000 Won in einer Gaststätte am Fuße des Jirisan-Nationalparks. 124.000 Won in einem Fischrestaurant auf Jeju … Anfangs war ich bei Erhalt der Nachrichten sofort mit dem Taxi an den Ort gehetzt, an dem mein Vater mit der Karte bezahlt hatte. Aber nie war er dort, und weder die Teilzeitverkäufer noch die anderen Gäste konnten sich an meinen Vater erinnern. Nach einigen Misserfolgen gab ich es auf, hinzueilen, wenn eine Nachricht eintraf.

Es klingt vielleicht verrückt, aber ich glaube, dass mein Vater mir auf diese Weise Zeichen gibt. *Mir geht es gut. Die Landschaft hier ist wirklich schön. Mach dir keine Sorgen. Sag deiner Mutter nichts davon.* Ich stelle mir vor, wie mein Vater den Jirisan besteigt, auf Jeju das Meer genießt und mit einem Kaffee zum Mitnehmen durch die Straßen voller junger Menschen spaziert. Es tut mir leid, das sagen zu müssen, aber der restlichen Familie geht es auch ohne meinen Vater gut. Auch meinem Vater scheint es ohne uns gut zu gehen. Ich habe das Gefühl, wenn er eines Tages zurückkommen sollte, werden wir imstande sein weiterzuleben, als sei nichts gewesen.

MISS KIM WEISS BESCHEID

Sobald ich zu Hause angekommen war, loggte ich mich bei *Jobplanet* ein. Wie erwartet hatte noch niemand eine Bewertung abgegeben. Die anderen hatten das natürlich nicht gekonnt. Ich würde also die erste Bewertung verfassen. Bereits nach nur einem einzigen Arbeitstag war mir eines schlagartig klar gewesen: Bei meinem ersten Job herrschten all die schlechten Arbeitsbedingungen, die ein Unternehmen nur aufweisen konnte.

Gleich an meinem ersten Wochenende fand ein zweitägiger Workshop statt. Das vierzehnköpfige Team wurde auf drei Wagen verteilt, wobei ich das Glück hatte, zusammen mit Kolleginnen in meinem Alter bei der stellvertretenden Teamleiterin Frau Kim mitzufahren. Mit freundlichem Geplänkel wie *Wollen Sie vielleicht einen Kaugummi? Wir sehen uns an der Raststätte. Fahren Sie vorsichtig!* stiegen alle in ihre zugeteilten Wagen ein. Als der Wagen schneller wurde und die Türen sich automatisch verriegelt hatten, sagte Frau Kim, die am Steuer saß:

»Warum werden Workshops immer auf den Freitag und Samstag gelegt?«

Überhaupt war ich überrascht gewesen, dass es heutzutage noch Firmen gab, die Workshops veranstalteten, aber dazu auch noch immer an Wochenenden? Mich beschlich das Gefühl, nicht nur mit einem Fuß, sondern gleich mit beiden Beinen im Treibsand zu stecken.

»Erst letzten Freitag diese Zumutung mit der Kneipentour. Hängt bei unserem Chef etwa der Haussegen schief?«

»Bereichsleiter Park und seine Frau sind doch nach der dritten Runde bis zur *Noraebang*-Singkabine mitgezogen.«

»Das sind Schleimer von der übelsten Sorte. Sie quälen ihre untergeordneten Mitarbeiter und den Chef machen sie zum Hampelmann.«

Und so kam es, dass ich in dem weißen Chevrolet Spark 2014, den sich Frau Kim im vergangenen Monat gebraucht gekauft hatte, zu viel über die Firma erfuhr.

Der Geschäftsführer, der ohne ersichtliches System neben unserer PR-Agentur für Kliniken auch noch eine Architekturfirma und ein Unternehmen für Bio-Lebensmittel leitete, hatte die Agentur eine Zeit lang stiefmütterlich behandelt, aber neuerdings legte er auffallend großes Interesse für sie an den Tag. Sein plötzliches Interesse rührte daher, dass es auf den Kabelfernsehkanälen immer mehr Gesundheitssendungen gab, in denen auch Ärzte auftraten. Die Arbeit der Agentur, die sich bis dahin hauptsächlich auf Leuchtreklame und Websitebetreuung beschränkt hatte, war unversehens in Betreuung von Bewertungen auf Blogs und individuellen Profilen in den sozialen Medien sowie Image-Verbesserung ausgeweitet worden, und momentan nahm das Anwerben von Experten und Patienten für Fernsehsendungen einen wachsenden Anteil ein. Der Geschäftsführer, der sich mit seinen guten Kontakten zu Fernsehsendern brüstete, erschien nun plötzlich im Büro, nachdem er sich seit Ewigkeiten nicht hatte blicken lassen. Dabei musste er feststellen, dass er gar keinen Schreibtisch mehr hatte.

»Welche Firma kommt auf die Idee, den Tisch des Geschäftsführers zu entfernen? Ich war wohl zu tolerant. Hier herrscht ja gar keine Disziplin mehr.«

Das Seltsame war nur, dass niemand den Schreibtisch des Geschäftsführers weggeräumt haben wollte. Auch darüber, ob es einen solchen Tisch überhaupt gegeben hatte, herrschte Uneinigkeit. *Der große Holztisch, der am Fenster stand, das war der Tisch des Chefs. Nein, stand dieser Tisch nicht im Pausenraum? Ich glaube, den habe ich letzten Monat auf dem Gang gesehen. Das war doch der Tisch, auf den wir die frittierten Hähnchen gestellt hatten, an dem Tag, als wir uns alle zusammen das Fußballspiel angeschaut haben …* Obwohl alle ihre Meinung dazu durcheinanderriefen, tauchte der Tisch nicht auf. Teamleiterin Chang setzte noch eins drauf und behauptete, in den sieben Jahren, die sie hier gearbeitet hatte, hätte sie noch nie einen Tisch des Geschäftsführers zu Gesicht bekommen. Dieser Tisch wurde zu einem mysteriösen Wesen wie das Kratersee-Monster auf dem Berg Baekdusan oder das Ungeheuer von Loch Ness. Wie ein sagenumwobenes Fabelwesen, das zwar der ein oder andere gesehen haben wollte, das aber substanzlos blieb.

Die eigentliche Macht in der Firma hatte Bereichsleiter Park. Er arbeitete erst seit zwei Jahren in der Agentur. Er brachte zehn Jahre Erfahrung in der Verkaufsabteilung eines Pharmaunternehmens mit und sagte am laufenden Band *Auf diesem Boden kenne ich mich aus* oder *Damit bin ich bereits vertraut.*

Weil er unbeholfen, aber tatkräftig und voller Unternehmungsgeist war, trugen die Mitarbeiter den Schaden davon. Von allen hasste Lee Yunmi, die vor zwei Jahren mit ihm eingestellt worden war, ihn am meisten.

»Schon seine bloße Anwesenheit ist mir zuwider.«

Dass Park trotz alldem direkt als *Bereichsleiter* eingestellt wurde – eine Position, über der nur noch der Geschäftsführer stand –, lag daran, dass er mit der Nichte der Ehefrau des Chefs verheiratet war. Diese Art Vetternwirtschaft beschränkte sich nicht allein auf Bereichsleiter Park. Teamleiterin Chang war mit der erwähnten Nichte zur Schule gegangen; Frau Kim, der der Chevrolet Spark gehörte, war eine jüngere Kommilitonin von Teamleiterin Chang gewesen; bei Herrn Kim, ebenfalls stellvertretender Teamleiter wie Frau Kim, handelte es sich um Frau Kims Cousin; und Lee Yunmi war einmal mit Herrn Kim zusammen gewesen und die beiden waren mittlerweile gute Freunde. Auf diese Weise waren die nicht einmal zwanzig Angestellten alle miteinander verbandelt. Nur ich war über eine öffentliche Stellenausschreibung angestellt worden, eine Tatsache, die mich weniger mit Stolz als vielmehr mit Unruhe erfüllte.

Außerdem war die überschaubare Agentur auch noch in zwei Lager gespalten. Bereichsleiterin Yang, ein Gründungsmitglied der Firma, hatte mehr als zehn Jahre lang stellvertretend für den Geschäftsführer, der immer mit anderen Dingen beschäftigt gewesen war, die Agentur so gut wie allein geleitet, bis plötzlich Bereichsleiter Park als Co-Bereichsleiter eingeschleust wurde. Der Geschäftsführer ließ die Hälfte der Kunden, die Frau Yang bis dahin betreut hatte, an Herrn Park übertragen. Demgemäß erhielt eine Hälfte der Mitarbeiter Anweisungen von Bereichsleiter Park, was zu einer subtilen Aufspaltung der Firma in ein Park- und in ein Yang-Lager führte. Das Problem war allerdings, dass Bereichsleiterin Yang die Nichte der Ehefrau des Geschäftsführers war, das heißt, sie war Herrn Parks Frau. Als Lee Yunmi das herausfand, konnte sie Bereichsleiter Park noch weniger leiden.

»Warum müssen die ihren verdammten Ehestreit bei der Arbeit austragen?«

Nach dem Abendessen im Fischrestaurant kehrten wir wieder in die Pension zurück. Es gab doch mittlerweile so viele nette Erholungsanlagen, warum mussten wir in einer derart abgenutzten Pension unterkommen? Während sich alle für die Mitarbeiterversammlung in der

Halle zusammenfanden, kümmerte ich mich mit Lee Yunmi in der Küche um die Getränke. Als wir alle Becher mit Saft auf ein großes Plastiktablett gestellt hatten, eilte Lee Yunmis Ex-Freund Herr Kim, der sich in unserer Nähe herumgedrückt hatte, herbei und nahm mit einem verlegenen Räuspern das Tablett mit nach draußen. Als er außer Hörweite war, murmelte Lee Yunmi: *Warum schleicht er hier herum und geht mir auf die Nerven?* Neugier heuchelnd fragte ich: »Warum arbeiten Sie eigentlich immer noch in derselben Firma zusammen?«

Lee Yunmi nahm große Schlucke direkt aus der Saftflasche.

»Ich habe mich überall beworben, bislang ohne Erfolg. Aber ich kann schließlich auch nicht zu Hause sitzen und Däumchen drehen. Ich kann Frau Yang und Herrn Park auch verstehen. Was nützen einem schon Stolz und Ansehen? Man muss sich doch über Wasser halten. Wissen Sie, wozu der Mensch zwei Hände hat? Damit wir an unserem Verstand und unserem Broterwerb festhalten können, alles andere ist nebensächlich.«

Als wir mit den Vorbereitungen für die Besprechung fast fertig waren, kamen auch die drei Nachzügler einschließlich Bereichsleiterin Yang an. Sie trug ein Seidentuch um den Hals, das für das frühherbstliche Wetter ein wenig zu warm wirkte. Sie zog das Tuch andauernd mit ihren schmalen, zittrig wirkenden Fingern zurecht.

Die Mitarbeiterversammlung war, wie konnte es anders sein, zum Einschlafen. Da die Betriebsstrukturen für mich noch neu waren, hatte ich das Gefühl, einem Englisch-Debattierwettbewerb von Kindern beizuwohnen. Hier und da hörte ich zwar ein paar bekannte Wörter heraus, aber während ich nicht annähernd begriff, worum es ging, schienen die anderen eine überschäumend leidenschaftliche Debatte zu führen. Was ich ungefähr verstanden hatte: Bereichsleiter Park konnte keine guten Leistungen vorweisen, was er selbst jedoch darauf zurückführte, dass er angeblich für die schwierigen Kunden zuständig war. Seine Kunden waren hauptsächlich proktologische Chirurgen und Urologen.

»Psychologen und Dermatologen sind doch kinderleicht in Panels unterzubringen. Die kann man doch leicht interviewen. Die Psychologen reden ständig von Depressionen. Dann leidet wohl das ganze Land unter Depressionen, was? Die Zukunft Koreas ist deprimierend, einfach deprimierend.«

Mit verschränkten Armen entgegnete Bereichsleiterin Yang gelassen, ohne ihn auch nur eines Blickes zu würdigen: »Für Psychologen ist es auch nicht so einfach, einen Medienauftritt zu bekommen. Und unsere Kunden sind schließlich nicht die einzigen Psychologen auf der Welt. Außerdem sind Ihre Leistungen insgesamt mangelhaft, es geht ja nicht nur um die TV-Auftritte.«

»Fakt ist doch, dass es in meinem Bereich schwieriger ist, Pressemitteilungen zu schreiben, und auch dem

Marketing in den sozialen Medien sind Grenzen gesetzt. Wie schwer ist es schon, jemanden zu finden, der Filler, Fadenliftings und Massagen bewirbt? Bei uns geht so was nicht. Wer zeigt schon sein Gesicht in den sozialen Medien und verkündet: *Ich habe Hämorrhoiden, ich leide unter Verstopfung, ich habe eine Vasektomie vornehmen lassen?* Das macht doch kein Mensch.«

Leise und mit gesenktem Blick sagte Bereichsleiterin Yang: »Sie könnten sich ja selbst beauftragen.«

Diejenigen, die bei Frau Yang saßen, kicherten verstohlen, während Herr Park anscheinend nichts gehört hatte. Frau Yang rieb die Handflächen aneinander und zog die Schultern ein, während sich Bereichsleiter Park mit der Hand den Schweiß abwischte, der ihm in die Augen lief. Wütend und mit rot glühendem Gesicht stierte er zur Bereichsleiterin Yang herüber, die den Blick gesenkt hielt, und rief abgehackt: »Ich – will – auch mal – etwas – über – dem – Bauchnabel – in Angriff – nehmen.«

Der Geschäftsführer, der bis dahin scheinbar müde mit geschlossenen Augen dem Gespräch gelauscht hatte, wischte mit einem Satz die Auseinandersetzung vom Tisch: »Dann tauscht eure Kunden.«

Frau Yang hob den Kopf und warf ihrem Chef einen kurzen Blick zu, ohne Protest einzulegen oder ihm etwas entgegenzusetzen. Obwohl Herr Park sein Ziel erreicht hatte, wollte sich sein Gesicht nicht entspannen. Nach einem ausgiebigen Gähnen schloss der Geschäftsführer wieder die Augen. Eine Furcht einflößende Stille breitete sich in der Halle aus. Das Ticken des Sekundenzeigers der alten Wanduhr hallte durch den Raum mit den hohen Decken.

Zusammen mit ein paar Kolleginnen, die auch noch nicht müde waren, trank ich in einem der Zimmer noch etwas. Um kurz nach zwei wollte ich auf die Toilette gehen, als ich vom Treppenende her die Stimmen der beiden Bereichsleiter vernahm:

»Musstest du mich so heruntermachen? Ich bin doch dein Mann. Wir sind eine Familie.«

»Das sind wir zu Hause, aber hier sind wir in der Firma. Und ich hänge viel mehr an dieser Firma als der Chef. Ich weiß nicht, warum er dich überhaupt angeschleppt hat, aber ich lasse mich nicht unterbuttern.«

Der helle Klang eines aufklappenden Dupont-Feuerzeugs war zu hören. Nach einem langen Atemzug fragte Bereichsleiter Park: »Nur eine Frage. Liebst du mich überhaupt?«

»Reicht dir eine harmonische Familie nicht? Muss denn unbedingt Liebe mit im Spiel sein?«

Ich blieb im dunklen Gang stehen und lauschte weiter heimlich dem Gespräch. Ich dachte über die Liebe zwischen Eheleuten und Harmonie innerhalb der Familie nach. Ich dachte über diesen Job nach, der ein einziges Netz von Familienbanden und Schulbekanntschaften war. Ich dachte über den dümmlichen Geschäftsführer, den dilettantischen Vorgesetzten und die andere, karrieregeile Vorgesetzte nach. Und ich dachte darüber nach, dass man an seinem Verstand und seinem Broterwerb festhalten musste. Ehrlich gesagt war ich nicht wild auf diesen Job gewesen. Als mein Studienabschluss über sechs Monate zurücklag, konnte ich nicht noch länger herumlungern und wollte einfach irgendwo arbeiten. Mein erster Job. Mein erster Schritt im Berufsleben. Ich hatte gedacht, das alles würde ein Kinderspiel werden, aber nun fühlte ich mich ganz beklommen.

Als ich von der Toilette zurückkam, lagen drei der Mitarbeiter, mit denen ich getrunken hatte, ausgestreckt da und schliefen, nur Lee Yunmi saß noch mit hängenden Augenlidern im Zimmer. Sie wippte ihren Körper hin und her und murmelte.

»Sie sollten immer auf der Hut sein, Herzchen. Das sage ich Ihnen, weil mir Ihre Situation nahegeht, Herzchen.«

Herzchen? Hatte sie mich eben Herzchen genannt? Richtig, auch Frau Kim und Teamleiterin Chang nannten mich so. Genau wie man hierzulande Gaststättenpersonal im mittleren Alter mit *Tante* und ältere Männer mit *Sajangnim, Herr Geschäftsführer*, anredete, war *Herzchen* aus unerfindlichen Gründen die Anrede für weibliche Kolleginnen, die man für jünger und niedriger in der Hierarchie hielt. Warum ausgerechnet *Herzchen?*

»Seitdem ich in der Agentur arbeite, habe ich anscheinend viele Verehrer. Alle nennen mich Herzchen.« Auf mein Kichern hin lachte auch Lee Yunmi.

»Ja, irgendwie komisch, oder? Als Miss Kim mich so genannt hat, habe ich anfangs auch immer verlegen gelacht.«

»Miss Kim?«

»Ja, Miss Kim. Ihre Vorgängerin.«

Und so hörte ich zum ersten Mal von Miss Kim.

Miss Kim war … sie war einfach Miss Kim. Sie hatte weder eine festgelegte Position oder eine eigene Abteilung, noch war sie für eine bestimmte Arbeit oder einen bestimmten Kunden zuständig. Man könnte also fragen, worin ihre Arbeit dann genau bestand, aber in Wirklichkeit war sie von allen Angestellten dieser Firma am meisten beschäftigt und erledigte sämtliche Arbeiten. Sie verfasste Pressemitteilungen, verschickte sie, sorgte für Pressetermine, diente sogar als Kameraassistenz, betreute die Website und besuchte zu Vertriebszwecken Kliniken und wissenschaftliche Tagungen.

Anfangs hatte sich ihr Tätigkeitsbereich auf Materialsuche, Terminvereinbarung und Kopieren beschränkt. Dann begann sie, das Material zu ordnen und Entwürfe für Pressemitteilungen aufzusetzen, um diese dann irgendwann gleich selbst zu schreiben. Da sie die Mitteilung ohnehin schon verfasst hatte, verschickte sie diese auch noch per E-Mail an Journalisten, rief zur Bestätigung bei ihnen an und tauschte Höflichkeiten aus, und sie ging zu den Presseterminen. Falls sich keine geeigneten Beispielpatienten für ihre Kunden fanden, trat sie stattdessen sogar selbst in den Sendungen auf. Mal war sie eine Berufstätige mit Verstopfung, dann wiederum eine Atopie-Patientin und ein anderes Mal eine Frau in den Zwanzigern, die unter Skoliose oder stressbedingtem Haarausfall litt. Das Ganze war nicht einmal gelogen, denn Miss Kim litt tatsächlich unter starker Verstopfung, hatte eine leichte Atopie, eine seitlich verkrümmte Wirbelsäule und war aufgrund der häufigen Fernsehauftritte so gestresst, dass ihr die Haare ausfielen. An dem Tag, an dem sie ohne Verpixelung im Fernsehen aufgetreten war und ihre dünne Kopfbehaarung in aller Öffentlichkeit zur Schau gestellt hatte, erklärte ihr Bereichsleiter Park laut lachend, sie sei der lebende Beweis für die Wirksamkeit der modernen Medizin und eine Stütze des südkoreanischen Gesundheitssystems.

»Miss Kims Krankenkassenbeiträge übernehme von nun an ich!«, rief er.

Bereichsleiter Park zahlte kein einziges Mal Miss Kims Krankenkassenbeiträge. Von da an erwähnte Miss Kim ihre Gebrechen nicht mehr bei der Arbeit. Durch die häufigen TV-Auftritte knüpfte sie jedenfalls Kontakte zu den Fernsehteams und bekam ein Gefühl für die Medienbranche, sodass es ihr gelang, Kunden einen festen Platz in den Sendungen zu verschaffen. An Drehtagen übernahm sie sogar die Managerrolle für die Klinikleiter.

Niemand konnte mit Gewissheit sagen, wie Miss Kim in die Agentur gekommen war. Lee Yunmi hatte gehört, Miss Kim wäre eine Verwandte von einer ehemaligen Mitarbeiterin, die für kurze Zeit in der Agentur gearbeitet hatte und entweder eine Freundin von Teamleiterin Chang oder eine ehemalige jüngere Kommilitonin von Bereichsleiterin Yang gewesen war. Manchen Mitarbeitern zufolge hatte Miss Kim nur einen Oberschulabschluss, anderen zufolge einen Fachhochschulabschluss, wieder andere meinten, sie hätte ihr Studium abgebrochen. Auch darüber, wie sie eingestellt worden war, kursierten verschiedene Versionen. Einer Version zufolge hatte sie ihre Stelle zu einer Zeit, als die Firma plötzlich gewachsen war und man rasch neue Mitarbeiter benötigte, ohne Bewerbungsgespräch angetreten. Einer anderen Version zufolge war sie als Teilzeitkraft eingestellt worden, weil irgendeine Verwandte es nicht weiter mitansehen konnte, dass Miss Kim immer nur zu Hause saß.

Niemand hatte je Genaueres über Miss Kims Ausbildung, das Einstellungsverfahren, ihren Vertrag und ihr Gehalt gewusst, und jetzt konnte auch niemand mehr etwas darüber herausfinden. Denn Miss Kim und deren Verwandte waren beide nicht mehr da. Das sagenumwobene Ungeheuer, das die Leute zwar gesehen haben wollten, das aber substanzlos blieb. Miss Kim war das zweite Mysterium der Agentur, gleich nach dem Schreibtisch des Geschäftsführers.

»Warum hat sie denn gekündigt?«

Auf meine Frage machte Lee Yunmi mit ihrem Finger eine Bewegung, als würde sie sich die Kehle durchschneiden. »Hat sie nicht. Ihr ist gekündigt worden.«

Von ihren silbern glänzenden Fingernägeln ging ein kalter Hauch aus.

Als Miss Kim mit zusammengebissenen Zähnen gefragt hatte, warum, hatte ihr Bereichsleiter Park geantwortet:

»Ihre Stelle ist so vage, Miss Kim. Und irgendwie nicht ganz angemessen.«

Und der Geschäftsführer hatte gesagt: »Unsere Firma braucht etwas frischen Wind.«

Miss Kims Einfluss war offenbar zu groß geworden. Miss Kim, die keine leitende Position hatte, sondern ungeachtet ihrer langjährigen Erfahrung in der Agentur auf dem niedrigsten Rang und der untersten Gehaltsstufe stand, überblickte, organisierte und übernahm sämtliche Arbeiten in der Firma. Aber eine Beförderung oder eine Gehaltserhöhung kam nicht infrage, denn Miss Kim war schließlich nur Miss Kim.

Es war ein sonniger Tag. Der Sommer ging dem Ende zu und in der Wettervorhersage hieß es, es sei ein Taifun im Anmarsch. Die Putzlappen, die zum Trocknen vor dem Bürofenster hingen, waren binnen weniger Stunden ganz trocken.

Während Bereichsleiterin Yang Miss Kim zuhörte, nestelte sie an ihrem Tuch. Mit schmal zusammengekniffenen Augen nickte sie ihr zu und schniefte bisweilen. Das Schniefen kam zwar in Wirklichkeit von ihrer Rhinitis, aber jedes Mal, wenn sie schniefte, tropften Miss

Kim die Tränen aus den Augen. Als Frau Yang Miss Kim die Tränen mit ihren schmalen Fingern aus dem Gesicht wischte, stürzte sich Miss Kim ihrer Vorgesetzten regelrecht in die Arme und brach in heftiges Weinen aus. Wortlos klopfte ihr Bereichsleiterin Yang auf die Schulter.

»Sie sollten beim Arbeitsamt Beschwerde einlegen.«

Lee Yunmi, die genau in dem Moment die Tür des Sitzungsraums aufgerissen hatte, in dem Glauben, er wäre leer, sah Miss Kims entmutigten Gesichtsausdruck. In ihrem Gesicht spiegelte sich noch stärkere Verzweiflung als in dem Augenblick, als ihr gekündigt worden war. Miss Kim wusste nicht einmal, wo sich das Arbeitsamt befand, wie man eine Anzeige erstattete und was danach kommen würde.

»Das ist zu hundert Prozent eine ungerechtfertigte Entlassung. Heute soll die Beratung dort sehr gut sein. Im besten Fall wird die Entlassung rückgängig gemacht oder Sie bekommen zumindest eine Abfindung.«

Miss Kim konnte den Rat ihrer Vorgesetzten, der so realistisch und erfolgversprechend war, nicht in die Tat umsetzen. Er war einfach zu realistisch und zu erfolgversprechend.

Im Gegensatz zu Bereichsleiterin Yang zeigte Teamleiterin Chang eine überaus heftige Reaktion: »Miss Kim, das haben Sie sich angehört, ohne zu widersprechen? Das haben Sie denen durchgehen lassen? Sind Sie dumm, Miss Kim? Denken Sie doch daran, wie hart Sie bis jetzt geschuftet haben! Ich werde mir Bereichsleiter Park vornehmen. Machen Sie sich keine Sorgen, Miss Kim!«

Bereichsleiter Park war gerade bei einem Termin außer Haus. Frau Chang hatte in Erfahrung gebracht, dass Bereichsleiter Park nach der Besprechung gleich Feierabend machen wollte, und telefonierte mitten im Büro laut mit ihm.

»Ich würde Sie gern heute noch treffen … Nein, es muss heute sein … Und ob es dringend ist. Soll ich hinkommen? … Gut, dann im Bierhaus im Erdgeschoss … Ja, um acht.«

An dem Tag um acht ging auch Miss Kim in der Nähe des Büros etwas trinken. Lee Yunmi und Frau Kim hatten das Treffen organisiert. Sie zogen über Bereichsleiter Park, über den Geschäftsführer und über Bereichsleiterin Yang her. Über Teamleiterin Chang meinten sie, in solchen Momenten seien einfach gestrickte Charaktere wie Chang gut zu gebrauchen und sie sei tief im Herzen eine richtige Amazone. Es war unklar, ob das als Beleidigung oder als Lob gemeint war. Je weiter das Treffen sich in die Nacht hineinzog, desto betrunkener wurden alle, und sie waren dabei nicht immer bei klarem Bewusstsein. Auch Miss Kims Wut kam und ging.

Sie zogen weiter in eine andere Kneipe und unterhielten sich über eine derzeit beliebte Fernsehserie, über deren Hauptdarsteller und die K-Pop-Gruppe, der er angehörte. Nun in bester Laune verließen die drei Frauen die Kneipe, um in eine *Noraebang*-Singkabine zu gehen, als sie zwei vertraute, ineinander verschlungene Silhouetten entdeckten. Es waren Bereichsleiter Park und Teamleiterin Chang, die einander den Arm um die Schulter gelegt hatten und die Straße entlangstolperten. Teamleiterin Changs ausgelassenes Lachen und durchdringende Stimme hallten durch die nächtliche Gasse. *Auf geht's! Die dritte Runde geht auf mich! Was soll das heißen? Die ersten zwei Runden haben Sie doch bezahlt, Herr Park, klar geht die dritte Runde auf meine Rechnung!* Frau Kim sah den beiden nach und murmelte: »Die beiden verstehen sich aber gut.«

Am nächsten Tag nahm Teamleiterin Chang ihren monatlichen Urlaubstag. An den darauffolgenden Tagen war Wochenende. Am Montag und am Dienstag war sie bei einem Seminar und von Mittwoch bis Freitag nahm sie sich einen verspäteten Sommerurlaub. Miss Kim musste die Firma schließlich verlassen, ohne sich von Teamleiterin Chang verabschiedet zu haben.

Entgeistert hatte ich Lee Yunmi bis dahin still zugehört. »Das ist doch unmöglich!«, brach es nun aus mir heraus.

Lee Yunmi lachte bitter. »Teamleiterin Chang war noch harmlos. Jemand meinte zu Miss Kim, die Branche sei klein, sie solle also keine große Sache daraus machen. Ein anderer soll ihr sogar gesagt haben, es gehöre sich nicht, so zu lästern.«

»Wer hat das denn gesagt?«

Lee Yunmi schüttelte den Kopf.

»Ich habe auch nachgebohrt, weil ich neugierig war, aber sie wollte es mir bis zuletzt nicht verraten.«

Die letzte Aufgabe von Miss Kim bestand darin, eine Stellenanzeige aufzugeben.

> Vertragsbedingung: Einstellung nach
>   Probezeit
> Tätigkeitsbeschreibung: PR, Werbung,
>   Consulting, Recherche, Administration,
>   Buchhaltung
> Entlohnung: den Firmenregelungen
>   entsprechend
> Bewerbungsvoraussetzung: keine
>   Berufserfahrung erforderlich,
>   Hochschulabschluss, Geschlecht irrelevant,
>   keine Altersbeschränkung

Miss Kim hatte sich lauthals darüber mokiert, wer denn bitte so idiotisch wäre, eine Stelle mit derart vager Tätigkeitsbeschreibung anzutreten, die keine Festanstellung war und bei der man nicht einmal erfuhr, wie viel Gehalt man bekam. Doch es gingen jede Menge Bewerbungen ein. Und die eine Idiotin, die sie auswählten, war ich.

In der Pension hatte es nur ein Bad gegeben, deshalb war ich dort nicht zum Haarewaschen gekommen. Ich hatte das Gefühl, unter meiner Baseballmütze würden Ameisen herumkrabbeln. In dem Wunsch, rasch die Mütze abzunehmen und mich zu duschen, rannte ich zwei Stufen auf einmal nehmend nach oben. Ich wollte an der

Wohnungstür die Abdeckung des elektronischen Tür-
schlosses hinunterziehen, doch sie bewegte sich nicht.
Während ich an dem Türschloss rüttelte, bemerkte ich
meine Nachbarin von gegenüber. Sie verlangsamte ihren
Schritt und warf mir einen flüchtigen Blick zu.

»Das muss wahrscheinlich repariert werden.«

Als ich den Vermieter anrief, murmelte er *Dieser Psychopath* und bat mich, eine halbe Stunde auf ihn zu warten. Ging das Schloss etwa öfter kaputt? Wer war mit
»Psychopath« gemeint?

Als ich die Zusage für den Job bekommen hatte, war
ich übereilt in dieses Gebäude mit Ein-Zimmer-Woh-
nungen gezogen. Nach meinem Auszug aus dem Studentenwohnheim war ich in einer Wohnung in der
Unigegend untergekommen, deren Mietvertrag zufällig
zur gleichen Zeit auslief. Außerdem war ich bereit für
etwas Neues. Die Miete war zwar 50.000 Won teurer
als in meiner letzten Wohnung, aber neben der guten
Lage waren die Einbaumöbel in einem guten Zustand
und auch die Tatsache, dass die Wohnung sofort ein-
zugsbereit war, hatte mir zugesagt, sodass ich den Vertrag auf der Stelle abgeschlossen hatte.

Während ich auf der Treppe saß und auf meinen Vermieter wartete, hielt ich es kaum aus, weil mein Kopf so
juckte und ich mich erbärmlich fühlte. Da öffnete sich
die Tür der Nachbarwohnung einen Spaltbreit.

»Wollen Sie bei mir warten?«

In der Wohnung der Nachbarin, die genauso geschnitten war wie meine entworfen war, fühlte ich mich

etwas seltsam – weder wohl noch unwohl. Obwohl ich mich ohnehin schon unruhig fühlte, erzählte mir die Nachbarin, die in einem starken Dialekt sprach, eine schockierende Geschichte. Meine Vormieterin war von einem Stalker belästigt worden. Er hatte wohl Steine ans Fenster geworfen, die Klinke der Wohnungstür mit Öl beschmiert und die ganze Nacht an der Wohnung geklingelt und geklopft, sodass die Polizei kommen musste. Einmal hatte die Mieterin ein Päckchen ohne Absender bekommen.

»Stellen Sie sich vor, was sich im Päckchen befand! Sie wissen schon … Das Große, Sie wissen doch, was ich meine?«

»Wie, das Große?«

»Na, das Große halt. Wie ›klein machen‹ und ›groß machen‹.«

Ich hielt mir den Mund zu, weil ich Angst hatte, ich müsste mich übergeben.

»Es war wohl so sorgfältig in Luftpolsterfolie verpackt, dass es kein bisschen aus der Form gekommen war. Der hat Nerven, dieser Geistesgestörte.«

Sie war sich sicher, dass er auch dieses Mal dahintersteckte, denn er hatte schon einmal die Abdeckung des Schlosses mit Sekundenkleber festgeklebt, sodass man das Schloss abmontieren musste.

»Er war ihr Ex-Freund. Dem ging es anscheinend nicht einmal darum, wieder mit ihr zusammen zu sein. Sie hat letztendlich ihren Job gekündigt und ist wieder in ihre Heimatstadt gezogen. Damals hatte ich solche

Angst, dass ich auch gern ausgezogen wäre. Aber für einen Umzug habe ich nicht genug Geld, deshalb komme ich hier nicht weg.«

Der Vermieter sagte mir, ich solle mir keine Sorgen machen, er habe es der Polizei gemeldet und auch mit meiner Vormieterin telefoniert. Aber welcher Mensch mit gesundem Menschenverstand würde sich in der Situation keine Sorgen machen? Ich fürchtete mich vor dem Stalker und auch vor meinem Vermieter, am meisten aber vor dem Schlosser, der das Türschloss mithilfe eines riesigen Klauenhammers, mit dem man auch einen Ochsen hätte erlegen können, im Handumdrehen abmontiert hatte.

Mehrmals überprüfte ich das Fenster, das neue Türschloss und die Türkette. In der Hoffnung, ein heißer Tee könnte mich beruhigen, goss ich Wasser in den Kessel und wollte ihn gerade auf den Gasherd stellen, als plötzlich in der Nachbarwohnung ein Knall ertönte, als wäre etwas auf den Boden gefallen. Mein Herz schlug wie wild. Auch nach einer ganzen Weile wollte es sich nicht beruhigen. Mir wurde klar, dass meine Angst nicht unbedingt einem Stalker oder Einbrecher galt, sondern etwas Wesentlicherem. Es war meine Situation, die mir Angst machte – die einer jungen, allein lebenden Frau, die die Verantwortung für sich selbst tragen musste.

Nach dem Workshop kam es in der Firma zu einer Reihe merkwürdiger Vorfälle. Frau Kims Wörterbuch verschwand spurlos. Obwohl man heutzutage alles im Internet nachsehen konnte, bestand Frau Kim darauf, im Wörterbuch nachzuschlagen und sich die Wörter zu markieren.

»Nur so habe ich das Gefühl, sie mir anzueignen.«

Ich hatte flüchtig im Wörterbuch geblättert, konnte jedoch nicht viele markierte Stellen entdecken. Das erzählt sie doch nur, dachte ich, als Frau Kim, die vermutlich meine Gedanken gelesen hatte, sich beeilte zu sagen:

»Ach, dieses hier hat mir Miss Kim neu gekauft. Sie hatte sich einmal das, das ich seit dem Studium benutzte, ausgeliehen und Kaffee darauf verschüttet. Das Alte war viel handlicher. An das Neue kann ich mich noch nicht richtig gewöhnen.«

Das Wörterbuch verschwand jedoch, ohne dass sie dazu gekommen wäre. Frau Kim hatte ächzend ihren Tisch verschoben und dahinter nachgesehen, aber das Wörterbuch tauchte nicht auf. Stattdessen kam zwischen Bücherregal und Schreibtisch ein Zehntausend-Won-Schein zum Vorschein, den Frau Kim nicht etwa in ein neues Wörterbuch investierte, sondern von dem sie sich einen Kaffee kaufte. Bis zu dem Zeitpunkt nahm noch niemand die Sache ernst.

Eines Tages war Bereichsleiter Park ganz aufgeregt, weil er glaubte, kurz vor Vertragsabschluss mit einer neuen Klinik zu stehen. Er bereitete sich gerade auf die Besprechung dazu vor und ließ an seinem Schreibtisch sitzend den Blick schweifen, da rief er mich zu sich und brüllte, ich solle gefälligst das Büro in Ordnung halten. Ich war erst einmal gekränkt.

»Wer hat als Letzter das Materialheft der Dermatologie benutzt?«

Warum fragte er mich das?

»Das weiß ich nicht.«

»Schaffen Sie es sofort her. Ich muss es gleich mitnehmen.«

Wenn es so wichtig war, hätte er es sich doch frühzeitig bereitlegen können, dachte ich bei mir.

Ich fragte die anderen Mitarbeiter danach, die sich allerdings nur halbherzig umsahen und sagten, sie hätten es auch nicht, und sich wieder ihrer Arbeit zuwandten. Bei dem Materialheft handelte es sich um ein Ringbuch mit einzelnen Pressemitteilungen und Fernsehskripts sowie Entwürfen von Veranstaltungsprojekten, alles nach Fachrichtungen geordnet. Es war Miss Kims Idee gewesen, das Material zu einem Heft zusammenzubinden, und ebenso hatte Miss Kim das Material Jahr für Jahr höchstpersönlich geordnet. Sie hatte neben ihrer üblichen Arbeit die Mitarbeiter gedrängt, ihr die Dateien herauszugeben; sie hatte sich um das Layout gekümmert, Seitenzahlen eingefügt und die Dateien zu einem Heft mit Inhaltverzeichnis binden lassen. Damit war sie jeden Januar beschäftigt gewesen. Anfangs hatte sie es nur zu Archivzwecken angefertigt, doch dann stellte es sich heraus, dass es beim Verfassen von Pressemitteilungen, bei der Suche nach geeigneten

Ideen oder bei Besprechungen mit Auftraggebern extrem praktisch war. Dieses extrem praktische Materialheft war nun verschwunden. Bereichsleiter Park suchte überall vergeblich danach und musste schließlich, weil die Zeit drängte, mit leeren Händen zu seiner Besprechung gehen. Lee Yunmi sah ihm nach und meinte, das geschehe ihm recht.

»Als Miss Kim wegen der Arbeit am Materialbuch Überstunden gemacht hat, hat er geschimpft, sie verschwende nur ihre Zeit, dabei macht er heute am allermeisten Gebrauch davon. Wenigstens zum Essen hätte er sie einmal einladen können.«

Teamleiterin Chang meinte belehrend, sie habe gewusst, dass es irgendwann verschwinden werde, weil es niemand nach der Benutzung wieder an die eigentliche Stelle zurückstellte. Dann fügte sie murmelnd hinzu: »Ohne Miss Kim ist das Büro ein einziges Durcheinander.«

Der Kommentar war eigentlich nicht an mich gerichtet. Miss Kim hatte mich ja auch nicht mehr in ihre Aufgabenbereiche einarbeiten können. Trotzdem fühlte ich mich unwohl.

Auf Geheiß von Bereichsleiter Yang verschickte ich zum ersten Mal eine Pressemitteilung. Mit zitternder Hand drückte ich auf *Senden*, woraufhin sofort mehr als die Hälfte der E-Mails zurückkam. Ich überprüfte die Adressen und verschickte die E-Mails erneut, doch auch dieses Mal schlug die Übermittlung fehl. Ich nahm an, es könnte an meinem Benutzerkonto liegen, und suchte unsere Journalisten-Telefonliste heraus. Ich rief bei der ersten Zeile anfangend der Reihe nach an. Die erste Nummer gab es nicht, die zweite war falsch, bei der dritten nahm niemand ab, bei der vierten hieß es wieder: ›Kein Anschluss unter dieser Nummer‹, und bei der fünften ging niemand ran. Als ich ratlos abwechselnd den Telefonhörer in die Hand nahm und auf der Tastatur herumtippte, lehnte sich Teamleiterin Chang von ihrem Platz zu mir herüber und sah auf den Bildschirm. Sie sagte: »Mit den E-Mail-Adressen stimmt etwas nicht.«

»Wie bitte?«

»In der obersten Zeile, sollte es nicht *appletree* heißen? Warum steht da *abbletree?*«

Auch in der Adressliste stand *abbletree. Purple79* war als *burble79, spring365* war zu *sbring365* geworden.

Die hellhörige Lee Yunmi kam an meinen Platz gerannt.

»Die Dateien im Sammelordner sind alle verkehrt. Auch die Nummern der Kunden sind falsch. Ich habe bei den Nummern, die ich auch im Handy gespeichert hatte, nachgesehen und bemerkt, dass alle Vieren zu Fünfen geworden sind.«

Teamleiterin Chang erstarrte einen Moment lang, doch dann lachte sie verlegen. »Frau Lee, Sie haben doch sicher ein Adressbuch in Ihren E-Mails, oder? Lassen Sie uns damit eine neue Datei anlegen.«

»Ich habe aber nicht alle Adressen. Ich denke, jeder

Mitarbeiter muss die Adressen, die er hat, selbst zusammensuchen und ordnen. Eine Adressdatei zu erstellen ist Schwerstarbeit. Da kriegt man ja viereckige Augen, wenn man unentwegt auf all die Buchstaben und die Zahlen starrt. Wer hat eigentlich die ganzen Ordner mit den Tippfehlern angelegt?«

Teamleiterin Chang hatte den Kopf gesenkt und war ganz in Gedanken. Frau Kim, die neben Lee Yunmi saß, erwiderte: »Miss Kim natürlich, wer denn sonst?«

Da dachte ich, *Jetzt oder nie!*, und fügte hinzu: »Wissen Sie … Auch die Telefonnummern auf der Mitarbeiter-Adressliste sind alle falsch. Die Servicehotlines für unsere Rechner und Telefone und die unseres Internetanbieters und der Kopierer stehen gar nicht mehr drin, und auch die Liste mit Nummern von Restaurants und die Übersicht über deren Menüs sind verschwunden, auch wenn das vielleicht weniger wichtig ist.«

»Wer hat denn die Menüs zusammengestellt?«

Auch dieses Mal antwortete Frau Kim ungerührt: »Miss Kim natürlich, wer sonst?«

Als wäre es keine große Sache, drehte sich Teamleiterin Chang mit ihrem Stuhl weg und sagte zu mir: »Als Neuzugang ist es Ihre Aufgabe, das Adressbuch wiederherzustellen. Lassen Sie sich Zeit, es eilt ja nicht. Aber strengen Sie sich an, dass es nicht zu lange dauert.«

Während ich mich fragte, wie in aller Welt das gehen sollte, starrte Lee Yunmi mit einem unentzifferbaren Gesichtsausdruck herüber zu Teamleiterin Chang. Halb lächelnd und auch wieder nicht, fröhlich, aber angewidert zugleich. Da hörte ich irgendwo jemanden ein Lied summen.

Wegen der merkwürdigen Geschichte mit dem Adressbuch gab es einige Komplikationen. *Etwas stimmt mit der E-Mail-Adresse nicht, die Telefonnummer stimmt nicht,* und alle fragten ausgerechnet mich, was los sei. Nachdem ich ihnen erklärt hatte, was los war, erwiderten sie leise, ich solle mich schnell darum kümmern, und gingen an ihren Platz zurück. Ein wenig später kam der Nächste, dann der Übernächste, und am nächsten Tag kam wieder ein anderer, um nachzufragen, mir zu sagen, ich solle mich darum kümmern, und wieder an seinen Platz zu gehen. Es war, als handelte es sich um ein wohlgehütetes Firmengeheimnis. Es war mir ein Rätsel, dass man in einer derart geschwätzigen Firma, in der man nach der Mittagspause, wenn man vom Zähneputzen zurückkam, sofort erfuhr, wer was zu Mittag gegessen hatte, wer das Essen bezahlt hatte, wer seinen Kaffee mit Sirup trank und wer nicht, nicht über das falsche Adressbuch sprach.

Eines Tages wackelte plötzlich das Kopiergerät. Das Stück Pappe, das immer links unter dem Gerät gelegen hatte, damit es gerade stand, war verschwunden. Teamleiterin Chang hatte einmal gesagt, dass Miss Kim den Kopierer, den selbst der Techniker vom Kundenservice nicht mehr hatte reparieren können, wieder zum Laufen gebracht hatte. Auch die Staubschutzfolie auf der Fernbedienung war plötzlich weg. Ich hörte, dass Miss

Kim sie damit bezogen hatte. Auch ein paar Kaffeetassen verschwanden. Es hieß, Miss Kim hätte eine Vorliebe für hübsche Tassen gehabt. Auch die Unterteilung in der Schublade mit den Schreibwaren war nicht mehr da: Die Stifte, Büroklammern, Scheren und Notizblöcke lagen alle durcheinander. Es war Miss Kim gewesen, die geschimpft hatte, *Wie soll man hier etwas wiederfinden, wenn man in Eile ist?*, und die Schublade mit einem leeren Karton in Fächer unterteilt hatte. Die Gratiscoupons für die Pizzeria und das chinesische Restaurant waren ebenfalls unauffindbar. Auch sie hatte natürlich Miss Kim gesammelt.

Im Büro ging es nun viel gesitteter zu. Wie aus dem Nichts war plötzlich eine neue, aufgeklärte Firmenkultur entstanden. Wenn etwas verschwand oder schiefging, schob man sich die Schuld nicht gegenseitig in die Schuhe, sondern kümmerte sich selbst um eine Lösung. Teamleiterin Chang wurde nicht mehr laut, Bereichsleiter Park schimpfte nur noch allein vor sich hin, der Geschäftsführer kam immer seltener und ließ sich manchmal eine ganze Woche nicht blicken. Wenn etwas Ärgerliches passierte, erboste sich niemand, und auch wenn etwas Unheimliches vorfiel, fürchtete sich niemand. Für mich war das von Vorteil. In Ruhe erstellte ich ein neues Adressbuch, klemmte ein Pappstück unter das Kopiergerät und brachte die Schublade mit den Schreibwaren in Ordnung.

Dann kam es zum Ausbruch. Bereichsleiterin Yang hatte Kopfschmerzen und musste bei der Suche nach

Schmerztabletten einsehen, dass der Erste-Hilfe-Kasten verschwunden war. Sie rieb sich die Schläfen und rief so laut, als könnte sie sich nicht mehr zurückhalten: »Warum ausgerechnet jetzt? Warum geschehen diese Dinge ausgerechnet jetzt, und dann auch noch alle auf einmal?«

Während sich alle nur verstohlen ansahen und sich nicht trauten zu antworten, sagte Frau Kim: »Melden wir es der Polizei.«

Lee Yunmi schreckte zusammen. »Warum wollen Sie so eine große Sache daraus machen? Und überhaupt würde die Polizei solchen Kleinigkeiten wohl kaum nachgehen.«

Teamleiterin Chang war der gleichen Meinung wie Lee Yunmi: »Wir sollten einfach stärker auf die Türsicherheit achten. Sogar die Leute im Nachbarbüro wissen, dass wir den Generalschlüssel hinter dem Firmenschild versteckt haben. Vielleicht können wir zum Fingerabdruck-System wechseln.«

Doch Bereichsleiterin Yang blieb ungerührt. »Ich will den Täter fassen. Ich gehe zur Hausverwaltung und überprüfe die Videoüberwachung. In unserem Büro gibt es zwar keine Kamera, aber draußen auf dem Gang und im Fahrstuhl schon.«

Bevor sie jemand abhalten konnte, rannte Bereichsleiterin Yang aus dem Büro. Danach konnte ich mich nicht mehr auf die Arbeit konzentrieren. Auch Lee Yunmi und Teamleiterin Chang wirkten nervös; sie holten sich unentwegt Kaffee, gingen zur Toilette und liefen auf und ab. Bereichsleiter Park holte sich Dosenbier beim Convenience Store und trank es vor aller Augen. So verstrich der Nachmittag. Erst im beginnenden Abendrot kam Bereichsleiterin Yang mit blutunterlaufenen Augen zurück. Sie ignorierte die neugierigen, aber auch besorgten Blicke, trottete an ihren Platz und ließ sich auf den Stuhl fallen. Teamleiterin Chang, deren linkes Bein nervös auf und ab wippte, fragte: »Und? Hast du herausfinden können, wer es war?«

Bereichsleiterin Yang schüttelte den Kopf.

»Da ist niemand im Bild. Die Überwachungskamera am Ende des Gangs reicht nur genau bis vor unser Büro. Ich dachte, ich könnte wenigstens einen Schemen entdecken, aber da war nichts und niemand. Nach Feierabend hat sich niemand unserem Büro genähert. Ich habe die Aufnahmen des ganzen Monats durchgesehen. Aber weder im Fahrstuhl noch auf dem Gang hat sich jemand verdächtig verhalten. Dass die Verdachtsperson nicht auf der Aufnahme zu sehen ist, bedeutet ...« Sie brach ab. Unbewusst schluckte ich. Während sie redete, hatten sich die Mitarbeiter, die allesamt noch keinen Feierabend gemacht hatten, und Bereichsleiter Park, der am Fenster Bier getrunken hatte, langsam um sie herum versammelt. Bereichsleiterin Yang war sich sicher: »Es bedeutet, der Täter wusste, wo sich die Überwachungskameras befinden.«

Mir rutschte das Herz in die Hose.

»Die Person muss vom Erdgeschoss aus die Feuertreppe benutzt haben und von der anderen Seite des

Gangs gekommen sein. Das bedeutet, dass sie bestens mit diesem Gebäude und mit unserem Büro vertraut ist. Wer könnte das sein?«

Niemand antwortete.

»Ich werde bei der Polizei Anzeige erstatten.«

Bereichsleiterin Yang griff nach dem Telefonhörer, da schnappte Teamleiterin Chang nach ihrer Hand. »Moment! Warte mal. Lass uns zuerst das Türschloss auswechseln. Wir installieren eine Kamera im Büro und geben von nun an gut auf unsere Schubladen und Computer acht. Wenn die seltsamen Vorfälle trotzdem nicht aufhören, dann sehen wir weiter.«

Jemand murmelte wie zu sich selbst, man solle keine große Sache daraus machen. Jemand anders fragte, ob wir wüssten, wie aufwendig so eine polizeiliche Ermittlung sei. Eine weitere Person wandte ungestüm ein, man müsse den Täter trotzdem fassen. Kopfschüttelnd ging Lee Yunmi wieder an ihren Platz zurück. »Ich bekomme Kopfschmerzen. Ich halte mich da raus.«

Bereichsleiterin Yang sagte laut: »Alle, denen es zu umständlich ist sich einzubringen, können sich ja raushalten. Ich jedenfalls werde Anzeige erstatten.«

Wieder nahm sie den Telefonhörer hoch, als ihn ihr Bereichsleiter Park aus der Hand riss und auf den Tisch knallte.

»Und wenn der Täter gefasst ist, was dann? Sagen wir ihm dann, er soll die Schutzfolie wieder auf die Fernbedienung kleben? Die Schubladen aufräumen? Und die Gutscheine herausrücken? Ich weiß, du bist intelligent, du bist zupackend und du hast deine Prinzipien. Wir alle wissen das, also lass uns über diese eine Sache ein einziges Mal hinwegsehen, verdammt!«

Die Sonne ging unter. Das goldene Sonnenlicht, das sich auf dem Fensterglas des Bürogebäudes auf der gegenüberliegenden Straßenseite spiegelte, legte sich kraftlos über meinen Schreibtisch. Die Wolken bewegten sich auffallend schnell. Es war anscheinend windig.

Überraschenderweise und andererseits auch wenig überraschend sind danach keine weiteren Gegenstände mehr verschwunden. Alle tun ganz so, als wäre nichts passiert, und arbeiten weiterhin in der Agentur, während sie jede Gelegenheit nutzen, um unbemerkt im Internet Jobplattformen zu besuchen und Bewerbungsschreiben zu verfassen. Ich benutze zurzeit das Stück Pappe, das so lange unter dem Kopiergerät gelegen hat, dass es ganz flach gedrückt ist, als Lesezeichen. Sozusagen als Talisman.

LIEBER HYUNNAM

Ich sitze in unserem Stammcafé gleich an der Fensterfront, wo wir oft zusammengesessen haben. Durch die Glasscheibe sieht man das Firmengebäude, in dem du arbeitest. Ich zähle vom Erdgeschoss aufwärts die Stockwerke. Eins, zwei, drei, vier, fünf, sechs, sieben. Sieben Stockwerke. Vermutlich sitzt du hinter einem dieser vielen Fenster. In zehn Stunden sind wir hier miteinander verabredet. Allerdings hat mich der Mut verlassen, dir ins Gesicht zu blicken und es direkt auszusprechen. Also hinterlasse ich dir stattdessen diesen Brief.

Es tut mir leid. Wie ich dir schon mehrfach gesagt habe, kann ich deinen Heiratsantrag nicht annehmen. Das ist meine endgültige Antwort. Ich möchte dich nicht heiraten. Ganz ohne Zweifel war ich nicht, ob das die richtige Entscheidung ist, ob ich es nicht bereuen würde und ob ich überhaupt zu einem Leben ohne dich fähig wäre; alles Fragen, die mir Angst einjagten. Ich habe wirklich lange darüber nachgedacht. Immerhin waren wir zehn Jahre zusammen, ein Drittel meines bisherigen Lebens. Auch wenn es mir unbegreiflich erscheint, dich nie wiederzusehen, möchte ich jetzt einen Schlussstrich ziehen. Ich danke dir für alles. Wirklich, vielen Dank. Und es tut mir leid.

Ich muss an unsere erste Begegnung vor zehn Jahren denken. Noch heute wundert es mich, wie sich eine zwanzigjährige, erwachsene Frau so verlaufen konnte, und das auch noch auf dem Campus. Ich war wohl etwas angespannt. Eine fremde Stadt, eine fremde Uni und fremde Leute. Die vielen Freiheiten, die mir plötzlich offenstanden, erzeugten bei mir ebenso viel Unsicherheit und Druck. Und so unterliefen mir ziemlich viele dumme Fehler.

Ich erinnere mich noch gut an deinen Blick, als ich unvermittelt vor dir stand und dich nach dem Gebäude der Ingenieurwissenschaften fragte. In einem Ton, der weder spottend noch freundlich war, sagtest du: »Komm mit. Ich bin auch auf dem Weg dorthin.« Das Gebäude der Ingenieurwissenschaften lag ausgerechnet an einem Hang. Wir liefen durch ein menschenleeres, auch tagsüber recht dunkles Wäldchen, das von den Studenten *Amazonas* genannt wurde. Erst später habe ich von einem Weg über die Treppe bei der Bibliothek erfahren, den die meisten stattdessen nutzten und der vor allem lichtdurchflutet war. Als ich dich verärgert darauf ansprach, gabst du zurück, du hättest eben eine Abkürzung gewählt, weil ich es eilig zu haben schien.

Zuerst wusste ich schlicht nicht, wo mir der Kopf stand, als wir dann durch den *Amazonas* liefen, war ich angespannt und ängstlich, und bis wir schließlich das Gebäude der Ingenieurwissenschaften erreicht hatten, glaubte ich, mein Herz würde gleich explodieren. Es tat so weh, dass es bis in die Fingerspitzen auszustrahlen schien. Als sich meine Anspannung löste, hielt ich dich schon allein deshalb für einen guten Menschen, weil du mich sicher hergebracht hattest.

Ich wollte mich bedanken, aber merkwürdigerweise brachte ich kein Wort heraus. Selbst als du mich antriebst, »Geh schon, du bist doch spät dran!«, stand ich nur da wie erstarrt. Du nahmst mir den Terminkalender aus der Hand und blättertest bis zur letzten Seite, um in meinem Stundenplan nachzusehen, und liefst mit großen Schritten ins Gebäude. Erst da war ich wie von einem Fluch befreit und konnte mich wieder von der Stelle rühren. Ich rief »Geben Sie mir meinen Terminkalender zurück!« und folgte dir wie ein Trottel. So hast du mich bis in den Hörsaal gelotst.

Nach deiner Erinnerung ist der Tag ganz anders verlaufen, nicht wahr? Du bist davon überzeugt, dass ich dich bat, mich zum Gebäude zu bringen. Du hattest nach einer Vorlesung im Ingenieurwissenschaftsgebäude Bücher in der Bibliothek zurückgegeben und warst auf dem Weg in die Mensa. Du hast mir sogar deinen Stundenplan gezeigt, um es zu beweisen. Obwohl ich den Tonfall von deinem »Komm mit« noch genau im Ohr hatte, räumte ich nur ein, dass ich mich wohl geirrt hätte. Ich ging nicht weiter darauf ein, weil ich es für keine große Sache hielt.

Aber weißt du was? Damals hast du wirklich gesagt: »Komm mit. Ich bin auch auf dem Weg dorthin.« Denn an dem Tag kritzelte ich während der Vorlesung mindestens zehnmal in mein Heft: »Ich bin auch auf dem Weg dorthin. Ich bin auch auf dem Weg dorthin. Ich bin auch auf dem Weg dorthin …« Anstatt die Vorlesung zu hören, hatte ich nur wieder und wieder diesen Satz aufgeschrieben. Doch das konnte ich dir nicht erzählen, sonst hätte es ausgesehen, als hätte ich mich auf den ersten Blick in dich verliebt. Außerdem warst du ja felsenfest davon überzeugt, ich hätte dich gebeten.

So etwas passierte ständig. Auch wenn mir jetzt spontan kein Beispiel einfällt. Doch, hier ist eins. Weißt du noch, wie wir in Gangnam Kyuyeon begegnet waren? Kyuyeon saß in einem Café direkt am Fenster und wir liefen auf der gegenüberliegenden Straßenseite entlang. Du sagtest: »Das ist doch eine Kommilitonin von dir.« Als ich dich berichtigte und sagte, dass ich sie nur über dich aus deinem Studentenverein kannte, lachtest du laut, als wäre das Unsinn: »Eine Kommilitonin aus meinem Studentenverein würde ich doch wiedererkennen!« Aber wenn du recht hättest, hieße das im Umkehrschluss, dass ich jemanden aus meinem eigenen Fachbereich nicht wiedererkannte. Scharf erwiderte ich, sie sei deine Kommilitonin, woraufhin du mir vorwarfst, ich sei so empfindlich, und beschwichtigend meintest: »Also gut, dann sagen wir eben, du hast recht.«

Da wurde ich trotzig. Ich schnappte mir deine Hand und zog dich über die Straße ins Café. Von Kyuyeon bekamen wir schließlich zu hören, dass sie demselben Studentenverein angehörte wie du. Trotzdem weinte ich. Nicht aus Wut, weil du an deiner Behauptung festgehalten hattest oder weil du die Sache einfach mit der Entschuldigung abtun wolltest, dass man sich doch mal irren könne. Nein, mir kamen die Tränen, weil auf dem Weg zu Kyuyeon Zweifel an mir zu nagen begonnen hatten. Was, wenn ich doch falschlag und mich tatsächlich geirrt hatte?

Mein Vater machte sich große Sorgen darüber, dass ich in Seoul studieren würde. Von dem Moment an, in dem ich den Zulassungsbescheid erhalten hatte, bis zu meinem Einzug ins Studentenheim sagte er ständig: »Nimm dich bloß in Acht.« Und er erzählte andauernd Geschichten von seiner ehemaligen Schulkameradin, die später ein Nachtlokal von zweifelhaftem Ruf geleitet hatte, von seiner jüngeren Cousine, die schwanger in ihren Heimatort zurückgekehrt war, von der Tochter eines Freundes, deren Leben wegen einer Affäre mit einem verheirateten Mann ruiniert war, und von seiner ehemaligen jüngeren Kollegin, die betrunken von einem Taxifahrer vergewaltigt worden war ... Endlos sprudelten Geschichten über Frauen aus ihm hervor, die ihr Elternhaus verlassen und ein schlimmes Schicksal erlitten hatten.

Im ersten Semester sorgte ein Zwischenfall auf der

Semestereröffnungsparty meines Fachbereichs für große Aufregung. Ein Student war dabei ertappt worden, wie er heimlich mit seinem Handy betrunkene Kommilitoninnen gefilmt hatte. Damals hattest du mir das Gleiche gesagt. Ich solle mich bloß in Acht nehmen. Den Seoulern, vor allem den Männern, sei nicht zu trauen.

Dabei kannte ich das Leben in der Großstadt von Kindesbeinen an. Hochhäuser, Gebäudekomplexe, die sich zu einem Labyrinth verdichteten, und hektische Straßen, durch die sich Menschenmassen schoben, waren mir durchaus vertraut. Dennoch blieb mir Seoul seltsam fremd. Womöglich lag es gar nicht an der Stadt, sondern viel mehr daran, dass ich auf mich allein gestellt war. Es machte mich nervös, weder eine ältere Kommilitonin noch eine andere erwachsene Person als Vertrauens- und Schutzperson an meiner Seite zu wissen.

Außerdem war das Studium schwierig, der Nebenjob raubte mir weitere Energie und die zwischenmenschlichen Beziehungen, die ich nur aus Pflichtgefühl pflegte, erschöpften mich vollends.

Du hingegen kanntest dich in vielerlei Hinsicht gut aus. Du gabst mir Tipps für Stipendien, für die ich mich bewerben konnte, Tricks zur Kursanmeldung, kanntest Angebote an der Uni, die später als Zusatzqualifikationen anerkannt wurden, und wusstest gut über die Lehrveranstaltungen und Professoren Bescheid. Dank deiner Hilfe konnte ich das Studium relativ problemlos bewältigen. Andere Erstsemester aus meinem Freundeskreis, die genauso orientierungslos waren wie ich, beneideten mich darum, und ich muss zugeben, dass ich es genoss. Mehr und mehr verließ ich mich auf dich und vertraute auf deinen Rat und dein Urteilsvermögen.

Wir studierten zwar unterschiedliche Fachrichtungen, besuchten aber viele Lehrveranstaltungen gemeinsam, weil du mir mit Nachdruck besonders beliebte Kurse und welche, in denen man mühelos gute Noten bekommen konnte, empfahlst. Anfangs kostete es mich Überwindung, Kurse zu Themen zu belegen, mit denen ich mich nicht auskannte und die mich auch nicht unbedingt interessierten. Aber rückblickend war mein Studium dadurch breit gefächert und ich lernte viel.

Ich denke dabei vor allem an den Grundkurs Physik. Erinnerst du dich an den Kurs, den du damals wiederholen musstest und an dem ich eine Zeit lang als Gasthörerin teilgenommen habe? Ich weiß nicht, woran der Professor sofort merkte, dass ich Gasthörerin war. In der ersten Stunde sagte er, in dreißig Jahren Lehrtätigkeit habe es bisher keinen einzigen Gasthörer in seinem Physikkurs gegeben, forderte mich auf, mich vorzustellen. Auch in den darauffolgenden Stunden hakte er immer wieder nach, ob ich den Inhalt auch verstanden hatte, stellte mir Aufgaben und lobte meine Antworten. Das machte mich verlegen und überforderte mich manchmal auch. Aber es machte Spaß, mich nach langer Zeit einmal wieder mit Physik auseinanderzusetzen. Dem Professor war ich dankbar, dass er mich so sehr lobte, nur weil ich dem Unterricht aufmerksam folgte. Auch wenn das letztendlich der Grund dafür war, dass ich den Kurs nicht bis zum Semesterende besuchen konnte.

Du konntest den Professor überhaupt nicht leiden. Du sagtest, sein Umgang mit Studenten sei nicht normal. War ich denn so naiv? Bis dahin hatte ich nichts Seltsames an dem Professor gefunden. Als ich dir das sagte, schleudertest du mir entgegen, dass du mich ganz anders eingeschätzt hättest. Um ehrlich zu sein, habe ich damals nicht wegen des Professors die Vorlesung abgebrochen. Und auch nicht, weil du ihn nicht leiden konntest. Vielmehr hatte ich Angst, selbst zu einem seltsamen Menschen zu werden, wenn ich weiterhin so sorglos an dem Kurs teilnähme.

Der Professor hatte mich weder außerhalb des Kurses kontaktiert, noch hatte er mir persönliche Fragen gestellt. Wenn er mich aufrief, redete er mich immer höflich mit Sie an. Ich gebe zu, dass er mir dafür, dass ich nur Gasthörerin war, viele Fragen gestellt hatte, aber die waren alle auf den Vorlesungsinhalt bezogen. Aber du unterstelltest ihm böse Absichten und fandest sein Verhalten anstößig und ekelerregend. Ob ich es denn wirklich selbst nicht sehen könne, wolltest du wütend wissen. Deine Wut galt eigentlich dem Professor, nicht mir. Am Ende warfst du mir sogar vor, ich sei begriffsstutzig und langsam im Hirn. Mir war nicht wohl in meiner Haut und ich nahm es dem Professor langsam übel, dass er mich in diese Situation manövriert hatte.

Irgendwann fühlte ich mich tatsächlich unwohl in seiner Gegenwart und wurde ihm gegenüber misstrauisch. Über den Rest des Semesters nannten wir den Professor nur noch *den Perversling*.

Nach diesem Vorfall wurde ich vorsichtig, was Kontakte zu männlichen Bekannten anging. Hatten sie vielleicht Hintergedanken? Konnten sie meine Worte oder mein Verhalten eventuell missverstehen? Ganz besonders fürchtete ich, ich könnte die von Männern ausgesendeten sexuellen Signale nicht als solche erkennen und sie versehentlich mit meinem Verhalten anstacheln. Plötzlich kam ich mir, in Ermangelung eines besseren Wortes, vor wie eine Schlampe. Ich wurde noch strenger mit mir selbst. Ich hielt mich fern von Männern und ging nicht mehr zu Treffen, bei denen auch Männer zugegen waren, wodurch meine sozialen Beziehungen und Aktivitäten auf ein Minimum zusammenschrumpften.

Da fällt mir ein: Letztes Jahr kam eine Freundin auf diesen Professor zu sprechen. Du erinnerst dich an Jiyu? Meine erste Mitbewohnerin im Studentenwohnheim. Gleich nach ihrer Anstellung war Jiyu in die Dépendance ihrer Firma in Daejeon versetzt worden, sodass wir uns eine Weile nicht sehen konnten. Erst letztes Jahr, als sie zurück in Seoul war, haben wir uns wiedergetroffen. Jiyu fragte zuallererst nach dir. Als ich ihr sagte, es ginge dir gut, brach sie in Gelächter aus. »Du bist also noch mit Hyunnam zusammen. Unglaublich.« Insgeheim fragte ich mich, was daran so unglaublich war, doch ich lachte einfach mit.

Wir tauschten ganz ungezwungen Anekdoten über dich aus und kamen dabei auf die Vorlesung zu sprechen, die ich damals mit dir besucht hatte. Jiyu war überrascht gewesen, dass ich einen Physikkurs besuchte. »Aber du hattest Spaß an dem Unterricht, meintest du doch? Und dass der Professor sehr aufmerksam war.« In dem Augenblick wurde mir schwarz vor Augen. Sie hatte recht. Der Professor war wirklich sehr aufmerksam gewesen. Er war zwar so alt wie mein Vater, war aber keineswegs festgefahren oder autoritär. Der Ausdruck *aufmerksam* traf am besten auf ihn zu. Warum hatte ich ihn trotzdem als abstoßend in Erinnerung? Warum hatte ich ihn, wenn auch nur kurze Zeit, *Perversling* genannt? Dabei hatten wir nicht die kleinste Berührung ausgetauscht, uns nicht einmal die Hand geschüttelt, und wir hatten immer nur über den Unterricht gesprochen.

Wir hatten unrecht, du und ich. Wir haben den Professor zwar nicht öffentlich verleumdet, aber wir haben einen Menschen eindeutig aufgrund einer falschen Einschätzung vorverurteilt. Warum ich plötzlich auf diese Geschichte zurückkomme: Solltest du immer noch eine verzerrte Erinnerung an diesen Professor haben, hoffe ich, dass du sie änderst. Es hat natürlich keine Konsequenzen für den Professor, was wir denken oder sagen. Er wird es ja ohnehin nie herausfinden. Aber ich finde, was falsch ist, muss richtiggestellt werden. Schließlich haben wir jemanden völlig zu Unrecht beschuldigt.

So gesehen hattest du großen Einfluss auf mich, wenn es darum ging, wen ich sympathisch oder unsympathisch fand. Wie entrüstet wirst du wohl sein, dass ich den Namen wieder erwähne? Ich spreche von meiner Freundin Jiun, die du nicht ausstehen konntest. Ihr hattet euch, glaube ich, auf dem Unifest zum ersten Mal gesehen. Ich hatte mit dir die Bar des Studentenvereins aufgesucht, dem Jiun angehörte. Dort plauderten und tranken wir drei bis spät in die Nacht. So hatte es angefangen.

Anfangs wurde ich fast eifersüchtig, weil du und Jiun euch so gut verstandet. Von dem Augenblick an, als sich herausstellte, dass Jiun sich auch für Baseball interessierte und ihr sogar dasselbe Team mochtet, wurde ich unsichtbar. Ihr beide habt die ganze Zeit über Spieler und Trainer gefachsimpelt, Namen, die mir alle nichts sagten, und Erinnerungen an vergangene Spiele ausgetauscht. Ich hätte das Gespräch zwar gern auf ein Thema gelenkt, bei dem ich auch mitreden konnte, war aber zu stolz dafür. Also lachte ich nach Kräften mit und beteiligte mich an der Unterhaltung, so gut es ging.

Obwohl wir uns nicht fest verabredeten, liefen wir uns ständig auf dem Campus über den Weg. Wenn ich mit dir unterwegs war, kam Jiun dazu und wir aßen zu dritt zu Abend, und wenn ich mit Jiun unterwegs war, gingen wir ins Gebäude, in dem du gerade Vorlesungen hattest, und tranken zu dritt Kaffee. Einmal besuchten wir sogar ein Baseballspiel gemeinsam. Das war lustig. Das Anfeuern machte Spaß, die Stadiongesänge machten Spaß, und das Bier schmeckte im Stadion irgendwie besser. Es war ein Riesenspaß, obwohl ich nichts von Baseball verstand und kein Lieblingsteam hatte. Eigentlich komisch, dass du mich vorher nie zu einem Spiel mitgenommen hattest. An dem Tag im Stadion bröckelte das Verhältnis zwischen dir und Jiun.

Eurer Lieblingsmannschaft gelang es nach etlichen verlorenen Innings doch noch aufzuholen und zu gewinnen. In Hochstimmung wollten wir nach dem Spiel nicht gleich nach Hause gehen, also kauften wir uns Bier und Snacks im Convenience Store und ließen uns in einem nahe gelegenen Park auf einer Bank nieder. Passierte es, als Jiun ihre Dose als Erste geleert hatte? Oder als wir das Spiel noch einmal durchgingen? »Du bist irgendwie nicht wie andere Frauen«, sagtest du zu ihr. Jiun fragte zurück: »Was soll das denn heißen?« Deine Antwort war: »Das sollte ein Kompliment sein.« Jiun hakte nach: »Wie sind denn andere Frauen? Warum soll es ein Kompliment sein, dass ich angeblich anders bin als sie? Soll das bedeuten, Frauen sind im Allgemeinen nicht der Rede wert?«

Die Stimmung war ruiniert. Unsere kleine Bierparty wurde hastig beendet. Wir nahmen ein Taxi, mit dem du zuerst Jiun nach Hause bringen ließest und dann mich ins Studentenheim. Nachdem Jiun ausgestiegen war, meintest du, dass du sie etwas forsch gefunden hättest. Dann meintest du, sie sei unhöflich, und schließlich, sie sei respektlos. Ehrlich gestanden fand ich es ein wenig unpassend von dir, meine Freundin als respektlos zu bezeichnen.

Ich sagte nichts dazu, weil ich dich nicht verärgern wollte. Ich glaube, auch Jiun hatte keine sonderlich hohe Meinung von dir. Irgendwann fing sie an, mich auszufragen. *Magst du ihn wirklich? Was genau gefällt dir denn an ihm? Warum das denn?* Als ich den Grund für ihre Fragerei wissen wollte, wich sie aus: *Ach, nur so.* Aber ihre Miene und ihr Tonfall spiegelten eine Vielzahl schwieriger Gefühle – Zweifel, Besorgnis, Beunruhigung ...

Dann kam es wegen deines Alumnitreffens zum Eklat. Es war nicht irgendein Jahrgangstreffen. Es war das größte, traditionsreichste Alumni-Netzwerktreffen deiner ehemaligen Oberschule, zu dem auch ältere, einflussreiche Absolventen mit ihrer Familie erschienen. Zu diesem Treffen wolltest du mich mitnehmen. Du kauftest mir ein geschmackvolles Kostüm dafür und buchtest mir für den Tag sogar einen Termin für ein professionelles Make-up. Du sagtest, es sei ein Geschenk. Ich war dir dankbar und fühlte mich durch die Aufmerksamkeit bestätigt, aber meine Freude über die Geschenke hielt sich in Grenzen. Mir fällt es schwer, das erdrückende, unangenehme Gefühl, das mich beschlich, richtig in Worte zu fassen – wie wenn man ein winziges Fleischstück zwischen den Zähnen stecken hat, das sich nicht entfernen lässt.

Als ich Jiun davon erzählte, ereiferte sie sich sofort: »Es ist doch *sein* Alumnitreffen. Warum kauft er dir neue Kleidung und kümmert sich um dein Make-up? Bist du etwa sein Accessoire?« Das war es gewesen. Erst in dem Moment wurde mir bewusst, warum ich mich so unbehaglich fühlte. Nach einer schlaflosen und durchgrübelten Nacht entschloss ich mich, vorsichtig mit dir zu sprechen. *Das Kostüm würde ich gern zurückgeben, wenn das in Ordnung ist. Und ein professionelles Make-up brauche ich nicht. Ich freue ich mich sehr, dass du mich zum Alumnitreffen mitnimmst, aber ich möchte lieber in meiner eigenen Kleidung und mit meinem ganz normalen Make-up hingehen. Wenn das nicht geht, möchte ich lieber gar nicht mitkommen.* Während ich das vor dir aufsagte, zupfte ich mir vor lauter Nervosität sämtliche Hautfetzen an den Fingernägeln ab.

Anders als ich befürchtet hatte, reagiertest du ganz gelassen. »Wenn ich so darüber nachdenke, muss das Treffen für dich sicher der pure Stress sein. Diesmal gehe ich allein. Aber überleg dir bitte, ob du nicht vielleicht nächstes Jahr mitkommen möchtest.« Mir entfuhr ein tiefer Seufzer, weil in diesem Augenblick die ganze Anspannung von mir abfiel. Da fragtest du: »Jiun hat dich darauf gebracht, oder?« Natürlich hatte sie ihre Bedenken geäußert, ja, aber ich hatte mich ohnehin schon unwohl gefühlt. Letztendlich war es meine eigene Entscheidung gewesen. Ich sagte dir, ich hätte mich allein so entschieden, doch du schienst mir überhaupt nicht mehr zuzuhören.

Gedankenverloren nicktest du, hattest dabei aber die Augen zusammengekniffen und runzeltest die Stirn.

Dieses Gesicht machtest du immer, wenn du wütend warst und die Wut mit Mühe versuchtest zu unterdrücken. Deine Miene schien zu sagen *Mit dir zu reden, ist zwecklos*. Mit diesem einschüchternden Gesichtsausdruck sagtest du: »Na ja, Jiun hat dir bestimmt nicht direkt gesagt, was du tun sollst. Und jetzt hältst du alles für deine Entscheidung. Aber auf welcher Grundlage bist du denn zu der Entscheidung gekommen? Du hast Jiun doch sicher von meinem Alumnitreffen erzählt, oder? Ich vermute, sie hatte nicht gerade etwas Nettes dazu zu sagen.«

Ich konnte dir nicht widersprechen. Denn ich hatte Angst, du könntest dich von mir trennen. Ich wusste nicht, wie ich ohne deine Hilfe mein Studium meistern und meinen Alltag aufrechterhalten sollte. Außerdem kannten mich die meisten Leute als *die Freundin von Kang Hyunnam*. Du weißt ja, wie die Gerüchteküche brodelt, wenn sich Campus-Pärchen trennen, und welchen Verurteilungen man vor allem als Frau ausgesetzt ist.

»Bist du sauer?«, fragte ich dich, woraufhin du laut riefst: »Ich bin nicht sauer!« »Ich sehe doch, dass du sauer bist. Aber du hast mich einfach falsch verstanden. Ich …« Weiter kam ich nicht, weil du die Faust auf den Tisch knalltest und brülltest: »Ich bin nicht sauer! Ich hab doch schon gesagt, dass ich nicht sauer bin. Warum unterstellst du mir andauernd, ich wäre sauer? Du machst mich höchstens sauer, wenn du weiter so redest!«

Es kam oft vor, dass sich deine Miene plötzlich verfinsterte oder du laut wurdest. Und jedes Mal sagtest du auf meine Frage hin, du seist nur wütend, weil ich es dir unterstellte. Als sei ich allein schuld. Aber wer verkündet schon »Ich bin wütend«, wenn er vor Wut kocht? Die Wut zeigt sich, indem man finster dreinblickt, herumschreit und auf den Tisch schlägt.

Aber du beruhigtest dich bald wieder und meintest tadelnd: »Du bist kein Kind mehr. Was glaubst du denn, weshalb man immer von Vitamin B und Alumni-Kontakten spricht? Du solltest mehr auf deinen Umgang achten. Ich fände es gut, wenn du über deine Beziehung zu Jiun noch einmal nachdenken würdest.« Seitdem hast du Jiun nicht mehr wiedergesehen. Der Zufall wollte es, dass Jiun im darauffolgenden Jahr ihr Auslandsjahr antrat und du mit deinem Studium fertig wurdest. Du hast sicher geglaubt, Jiun und ich hätten keinen Kontakt mehr. Aber ich habe dir einfach nicht mehr von ihr erzählt, weil du sie ja so verabscheutest.

Als Jiun ihr Auslandsjahr machte, legte ich mir heimlich eine zusätzliche E-Mail-Adresse an und hielt darüber mit ihr Kontakt. In den Semesterferien besuchte ich sie in Kanada und wir reisten zwei Wochen durch das Land. Ja, das war, als ich dir erzählt habe, ich würde meine Tante besuchen. Dabei habe ich gar keine Tante oder Cousine in Kanada. Die junge Frau auf dem Foto war nicht meine ältere Cousine, sondern Jiuns Mitbewohnerin. Du meintest doch noch, sie und ich seien uns wie aus dem Gesicht geschnitten? Sie kommt aus China.

Du warst fast so etwas wie ein Vormund für mich. Zum ersten Mal in meinem Leben weg von zu Hause, war ich plötzlich auf mich allein gestellt. Ich fühlte mich oft hilflos und als sei ich der Situation nicht gewachsen. Aber du hast mir immer geholfen. Eigentlich hast du mir sogar alles abgenommen. Während unserer zehnjährigen Beziehung bin ich zweimal umgezogen. Als ich aus dem Studentenwohnheim ausziehen sollte, war ich wirklich überfordert. Meine Eltern konnten nicht nach Seoul kommen, um mir zu helfen, weil beide berufstätig waren und sich um ihr Nachzüglerkind kümmern mussten, das noch klein war. Außerdem wollte ich meinen Eltern in meinem Alter nicht mehr zur Last fallen.

Als du mitbekamst, dass ich mich allein darum kümmern wollte, sagtest du: »Frauen sollten nicht allein zu Wohnungsbesichtigungen gehen.« Du nahmst dir sogar Urlaub, um Wohnungen mit mir anzusehen. Dafür war ich dir wirklich dankbar. Die günstigen Wohnungen befanden sich alle auf entlegenen Hügeln oder in fernab liegenden Gassen. Jedes Mal, wenn der Makler uns in die leeren, dunklen Räume führte, schauderte ich bei der Vorstellung, du wärst nicht mitgekommen. Du weißt ja, als Jiyu in eine Einzimmerwohnung umziehen wollte, wurde sie von einem Makler, bei dem sie einmal etwas besichtigt hatte, anschließend mit zudringlichen Anrufen und SMS belästigt. Sie musste deswegen sogar ihre Nummer ändern lassen. Wenn fremde Leute Wind davon bekommen, dass man als Frau allein lebt, kann es wirklich gefährlich werden. Zum Glück hattest du für mich mit dem Makler über Dinge wie Miete, Tapezierung, Renovierung und Sicherheitssysteme verhandelt.

In meiner zweiten Wohnung, in der ich jetzt lebe, habe ich einen besonders schönen Ausblick. Entlang des Zauns am gegenüberliegenden Haus wuchern hängende Efeusträucher, und dahinter kann man durch die Lücken zwischen den Gebäuden in einen Park spähen. Du meintest zwar, durch die Parknähe kämen sicher viele Eintagsfliegen hereingeflogen und die Luft rieche ganz schön modrig, aber mir gefällt sie. Was du als modrigen Geruch bezeichnet hast, ist der Duft von Gras und Erde, und ich rieche beides gern.

Es war eine sehr gute Entscheidung, hier in dieser Gegend in der Nähe deines Büros eine Wohnung zu mieten. Schließlich war es oft schwierig, sich zu verabreden, weil du bis spätabends arbeiten musstest. Auf dem Nachhauseweg konnte ich bei dir im Büro vorbeischauen und wenn ich bei dir übernachtete, musstest du mich auch nicht unbedingt nach Hause begleiten, weil der Weg so kurz war. Manchmal hast du auch bei mir übernachtet, wenn du Überstunden machen musstest. Jetzt, wo ich das schreibe, fällt mir auf, dass es für dich vermutlich praktischer war als für mich. Aber das macht nichts, denn ich habe mich wie frisch verheiratet gefühlt. Deine Zahnbürste im Zahnbürstenhalter, die Einwegrasierer auf der Ablage, der Trainingsanzug und ein paar Unterhosen in der Schublade … Die Sachen habe ich alle weggeworfen, weil ich sie dir ja schlecht zurückgeben kann, und behalten wollte ich sie auch nicht. Ach ja, ich ziehe übrigens heute um.

Kannst du dir das vorstellen? Ich war allein, ohne dich, beim Makler und habe meine jetzige Wohnung aufgegeben. Ich habe eine neue gefunden, eine Umzugsfirma beauftragt und alle Vorbereitungen getroffen. Ich habe sogar den Grundbuchauszug und den Eintrag im Gebäuderegister überprüft. Ersteres sogar zweimal, erst bei Vertragsabschluss und heute zum zweiten Mal.

Da die neue Wohnung bereits leer stand, habe ich das Nötigste sogar schnell selbst renoviert. Ich habe tapeziert, Klebefolien angebracht, Regale und Schränke eingebaut. Das Material habe ich eigens im Internet bestellt. Ich habe eigenhändig mein Werkzeug in die Wohnung geschleppt und war im Handumdrehen fertig. Du hast mich nicht einmal einen Nagel in die Wand schlagen lassen, weil du meintest, ich könnte mich dabei verletzen. Aber weißt du, ich bin gerne handwerklich tätig. Mein Vater zimmert in seiner Freizeit Holzmöbel. Den Wohnzimmertisch, das Küchenregal, den Esstisch, den Schreibtisch meines jüngeren Bruders und die Katzentreppe, all das hat mein Vater selbst gebaut. Als Kind habe ich meinem Vater ganz selbstverständlich beim Sägen, Hämmern und Lackieren geholfen. Es war schön, endlich wieder Holz in den Händen zu halten.

Wenn ich mit diesem Brief fertig bin, werden die Umzugshelfer fast alles eingeladen haben. Komm bitte nicht zur Wohnung, heute zieht nämlich der neue

Mieter ein. Das wirst du hoffentlich ohnehin nicht tun, aber bitte komm auch nicht auf die Idee, mich in der Bibliothek aufzusuchen. Ich habe mir nämlich Langzeiturlaub genommen.

Ich lerne jetzt etwas Neues. Näheres kann ich dir nicht verraten ... ich bereite mich jedenfalls gerade auf eine neue Lebensphase vor. Ich habe erst einmal Langzeiturlaub genommen, aber vielleicht hänge ich meinen Job auch ganz an den Nagel. Nicht, dass mir die Arbeit nicht gefällt. An der Arbeit ist absolut nichts auszusetzen.

Kann es für eine Buchliebhaberin einen besseren Arbeitsplatz geben als eine Bibliothek? Und dann auch noch in Verbeamtung? All das verdanke ich dir. Du hattest mir von verbeamteten Bibliothekarsstellen erzählt und gemeint, die Arbeit passe gut zu meinem Charakter und sei krisensicher. Du hattest mir auch sonst oft zu verstehen gegeben, dass ich einen Beruf ergreifen sollte, in dem ich pünktlich Feierabend machen kann. Ich nahm an, dass es an dir zehrte, oft bis spätabends arbeiten zu müssen. Das sei es nicht, widersprachst du: »Wenn ich schon so lange arbeiten muss, sollst wenigstens du früher Feierabend machen können.« Aber ich sah, wie ermüdet du warst, und du tatst mir leid. Also begann ich, mich auf den Beruf als verbeamtete Bibliothekarin vorzubereiten, genau wie du mir geraten hattest.

Die Prüfungsvorbereitungen waren alles andere als einfach. Vor allem musste ich ein Jahr länger an der Uni bleiben, weil ich so spät noch Bibliotheks- und Informationswissenschaften als zweites Hauptfach gewählt hatte. Das Belastende daran war nicht unbedingt das Studium, das zwar auch stressig war, aber das eigentliche Problem waren die Studiengebühren. Ein Großteil davon wurde durch Stipendien und den staatlichen Studienkredit finanziert. Für meine Lebenshaltungskosten kam ich mit Nebenjobs auf. Wie du weißt, sind meine Eltern nicht gerade wohlhabend, deshalb konnte ich sie nicht auch noch bitten, mich ein weiteres Jahr zu unterstützen.

Das Jahr war ein extremer Härtetest für mich. Tagsüber besuchte ich Lehrveranstaltungen, dazwischen bereitete ich mich auf die Prüfung vor und abends hielt ich mich mit verschiedensten Jobs über Wasser – von privaten Nachhilfestunden und welchen im Nachhilfeinstitut geben über Kellnern, bis Kassieren und bei Veranstaltungen aushelfen nahm ich alle möglichen Jobangebote an. Aber ich rasselte in dem Jahr durch die Prüfung. Als ich dir eröffnete, ich wolle mein Ziel beim nächsten Mal etwas niedriger setzen und mich auf die Beamtenprüfung der neunten, also der niedrigsten, Stufe vorbereiten, hieltest du mir eine Standpauke. Du sagtest, du fändest es frustrierend, wie leicht ich aufgäbe und mich mit etwas Schlechterem abfände. Allerdings war auch ich damals ganz schön enttäuscht von dir. Dafür, dass du mir finanziell zwar nicht das kleinste bisschen geholfen hast, hast du ziemlich viel von mir verlangt: *Kauf dieses Buch, besuch diese Vorlesung, mach diese Prüfung* ... Immer hast du mir gesagt, was ich tun sollte.

Das Jahr, das ich erneut mit Jobben und Studieren verbrachte, war die Hölle. Ich hatte Angst, nach all der Zeit, die ich mit dem Lernen für die Beamtenprüfung zugebracht hatte, noch einmal durchzufallen. Was sollte dann aus mir werden? Würde ich den staatlichen Studienkredit zurückzahlen können? Ich machte mir große Sorgen deswegen. Du hast gewittert, wie verloren ich mich fühlte. »Ich habe ja nicht gewusst, dass du so willensschwach bist. Wenn das so weitergeht, bin ich mir nicht sicher, ob ich ein Leben lang mit dir zusammen sein und eine Familie gründen kann.«

Damals traute ich mich nicht, es dir zu erzählen, aber nach deinen Worten verschlimmerte sich meine Nervosität und hielt mich vom Schlafen ab. Etwas mehr als sechs Monate lang konnte ich nur noch mithilfe von Tabletten Schlaf finden. Um diese Zeit herum hast du die Pillen in meiner Wohnung entdeckt, weißt du noch? Ich hatte dir damals gesagt, sie seien gegen eine Erkältung. Du hattest erwidert, ich sei doch gar nicht so krank – ich müsse schließlich weder husten noch sei ich bettlägerig – und ich dürfe nicht andauernd auf Medikamente zurückgreifen. Dann gingst du zur Arbeit, kamst aber noch mal zurück. Schroff hieltest du mir Reissuppe, Mandarinen und Vitamintabletten hin, um gleich wieder zu gehen, ohne dich noch einmal umzudrehen. Danke noch für die Reissuppe, die Mandarinen und die Vitamintabletten. Aber es war damals keine Erkältung. Und die Medikamente waren Beruhigungs- und Schlaftabletten.

Zu dem Zeitpunkt hatte ich nichts im Leben erreicht, meine sozialen Kontakte waren fast alle eingeschlafen, weil ich aufgrund des Studiums und der vielen Jobs keine Zeit mehr dafür hatte, und meine Familie war weit weg. Du warst wirklich der einzige Mensch, der für mich da war und dem ich Vertrauen schenken konnte. Wie alt war ich mir damals vorgekommen! Damals hattest du oft gewitzelt, eine Frau über fünfundzwanzig *käme in die Jahre*. Ich hatte zwar mitgelacht und mir nichts anmerken lassen, aber insgeheim war ich sehr aufgewühlt. Ich hatte das Gefühl, mein Leben wäre vorbei. Mir war, als wäre die Gelegenheit für eine neue Arbeit, eine neue Beziehung und neue Chancen vorbei.

Die Kommilitoninnen meines Jahrgangs, die noch keine Stelle gefunden hatten, schoben ihren Studienabschluss hinaus, die älteren rieten uns, irgendeine beliebige Stelle anzutreten, solange wir noch einigermaßen jung waren. Eine ältere Kommilitonin lernte erneut für die Zulassung zum Studium, weil sie an die Pädagogische Hochschule gehen wollte. Ihre Erklärung – »Das geht schneller« – jagte mir regelrecht Angst ein. Erst im Rückblick wird mir klar, wie jung ich damals war. Und ausgerechnet du mit deinen damals dreißig Jahren hattest behauptet, ich *käme in die Jahre*. Wenn ich heute mit dreißig daran zurückdenke, kann ich nur lachen.

Ich biss die Zähne zusammen und lernte, so viel es ging. Du stelltest mir einen detaillierten Lernplan zusammen und kontrolliertest sogar meine Noten. Nicht einmal meine Eltern hatten sich je über meine Noten aufgeregt. Du warst der Erste in meinem Leben, der mir gesagt hat, ich solle gefälligst mehr lernen.

Im Monat vor der Prüfung holtest du mich jeden Tag von der Uni ab und fuhrst mich zur Lesehalle. Du erklärtest mir, dass du eigentlich auch viel zu tun hättest und es nicht einfach sei, ständig früher als die Kollegen das Büro zu verlassen; eigentlich fändest du es auch ziemlich unangenehm, das große Auto deines Vaters zu fahren, aber für mich würdest du all das auf dich nehmen. Vormittags jobbte ich und nachmittags hörte ich Vorlesungen, sodass ich danach zum Umfallen müde war. Wäre ich direkt nach Hause gegangen, hätte ich mich erst einmal hingelegt und vermutlich bald geschlafen, zum Lernen wäre ich also wohl nicht mehr gekommen. Deshalb fuhrst du mich jeden Tag zur Lesehalle. Ich war dir dafür sehr dankbar, allerdings war ich auch erschöpft und überfordert. Wir stritten uns oft.

Immer wenn ich sagte, ich wolle mich nicht auf die Prüfung vorbereiten und auch nicht Bibliothekarin werden, hieltest du mir entgegen: »Das ist alles zu deinem Besten.« Was sollte ich darauf erwidern? Natürlich war es eine gute Sache, die Prüfung zu bestehen, eine Arbeitsstelle anzutreten und Beamtin zu werden. Du schobst hinterher: »Ich kümmere mich so gut um dich, und du kannst nicht einmal den Willen aufbringen zu lernen?« Da brachte ich kein Wort mehr heraus.

Es quälte mich, dass ich nicht darüber reden konnte, und ich wurde körperlich immer schwächer.

Einmal bin ich, wie du ja weißt, nach dem Unterricht nicht zum Parkplatz gegangen, wo du im Wagen auf mich wartetest, sondern durch eine Seitentür heimlich aus dem Gebäude geschlüpft. Mir kam es wie ein rebellisches Ausbruchsmanöver vor. Aber weißt du auch, wie verzweifelt ich damals war? Ich wäre lieber tot umgefallen, als in deinem Wagen zum Gimbab-Imbiss an der Lesehalle zu fahren, dort ein spätes Abendessen einzunehmen, das du für mich aussuchtest, um daraufhin von dir in der Lesehalle abgesetzt zu werden. Deshalb dieser Fluchtversuch. Aber dann wusste ich nicht weiter. Es gab keinen Ort, an den ich vor dir hätte fliehen können. Die Wohnung, der Gimbab-Imbiss, die Lesehalle, das Café vor der Lesehalle, wo wir ab und zu zusammen gelernt hatten. Das war alles, was ich kannte, und mehr wollte mir einfach nicht einfallen. Nach intensivem Überlegen kam mir das Kino in den Sinn.

Ich löste eine Karte für irgendeinen Film, der zeitlich passte, und betrat den Saal. Als vielleicht eine halbe Stunde vergangen war, setztest du dich plötzlich neben mich. Zuerst dachte ich, *Vielleicht ist es jemand anders?* War ich vielleicht so aufgewühlt, dass ich Halluzinationen bekam? Als ich mir jedoch sicher war, dass du es wirklich warst, war ich so erschrocken, dass ich nicht einmal schreien konnte. Du sahst mir in das erstarrte Gesicht und sagtest: »Sehen wir uns den Film erst einmal zu Ende an, die Karten sind ja bezahlt.«

Auch wenn das Kino in der Nähe der Lesehalle war, woher hattest du gewusst, dass ich ausgerechnet in diesem Kino und in dieser Filmvorstellung saß? Mein Erstaunen und meine Neugier währten allerdings nur kurz. Während der Filmvorführung und auf der Rückfahrt zerbrach ich mir den Kopf darüber, wie ich dir meinen Ausbruch erklären sollte. Ich war mir sicher, du würdest nach dem Grund fragen. Aber du stelltest mich nicht zur Rede und fragtest nicht nach den Gründen. Du brachtest mich seelenruhig nach Hause, als hätten wir gerade eine ganz gewöhnliche Verabredung hinter uns. »Wir waren lange nicht im Kino, was? Du warst sicher unzufrieden, dass wir wegen der Prüfungsvorbereitung gar nicht mehr richtig ausgehen konnten. Von jetzt an sollten wir ab und zu auch mal wieder ins Kino und schick essen gehen.« Ich Dummkopf brachte kein Wort heraus und heulte nur.

An dem Abend gingen wir nicht zum Gimbab-Imbiss. Wir aßen stattdessen eine Rinderrippensuppe. Du meintest, ich würde langsam ausgezehrt wirken, und wolltest mit mir Fleischsuppe essen gehen, damit ich wieder zu Kräften käme. Ich rührte die Suppe kaum an. Erstens war ich angespannt und zweitens mag ich keine Rinderrippensuppe. Du sagtest oft, dass du bodenständige Frauen magst, die Rinderknochensuppe und Soju zu schätzen wissen. Ich bitte dich, Rinderknochensuppe ist teuer. Außerdem mag ich kein gekochtes Fleisch; gebraten schmeckt es am besten. Du wolltest oft Rinderknochen- oder Rinderrippensuppe essen gehen, und wenn ich kaum davon aß, warfst du mir vor, ich sei eine schlechte Esserin. Ich bin keine schlechte Esserin, sondern ich mag die Gerichte, die du mit mir essen wolltest, um mich »aufzupäppeln«, einfach nicht. Das habe ich dir mehrmals gesagt, aber du hast es ignoriert. Deshalb sage ich es dir noch einmal: Ich mag nur gebratenes Fleisch.

Erst später habe ich erfahren, dass du meine Kartenzahlung nachverfolgt hattest, um mich ausfindig zu machen. Wir kannten ja sämtliche persönliche Daten des anderen wie Benutzernamen und Passwort und wussten die Matrikel-, die Mitarbeiter- und die Einwohnermeldenummer des anderen auswendig. Ich fand es praktisch und hielt es für normal, deshalb bin ich nie auf die Idee gekommen, meine Passwörter zu ändern. Außerdem hatte ich damals weder einen richtigen Job noch Freunde. Ich fand es beruhigend für den Fall, dass mir etwas zustoßen sollte, zu wissen, dass du all meine persönlichen Daten kanntest.

Ich denke inzwischen, das ging damals zu weit und wir hätten eigentlich Grenzen ziehen und einander mehr Privatsphäre zugestehen müssen. Ich habe all meine Benutzernamen und Passwörter geändert. Ich war mir nicht sicher, ob ich mich an alle erinnern würde, da ich auf allen möglichen Websites Benutzerkonten hatte, die ich teils nur einmal benutzt hatte. Aber es gibt da eine Seite, die einem auf einen Blick auflistet, wo man überall registriert ist. Wir leben wirklich in einer sehr komfortablen Zeit. Du solltest deine Passwörter auch ändern. Ich werde natürlich versuchen, mich zusammenzureißen, aber ich traue mir selbst nicht richtig. Und bei der Gelegenheit solltest du auch die Accounts löschen, die du nicht mehr verwendest.

Ich verbrachte viele glückliche Stunden in der Gegenwart von Büchern. Bei meiner Arbeit in der Bibliothek kam ich mit den verschiedensten Büchern in Berührung und konnte viel lesen. Aber es gab weitaus mehr zu tun, als ich gedacht hatte. Wenn Veranstaltungen in der Bibliothek stattfanden, musste ich Überstunden machen und auch an Wochenenden arbeiten. Du machtest dir Sorgen darüber und fragtest, wie ich mich denn später um unsere Kinder kümmern wolle. Weil deine Arbeit viele Überstunden erforderte, hättest du dir gewünscht, wenigstens ich könnte früh Feierabend machen und möglichst viel für die Kinder da sein.

Du magst Kinder sehr gerne. Nie hast du das Gesicht verzogen, wenn wir in Restaurants oder auf öffentlichen Plätzen Kindern begegneten, die lauthals heulten, bockig waren und Chaos anrichteten. Wenn ich sah, wie sich dann ein Lächeln auf deinem Gesicht ausbreitete, als fändest du selbst diesen Anblick ganz reizend, stellte ich mir vor, wie vernarrt du erst in deine eigenen Kinder sein würdest. Du hast oft erwähnt, dass dir deine beiden älteren Brüder im Leben Halt bieten. Weshalb du dir auch mindestens drei Kinder wünschtest.

Eine Sache habe ich dir bis heute verschwiegen: Ich will keine Kinder. Wenn du wissen willst warum, kann ich nur sagen, es gibt unzählbar viele Gründe. Aber ich will vor allem keine Kinder, weil ich nicht bereit bin, meine Karriere wegen Geburt und Kindererziehung an den Nagel zu hängen. Es war anstrengend, es bis dahin zu schaffen, wo ich jetzt bin. Ich habe fast keine Erinnerungen an meine Pubertät – ich habe ja damals nur gelernt. Meine Familie konnte es sich nicht leisten, mir Nachhilfeinstitute oder privaten Nachhilfeunterricht zu finanzieren. Ich musste alles selbst bewältigen, und die einzige Möglichkeit war, noch mehr Zeit ins Lernen zu investieren. Selbst unterwegs habe ich im Gehen Mathematikaufgaben gelöst. Meine Zeit an der Uni war, wie du ja weißt, ganz mit Jobs und Lernerei ausgefüllt. Ich habe allein zwei Jahre für die gezielte Vorbereitung auf die Beamtenprüfung gebraucht, und seit ich meine Stelle angetreten habe, leiste ich ständig Überstunden und Wochenenddienste. Ich habe das Gefühl, bisher immer nur getrieben gewesen zu sein.

Erst jetzt kann ich mit etwas mehr Ruhe auf mein bisheriges Leben zurückblicken, Pläne für die Zukunft machen und leben, wie ich es will. Es gibt so vieles, was ich tun möchte. Ich will nicht auf mein Leben verzichten. Ich habe nicht vor, Kinder zu bekommen. Du hast immer voller Erwartung von *meinem Ebenbild* und *Kang Hyunnam Junior* gesprochen. Kinder haben, die dein Ebenbild sind? Hm, ich weiß nicht so recht. Ich kann mich dafür nicht begeistern.

Bisher konnte ich nie etwas dazu sagen, weil du immer wie selbstverständlich von einem Leben mit Kindern gesprochen hast. Du hast nie gefragt: »Meinst du, wir sollten ein Kind bekommen?«, sondern »Wie viele Kinder sollten wir bekommen?«. Nicht etwa: »Meinst du, du kannst dich um die Kinder kümmern?«, sondern »Wie lange, glaubst du, wirst du dich um die Kinder kümmern können?«. Ich antwortete dann ausweichend, darüber hätte ich mir noch keine Gedanken gemacht. Daraufhin nanntest du es erbärmlich, dass ich so planlos durchs Leben ging. Dabei wirst nicht du das Kind auf die Welt bringen und aufziehen, woher nimmst du dir also das Recht, solche Pläne aufzustellen? Nicht ich bin bedauernswert, sondern du.

Als du mir zum ersten Mal den Heiratsantrag gemacht hast, konnte ich es kaum glauben. Denn ich hatte nicht damit gerechnet, dass du nur fragen würdest, »Musst du nicht auch langsam heiraten?«, so als unterhieltest du dich mit einer Nichte. Selbst meinem Onkel hätte ich so etwas nicht durchgehen lassen. Dann kamst du zur Sache: »Du weißt, Romantik ist nicht meine Stärke. So ein Tamtam wie mit einem Blumenstrauß auf die Knie gehen, so etwas kann ich nicht. Ich komme also gleich zur Sache. Lass uns heiraten.« Du kamst dir damit sehr männlich vor, aber das entsprach nur deinem Größenwahn. Mir als Adressatin des Heiratsantrags hat es überhaupt nicht gefallen. Ganz gleich, ob es sich um einen Heiratsantrag, einen Rat oder eine Bitte handelt, es muss immer der Empfängerin gefallen. Nur so bekommt man ein Ja.

Ich wünsche mir nicht einmal ein besonders roman-
tisches Event. Aber dein Tonfall hat mir ganz und gar
nicht gefallen; es war, als würdest du dich dazu he-
rablassen, mich zu deiner Frau zu nehmen, als hättest
du dich entschlossen und ich müsste automatisch folgen. Aber ich möchte bei der wichtigsten Frage meines Lebens nicht zu einem Entschluss genötigt werden.

Nebenbei weiß ich auch nicht, warum man alles *Ro-
mantische* so vehement von sich weisen muss. Wir haben uns immer über Valentinstag, White Day und Co.
lustig gemacht, und unseren Jahrestag haben wir auch
nie gefeiert. Wir hatten keinen richtigen Tag, an dem
unsere Beziehung offiziell begonnen hatte, aber hätten
wir es gewollt, hätten wir wohl einen Weg gefunden, sie
zu feiern. Es hätte eine Gelegenheit für uns sein können, gemeinsam etwas Schönes zu unternehmen und
unsere Zuneigung auszudrücken, warum haben wir es
also nie getan?

Immerhin haben wir oft Fahrradtouren zusammen
unternommen. Wir fahren ja beide sehr gern Fahrrad.
Wir sind zusammen den Fahrradweg am Ostmeer, den
Skywalk in Chuncheon und auf Jeju gefahren. Ach, wie
schön der Fahrradweg am Seomjin war. Die Oberfläche
des Flusses glitzerte in der Sonne, der Wind wehte vom
Ufer her und ich erinnere mich sogar bis heute an seinen Geruch. Wir hatten Glück und entlang der Straße
blühten gerade die Mohnblumen. Ich sah zum ersten
Mal in meinem Leben Mohnblumen. Das war eine

ganz neue Erfahrung. Und das Essen dort schmeckte hervorragend.

Außer diesen Fahrradreisen sind mir keine besonderen Erlebnisse in Erinnerung geblieben. Unser Leben als Paar war ganz und gar durchschnittlich: Essen, ins Kino gehen, Bier trinken, Sex. Ich habe mich sogar schon gefragt, ob du nur wegen des Sex mit mir zusammen warst. Allerdings sprechen deine Fähigkeiten dabei nicht gerade für dich.

Dann hast du mir auch noch gesagt, wir würden nach Busan ziehen. Wir würden heiraten und uns dort niederlassen? Dabei bist du dorthin versetzt worden, nicht ich. Wenn du heiratest und nach Busan ziehst, dann hast du dort deine Arbeit, deine Familie und deine sicheren Verhältnisse, aber ich doch nicht. »Du kannst dich doch auch nach Busan versetzen lassen«, hast du vorgeschlagen. Nur weil man verbeamtet ist, heißt das nicht, dass man sich nach Lust und Laune irgendwohin versetzen lassen kann. So gesehen kommt es ziemlich oft vor, dass du ohne genauere Kenntnisse einfach Behauptungen anstellst.

Erst jetzt habe ich begriffen, dass du mich zur Beamtenausbildung überredet hattest, weil es sehr wahrscheinlich war, dass du an andere Dienststandorte versetzt würdest. Ich kann darüber nur den Kopf schütteln. Anscheinend siehst du mich als eine Art Zubehör in deinem Leben, aber auch ich habe mein eigenes Leben. Außerdem bereite ich mich auf einen Berufswechsel vor – und das kann ich nur hier in Seoul machen.

Zumindest bis ich damit fertig bin, werde ich in Seoul leben, und wo ich danach leben werde, darüber entscheide ebenfalls ich.

Am Anfang dachte ich, ich könnte den Kontakt zu den Freundinnen, die dir unsympathisch sind, einfach heimlich aufrechterhalten und mich weiterhin mit ihnen treffen. Selbst im Restaurant hast du mich nie gefragt, was ich essen wollte, sondern einfach für mich entschieden. Ich bin darüber hinweggegangen, habe mich dir angepasst und mir immer wieder eingeredet: *Das ist nicht so wichtig, es ist nur zu meinem Besten.* Aber tief im Inneren bekam ich langsam Zweifel. Jetzt, wo ich beruflich mit verschiedensten Menschen zu tun habe und mehr von der Welt sehe, erkenne ich, wer ich eigentlich bin. Mir ist klar geworden, dass ich bisher keinerlei Einfluss darauf hatte, in welche Richtung mein Leben ging.

Als ich mich für einen neuen Beruf entschieden habe, war meine größte Sorge, wann und wie ich es dir sagen sollte. Wäre es nicht vielleicht das Beste, es dir zu verschweigen? Aber als du vom Heiraten gesprochen hast, bin ich wieder zu mir gekommen. Wenn wir heiraten und eine Familie wären, Zeit und Raum miteinander teilten und einander juristisch verpflichtet wären, würde ich wohl kaum weitermachen können wie bisher. Weiterhin Dinge verschweigen, über alles hinweggehen und es einfach aushalten? Allein die Vorstellung war grauenhaft. Ich kann das nicht. Ich kann es nicht und darf es nicht.

Ich sage es dir noch einmal in aller Deutlichkeit: Ich lehne deinen Heiratsantrag ab. Ich werde in Zukunft nicht mehr *die Freundin von Kang Hyunnam* sein. Du glaubst, ich zögere, weil du mir keinen pompösen Heiratsantrag gemacht hast, aber das ist nicht der Grund. Warum beharrst du darauf, es wäre so, obwohl ich dir sage, dass das nicht der Grund ist? Ich will dich nicht heiraten, ich will mein eigenes Leben führen. Mir ist, als du vom Heiraten angefangen hast, etwas klar geworden, das sich bislang nur unterschwellig als unangenehmes Gefühl bemerkbar gemacht hatte: Du hast mich eingesperrt, kontrolliert und mich heruntergemacht – alles unter der Behauptung, das sei Liebe – und mich ganz sicher nicht als Menschen respektiert. So hast du eine unfähige, unsichere Person aus mir gemacht.

Du hast dich nicht um mich gekümmert, weil ich zu dumm war; du hast mich erst zu jemand Dummem gemacht, indem du dich um mich »gekümmert« hast. Hat es dir Spaß gemacht, mich als unfähig zu bezeichnen und nach Lust und Laune zu manipulieren? Danke für den Heiratsantrag. Sonst wäre ich nie darauf gekommen, Kang Hyunnam, du Arschloch!

DIE NACHT DER POLARLICHTER

Wir hatten vier Tage in Yellowknife geplant. Die Wahrscheinlichkeit, dass wir Polarlichter sehen würden, lag in dieser Zeit bei achtundneunzig Prozent. Aber sicher sein konnte man sich nicht. Ob es wirklich so kommen würde, hing von den Launen der Natur und des Universums ab. Der Wahrscheinlichkeitsgrad war kein Versprechen, lediglich eine Ermutigung.

Wir setzten uns auf die Wartestühle am Flughafengate. Erst jetzt wurde mir bewusst, dass wir im Begriff waren, tatsächlich in ein Flugzeug zu steigen, und gleichzeitig kam mir das Ganze unwirklich vor. Meine Reisebegleiterin, die sich spontan bereit erklärt hatte mitzukommen, stand dicht am Fenster und sah hinaus auf die Start- und Landebahn. Ihre Schultern waren sehr schmal. Ihre Handgelenke auch. Ich stand auf und ging zu ihr ans Fenster, das von der Nachmittagssonne beschienen wurde.

Der vertraute Geruch. Die störrischen, krausen dünnen Haare und die in der Sonne zusammengekniffenen Augen. Ruhig dahinblickende Augen. Als hätten sie jegliche Pläne, Sorgen oder Gedanken losgelassen. Manchmal waren diese Augen eine Belastung, manchmal stimmten sie mich traurig. Ich wollte meine Reisebegleiterin fragen, woran sie gerade dachte, ließ es dann aber doch sein. Langsam drehte sie sich zu mir um. Als sich unsere Blicke trafen, lächelte sie. Ich lächelte zurück. Es war mein Vorschlag gewesen, zusammen zu verreisen.

Würden wir wohlbehalten am Ziel ankommen? Würden wir die Polarlichter zu sehen bekommen? Würden wir mit derselben Verbundenheit und derselben Distanz zwischen uns zurückkehren?

Eine Lautsprecherdurchsage rief uns zum Boarding auf.

Als sich das zweite Schulhalbjahr näherte, wurde ich mit Arbeit geradezu überschüttet. Eine Kollegin, die nach einer Auszeit eigentlich wieder hatte zurückkommen sollen, hatte ihren Langzeiturlaub verlängert und bis zur großen Lehrersitzung blieb nur noch eine Woche. Außerdem sollte auch noch die Kommission gegen Gewalt in der Schule tagen, denn ein paar Oberschüler im ersten Jahr hatten in einer *Noraebang*-Singkabine einen Schüler aus der Mittelschule zusammengeschlagen. Ich telefonierte fast eine Stunde lang mit dessen Vater, der mich in der Schule anrief und sich nicht abwimmeln ließ. *Ja. Ja. Mehr Informationen kann ich Ihnen auch nicht geben,* erwiderte ich und ließ ihn reden. Anschließend überflog ich die Akte zu einem ähnlichen Vorfall aus dem Vorjahr. Jedes Mal, wenn ich den Kopf hob, wurde es hinter dem Fenster stufenweise dunkler – wie bei einem Farbenrad –, bis die Sonne vollständig untergegangen war.

Als ich die Treppe zum Parkplatz hinunterlief, wurde mir schwindlig. Erst vor ein paar Tagen hatte ich einen brenzligen Moment am Steuer erlebt, weil sich plötzlich alles vor mir gedreht hatte. Den Wagen ließ ich an der Schule stehen und lief die Straße hinunter zur Hauptstraße, wo es einen Taxistand gab.

Auf dem kurzen Weg dorthin traf ich zwei Schüler und einen Absolventen. Einer von ihnen grüßte mich – warum auch immer – beim Vorbeigehen nur mit einem verschämten Kopfnicken, während ein anderer überschwänglich grüßte: *Frau stellvertretende Schulleiterin, warum gehen Sie denn erst jetzt nach Hause? Haben Sie viel Arbeit? Wohnen Sie in der Nähe?* In meinen Augen besaßen beide Reaktionen ihren eigenen Charme, und ich strich den Schülern, die beide viel größer waren als ich, über den Kopf. Während ich die Akten der Kommission gegen Gewalt in der Schule einsah, hatte ich noch gedacht, die Kinder seien heutzutage auch nicht mehr so wie früher. Aber in Augenblicken wie diesen waren Kinder eben doch noch Kinder.

Es war ein ganz gewöhnlicher später Abend in der Großstadt. Die Autos rasten in gleichmäßigem Abstand und mit einheitlicher Geschwindigkeit die Straße hinunter und die Ampeln schalteten im regelmäßigen Takt um. Auf der gegenüberliegenden Straßenseite befand sich eine recht große Starbucks-Filiale. Der Laden, dessen Beleuchtung normalerweise die ganze Umgebung taghell erscheinen ließ, war völlig dunkel – nicht nur im Innenbereich, sondern auch das Ladenschild. Gab es bei Starbucks etwa auch Ruhetage? Es war eine besonders dunkle, einsame Nacht. Ich hatte den Taxistand fast erreicht, als ich ohne Grund zum Himmel aufblickte. In der Ferne bemerkte ich einen rötlichen Schleier.

Der Schleier zog langsam von rechts nach links. Es war eine allmähliche, bedächtige Bewegung, als regte sich der Saum eines schweren Vorhangs nach anfänglichem Widerstand im Wind. Bald darauf begann die Lichterscheinung ohne bestimmte Richtung oder erkennbares Muster zu schlingern.

Ein schmales intensiv gelbes, ein etwas breiteres rosafarbenes und ein noch breiteres blassviolettes Band weiteten sich horizontal und sich überlappend in die Länge aus. Was in aller Welt war das? Ohne mich von der Stelle zu rühren, wohnte ich dem unerklärlichen Schauspiel am Nachthimmel – dieser Naturerscheinung oder gar Sinnestäuschung – bei. In dem Augenblick stieg die Erinnerung an eine Fotografie in mir hoch.

Es handelte sich um eine Postkarte, die mir in der Oberschule eine Freundin geschenkt hatte. Was hatte sie noch gesagt? Ihre Verwandten, die im Ausland lebten, hätten ihr die Postkarte geschickt? Oder hatte ihr Vater ihr die Karte von einer Dienstreise mitgebracht? Ich konnte mich noch an den Seifenduft erinnern, der sich ausgebreitet hatte, als meine Freundin aus ihrer Sammlung von ungefähr zehn Postkarten zwischen den Seiten ihres Lehrbuchs eine Karte hervorgeholt hatte. Es hatte überhaupt nicht nach Papier gerochen. Zu der Zeit waren Reisen ins Ausland noch etwas ganz Besonderes gewesen. Meine Vorstellung vom Ausland speiste sich damals aus einer absurden Mischung aus synchronisierten, fremdartig klingenden Filmszenen aus dem *Spielfilm am Wochenende* sowie aus Anekdoten der Familie meiner Tante, die ausgewandert war. Sofort hatte ich mein Herz an das duftende Etwas verloren, das aus einem Land am anderen Ende der Erde gekommen war.

»Wie hübsch! Was sind das, Ufos?«

»Das sind Polarlichter.«

»Aber Polarlichter sind doch weiß.«

»Was redest du da? Das hier sind Polarlichter.«

Ich war mir sicher gewesen, in einem Lehrbuch der Naturwissenschaften oder in einer Enzyklopädie bereits ein Foto von Polarlichtern gesehen zu haben. Ich konnte mich sogar noch erinnern, dass sich das querformatige Foto unten rechts auf der linken Seite des ausgebreiteten Buchs befunden hatte. Weiße Polarlichter, die sich wie Rauch oder Spinnweben über den schwarzen Himmel erstreckten. Wie gebannt hatte ich die Postkarten durchgeblättert. So farbenprächtig sollten Polarlichter sein? Wie ein Regenbogen? Was war dann das auf dem Foto, das ich gesehen hatte? Nach langem Grübeln wurde mir klar, dass die Abbildung im Buch in Schwarz-Weiß gedruckt war.

Da war es mir wie Schuppen von den Augen gefallen. Das Foto hatte die tatsächlichen Farben gar nicht wiedergeben können. In Wirklichkeit waren die Polarlichter also dermaßen schön und prachtvoll. Meine Freundin hatte mir eine der Postkarten überlassen, wobei ich nicht mehr genau wusste, ob sie mir die Karte aus freien Stücken geschenkt oder ob ich sie darum gebeten hatte. Ich konnte mich lediglich daran erinnern, dass ich mir von den auf dem Schultisch ausgebreiteten Postkarten eine aussuchen sollte. Nach langem Hin und Her hatte ich mich für eine Karte entschieden, auf der sich die Polarlichter als grüne, blaue, gelbe und rosafarbene Leuchtschleier über schneebedeckte Bäume erstreckten.

Das Foto hatte immer über meinem Schreibtisch gehangen, sogar dann noch, als ich nach dem Oberschul- und Studienabschluss als Mathematiklehrerin an eine private Oberschule kam. Seitdem hatte ich mir gewünscht, eines Tages zu den Polarlichtern zu reisen. Der Moment, in dem ich die Ansicht dieses winzigen Fotos als eine leuchtende Erscheinung real erfuhr, würde bestimmt augenöffnend werden. Lange schon hatte ich diesen Moment herbeigesehnt.

Aber es war permanent bei diesem *Eines Tages* geblieben. Zunächst war es gewesen, weil ich studierte und kein Geld zum Verreisen hatte, dann, weil ich schwanger wurde, dann, weil das Kind zu klein war, und dann, nachdem alle Probleme aus dem Weg geräumt waren, weil mir die Zeit dazu fehlte. In der Zwischenzeit wurde die Schule mehrmals renoviert und irgendwann –

vermutlich, als das Lehrerzimmer verlegt wurde – ging das Foto verloren. Nun existierte das Foto nur noch in meiner Erinnerung als eines der farbenprächtigsten und eindrucksvollsten Naturschauspiele dieser Welt.

Was da in der Nacht am Himmel herumschlingerte, mussten Polarlichter sein. Nicht zu fassen, Polarlichter in Seoul. Wo befand ich mich gerade? War ich die Einzige, die diese Erscheinung bemerkt hatte? Als ich mich wieder gesammelt hatte, holte ich das Handy aus der Tasche. Mit der Handykamera, deren Leistung nicht besonders gut war, versuchte ich es mal mit Heran- und Herauszoomen, mal mit Weitwinkel- und dann mit Teleobjektiv und sogar mit Videoaufnahme, doch es gelang mir nicht, etwas außer dem schwarzen Himmel einzufangen. Nur auf einem Foto war ein flüchtiges Rot erkennbar, das allerdings eher wie das zurückgeworfene Licht einer Straßenlaterne oder einer Neonbeleuchtung aussah. Bald strahlten die Polarlichter schwächer, um dann völlig zu verschwinden.

Hatte ich vielleicht geträumt? Ich blieb eine Weile auf der Stelle stehen und starrte auf das Foto mit den blassen Polarlichtern. Plötzlich fragte ich mich, ob ich in diesem Leben noch die Gelegenheit bekommen würde, Polarlichter zu sehen. Ich war zwar mit meiner Familie in Ländern in der Nähe wie Japan, Singapur und Thailand gewesen und mit Schulfreundinnen sogar eine Woche lang in den Sommerferien mit dem Rucksack durch Europa gereist. Aber ich hatte mich davor gescheut, irgendwem eine Reise zu den Polarlichtern vorzuschlagen. Es war ein zu weit entferntes, kaltes und unbequemes Reiseziel. Nachdem ich es immer wieder hinausgeschoben hatte, hatte ich mit 57 Jahren selbst die Tatsache, dass ich über zwanzig Jahre lang das Foto mit den Polarlichtern über meinem Schreibtisch betrachtet hatte, völlig vergessen.

»Kanada? Wie kommst du plötzlich auf Kanada?«

Jihyes Mund verzog sich und zitterte leicht. Ihr Gesicht verriet eine Mischung aus komplizierten Gefühlen; sie war gekränkt, verärgert und enttäuscht, was sie jedoch nicht zeigen konnte und sie daher umso mehr quälte.

Jihye wünschte sich, dass wir – das hieß, meine Schwiegermutter und ich – die Kinderbetreuung ihres Sohnes teilweise übernahmen. Da Hanmin tagsüber in der Kinderkrippe war, sollte sich meine Schwiegermutter nachmittags ab vier Uhr zwei bis drei Stunden lang um ihn kümmern. Jihye meinte, es seien nur wenige Stunden. Hanmin habe dann bereits zu Mittag gegessen und seinen Mittagsschlaf gehalten, und überhaupt sei er sehr pflegeleicht. Jihye sagte das zwar so leicht dahin, aber sie schien insgeheim angespannt zu sein, denn ihre Schultern wirkten sehr steif. Nicht meine Schwiegermutter, an die sich die Bitte richtete, sondern ich fragte nach:

»Zwei bis drei Stunden? Kannst du denn so früh Feierabend machen?«

»Danach kannst du dich doch um Hanmin kümmern, Mama. Du kommst doch früh von der Arbeit zurück.«

Dieses Mal fragte meine Schwiegermutter:

»Sie kommt früh von der Arbeit zurück? Deine Mutter? In den dreißig Jahren, in denen ich mit Hyokyung zusammenlebe, habe ich noch nie erlebt, dass sie früh von der Arbeit heimgekommen wäre.«

Jihye wich unseren Blicken aus und murmelte:

»Wäre sie aber, wenn sie gewollt hätte.«

Jihyes Schwiegereltern betreuten bereits Hanmins Cousine und Cousin. Ich sagte mir, auch Jihye wäre damit nicht geholfen, wenn ich ein Auge zudrücken sollte, nur weil es mir leidtat und ich verlegen war. Daher sagte ich ihr freiheraus:

»Kinderbetreuung ist harte Arbeit. Das weißt du doch selbst. Wie soll deine Großmutter eine Arbeit, die selbst für junge Menschen anstrengend ist, mehrere Stunden lang bewerkstelligen?«

»Aber du hast mich doch auch bei Oma gelassen, damit du machen konntest, was du wolltest.«

»Damit kannst du mir kein schlechtes Gewissen mehr einreden. Das habe ich mir schon mein Leben lang anhören müssen.«

Es gibt Worte, an die man sich nicht gewöhnt, auch wenn man sie ein Leben lang immer wieder hört. Ich hatte das Gefühl, als wäre nur eine Hülle von mir übrig und der Rest wäre mit einem Mal zusammengefallen. Jihye, die einmal so winzig und sanft gewesen war,

war genauso herangewachsen wie ich damals auch, und fragte mich immer wieder ungehalten: *Warum warst du so zu mir? – Ich kann dir keine Antwort geben, Jihye. Wenn ich dir antworte, fällt auch noch meine Hülle zusammen. Deine Frage und meine Antwort werden als Bumerang zu dir zurückkehren.* Keinen dieser Gedanken sprach ich aus. Mit einem tiefen Seufzer fragte Jihye:

»Wie viele Jahre sind es noch, bis du in Rente gehst?«

»Ich denke, sechs Jahre.«

»Dann kannst du dich also um Hanmin kümmern, wenn er in der ersten Klasse ist? Im Schulalter sollen sie ja noch viel anstrengender sein.«

Auch dieses Mal gab ich keine Antwort.

Jihye hatte über eine Suchanzeige, die sie am Schwarzen Brett ihrer Wohnanlage angebracht hatte, eine Babysitterin gefunden. Es war eine Hausfrau, die gleich nebenan wohnte und die sich ihr Leben lang der Kindererziehung und der Hausarbeit gewidmet hatte. Von ihren drei Kindern, die mittlerweile alle erwachsen waren, waren zwei ausgezogen, um zu studieren und zu arbeiten. Sie lebte jetzt nur noch mit ihrem Mann und ihrer ältesten Tochter zusammen. Sowohl ihr Mann als auch ihre Tochter waren sehr beschäftigt, sodass sie viel Zeit allein verbrachte.

»Ihre älteste Tochter ist genauso alt wie ich, aber sie denkt nicht daran zu heiraten. Ständig sagt die Tante, *Wenn meine Tochter doch nur ein bisschen so wie Hanmins Mama wäre, ach, wenn ich doch auch mal einen Enkel wie Hanmin in den Armen halten könnte* und Ähnliches. Das sagt sie zwar, aber wenn ich sehe, wie sie mit Hanmin umgeht ...«

Meine Tochter war nun also *Hanmins Mama*. Und sie hatte nun mit der Babysitterin eine weitere Tante gewonnen. Es quälte mich, mitansehen zu müssen, wie Jihye sich abmühte wie ich damals und dass es bei ihr noch hoffnungsloser war als bei mir. Überdies war Jihye selten mit der Babysitterin einer Meinung. Wenn Hanmins Gesicht verschmiert war, wischte es die Babysitterin mit dem angeleckten Zeigefinger ab, wenn es heiß war, zog sie Hanmin die Windel aus und ließ ihn nackt herumlaufen, und sie vergaß ständig, ihm seine Medikamente zu geben. Ich erklärte Jihye, es gebe eben unterschiedliche Erziehungsmethoden und sie müsse sich bis zu einem gewissen Grad damit abfinden. Jihye raufte sich verzweifelt die Haare.

»Das weiß ich auch. Aber es macht mich verrückt, dass ich sie nicht darauf ansprechen kann. Ich kann unmöglich etwas sagen, ohne sie zu kränken. Es ist doch das Letzte, sein Kind in fremde Hände zu geben.«

Immer wieder erzählte sie von Müttern aus ihrem Bekanntenkreis. Eine Freundin von ihr ließ ihr Kind einfach bei ihren Eltern und nahm es nur an Wochenenden zu sich; die Mutter einer Kollegin hatte ihren Beruf aufgegeben, um ihr Enkelkind zu betreuen; und bei einer Bekannten gab es einen Stundenplan, nach dem die ganze Verwandtschaft – die Eltern, Schwiegereltern, Tanten und Schwestern – abwechselnd das Kind betreuten. Wenn sie könnte, würde sie ihr Kind am liebsten auch nicht in die Kinderkrippe geben und auf die Dienste der Babysitterin verzichten.

Jihye wartete sehnsüchtig auf meine Schulferien. Ohne mich vorher zu fragen, machte sie Pläne dafür. Sie hatte bereits beschlossen, Hanmin eine Zeit lang aus der Kinderkrippe zu nehmen und sich nach einer neuen Babysitterin umzusehen, wenn ich Winterferien hätte. Sie schien es für selbstverständlich zu halten, sodass ich ihr mit *Entschuldige, aber* ins Wort fallen musste. *Entschuldige, aber ich fliege in den Ferien nach Kanada.* Mit offenem Mund starrte mich Jihye an und fragte dann, warum es ausgerechnet Kanada sein müsse. Vermutlich hatte sie weniger aus aufrichtiger Neugier gefragt, aber ich antwortete ihr trotzdem.

»Weil es auf meiner Liste von Dingen steht, die ich in meinem Leben noch tun möchte.«

Jihye stieß ein kurzes zischendes Lachen aus.

»Weil es auf der Liste steht ... wie nett.«

Das war alles. Dann presste sie die Lippen fest aufeinander und starrte aus dem Fenster. Draußen hinter dem offen stehenden Fenster ertönte das schrille Krächzen der Raben oder Elstern. Es wäre mir lieber gewesen, wenn Jihye wütend geworden wäre.

Danach entfernten wir uns vollends voneinander. Nein, genau genommen schloss Jihye mich aus ihrem Leben aus. Auch an den Wochenenden ließ sie sich nicht mehr blicken und benutzte dafür Ausreden – sie hatte angeblich viel zu tun oder fühlte sich nicht wohl. Als ich mit etwas zu essen vorbeikam, behauptete sie,

sie müsse gleich wieder weg, und nahm nur das Essen entgegen, um mir die Wohnungstür wieder vor der Nase zuzuschlagen.

Mit der leeren Einkaufstasche lief ich zurück zu unserer Wohnanlage. Normalerweise nahm ich den Stadtteilbus, aber ich war so tief in Gedanken versunken, dass ich an der Bushaltestelle vorbeilief. Da die Entfernung nicht so groß war und ich es auch nicht unbedingt eilig hatte, lief ich weiter, als würde ich einen Spaziergang machen. Entlang der Kirchenmauer wucherte Efeu. Der intensive Geruch von Erde hing in der Luft. Der von der Wohnanlage her aufwehende Wind roch nach spätsommerlichem Laub. Auch wenn Wohnanlagen als trist und unpersönlich verschrien waren, gab es heutzutage nirgendwo sonst in der Stadt so viel Grün. Bis ich zu Hause angelangt war, hatten sich Schweißperlen an meiner Stirn gebildet.

Als ich auf den Fahrstuhl wartete, kam eine junge Frau, die in Jihyes Alter sein musste, mit ihrem Baby unter dem Tragetuch herein. Sie betrachtete ganz vernarrt ihr mit offenem Mund schlafendes Baby und hielt einen Vermögenssteuer-Bescheid in der Hand. Die Wohnung war anscheinend ihre Eigentumswohnung. Das Gebäude lag zwar in einem Randbezirk, aber auch hier waren die Wohnungspreise in letzter Zeit in die Höhe geschossen. Wie konnte sich ein so junger Mensch diese teure Wohnung leisten? Ob ihre Eltern die Wohnung gekauft hatten? Dieser taktlose Gedanke kam mir zuallererst.

Wäre Jihye finanziell bessergestellt, hätte sie vielleicht so sorglos wie diese junge Mutter ihr Baby liebkost. Aber stattdessen war Jihye vom Alltag überfordert. Sie war gestresst von der Arbeit, von der Kinderbetreuung und von der Babysitterin. Sie verlor büschelweise Haare, was ihr selbst nach der Entbindung nicht passiert war. Mir war durchaus klar, wie Jihye sich fühlte. Schließlich war auch ich früher ständig unruhig und erschöpft gewesen, obwohl meine Schwiegermutter sich um Jihye gekümmert hatte.

Ein paar Monate nach ihrer Hochzeit kam Jihye eines Abends unangekündigt nach der Arbeit zu uns. Wir kochten gerade *Sujebi*. Am Vorabend hatte ich beiläufig erwähnt, dass ich Appetit darauf hätte, woraufhin meine Schwiegermutter tagsüber den Teig vorbereitet hatte, damit er etwas ruhen konnte. Während ich die Basisbrühe aus getrockneten Sardellen und Seetang ansetzte, dachte ich, dass das Leben wirklich Spaß machte. Wenn es regnete, brieten meine Schwiegermutter und ich uns Gemüsepuffer, wir machten spontan Teigtaschen mit Kimchifüllung, einfach weil das Kimchi gereift war, und wenn die Jahreszeiten wechselten, kauften wir überreife Früchte im Sonderangebot, die wir dann zu Marmelade verarbeiteten. An einem Wochenende, als wir am Frühstückstisch Toast mit Mandarinenmarmelade aßen, sagte meine Schwiegermutter einmal: *Das macht doch Spaß.* Nicht etwa *Das schmeckt gut*, sondern *Das macht Spaß*.

»Wer hätte gedacht, dass ich einmal Brot mit Marmelade essen würde. In all den Jahren dachte ich, man müsse unbedingt Reis und Suppe zum Frühstück essen. Deswegen muss man es machen wie die jungen Leute, vor allem, je älter man wird. Andernfalls wäre ich ja gestorben, ohne diesen Geschmack zu kennen.«

Meine Schwiegermutter erfreute sich an allen möglichen kleinen Dingen. Je mehr Zeit ich mit ihr verbrachte, desto mehr wurde auch ich von diesem Gefühl angesteckt, sodass ich irgendwann Neuem gegenüber nicht mehr so ablehnend gegenüberstand. Ich probierte die öffentlichen Leihfahrräder aus, lernte Pilates und fing an zu backen. Ich sah mir ausländische Fernsehserien an und hörte mir Vorlese-Podcasts an. Meine Schwiegermutter verfolgte noch mehr Podcasts als ich, weil sie nicht mehr gut lesen konnte. Irgendwie stieß sie dabei auf einen, in dem Märchen vorgelesen wurden, und erfreute sich an den einzelnen Folgen.

Als wir Jihye einluden, mit uns Sujebi zu essen, meinte sie mit einem vielsagenden Lächeln: *Ich werde ordentlich zulangen.* Noch nie hatte ich Jihye derart großen Appetit an den Tag legen sehen. Sonst hatte sie immer nur als Mittel zum Zweck gegessen. Jihye stützte das Kinn in die Hand, das zerbrechlich wirkende Handgelenk nach außen geknickt, und sah mir zu, wie ich am Gasherd werkelte.

Ich warf die gewürfelten Kartoffeln in die kochende Brühe. Ich schnitt die Zucchini in Scheiben, die ich noch mal halbierte, und legte sie zu den in Streifen geschnittenen Zwiebeln und Karotten, um sie später nachzuwerfen. Der Teig, der noch ganz kalt und fest gewesen war, als ich ihn aus dem Kühlschrank holte, wurde nach kurzem Durchkneten mit den warmen Händen schön geschmeidig. Ich hielt den Teig in der linken Hand und zog ihn mit dem rechten Daumen und Zeigefinger lang. Den dünn gezogenen Teig riss ich in kleine Stücke und warf sie in die köchelnde Brühe. Der Dampf der Brühe ließ den Teig noch weicher werden, sodass er sich mühelos auseinanderrupfen ließ. Als ungefähr die Hälfte des Teiges im Topf war, rührte ich das Gemüse hinein und zupfte dann auch die restliche Teighälfte klein. Die Teigstücke, die anfangs durchsichtig geglänzt hatten, wurden beim Garen weiß und immer größer, um schließlich nach oben zu steigen.

Als wir drei am Tisch um den Topf mit *Sujebi* saßen, verkündete Jihye, als wäre es ein Überraschungsgeschenk:

»Mama, ich bin schwanger!«

Ich freute mich nicht. Ich fiel in Schockstarre, als wäre ich von einem Taschendieb überfallen worden. Erst als die Stimme meiner Schwiegermutter zu mir durchdrang – *Das hast gut gemacht, ganz toll hast du das gemacht!* –, kam ich wieder zu mir. Ich füllte Jihyes Schüssel randvoll mit *Sujebi* und sagte nur, sie müsse jetzt ordentlich essen. Jihye erzählte, dass sie eben bei der Frauenärztin den Herzschlag gehört hatte. Ihr mit Stolz erfüllter Gesichtsausdruck löste Befremden bei mir aus. Worüber freute sie sich nur? War sie wirklich so stolz, dass sie gleich zu ihrer Mutter rennen musste? Woher hatte sie das nur?

Ich wusste nicht genau, woher mein Unbehagen rührte. Machte ich mir Sorgen, ob meine Tochter, die zum Krankwerden neigte, Schwangerschaft und Geburt problemlos bewältigen würde? Oder ging es darum, wie sie und ihr Mann, die beide berufstätig waren, das Kind aufziehen würden? Oder fiel es mir schwer zu akzeptieren, dass ich in meinem Alter bereits Großmutter wurde? Ich hatte das Gefühl, die Beziehung zu meiner Tochter, die ich in mir getragen, zur Welt gebracht und jahrzehntelang aufgezogen hatte, würde sich gerade verflüchtigen und in Richtung Weltall verschwinden. Mich überkam ein Gefühl der Leere und der Enttäuschung, wie ich sie nicht einmal empfunden hatte, als Jihye geheiratet hatte.

Jihye trat bereits ihren Mutterschaftsurlaub an, obwohl der Entbindungstermin noch mehr als einen Monat entfernt lag. Das Unternehmen, bei dem Jihye arbeitete, war zwar klein, aber gerade im Wachstum begriffen. Zu dem Zeitpunkt weitete es sein Angebot über die Entwicklung von Englisch-Lehrbüchern auch auf die Einrichtung englischsprachiger Kindergärten und Franchise-Nachhilfeinstitute aus. Jihye, die eigentlich in der Marketing-Abteilung gewesen war, wechselte in eine der neuen Abteilungen. Sie erzählte, ihr neues Team bestehe nur aus Frauen und die Hälfte von ihnen sei nach der Elternzeit wieder zurückgekehrt, sie müsse sich also überhaupt keine Sorgen machen. Als ich ihr scherzhaft vorwarf, sie könne doch nicht im privaten Bildungssektor Karriere machen, wo ihre Mutter Lehrerin an einer Oberschule war, hatte Jihye lachend entgegnet: *Du hast mich doch auch an ein privates Nachhilfeinstitut geschickt.*

An Tagen, an denen mein Schwiegersohn auf Dienstreise war, kam Jihye zu uns und schlief in meinem Zimmer. Sie hatte Angst, allein von den Wehen überrascht zu werden und das Kind auf dem Weg ins Krankenhaus im Taxi zu bekommen. Sie fragte sogar, was sie machen sollte, wenn das Baby plötzlich zur Welt kommen sollte, während sie schlief.

»Ein Kind bringt man mit großer Mühe nach stundenlangen Wehen zur Welt. Wie soll es denn im Schlaf zur Welt kommen? Was redest du für einen Unsinn?«

»Ja, oder? Ich erzähle Quatsch, nicht wahr? Dazu wird es natürlich nicht kommen. Übrigens, wie lange hatten wir, du und ich, damals Wehen?«

Du und ich? Sie klang, als sei sie im Halbschlaf. Trotzdem antwortete ich ihr, bei mir hätten die Wehen einen ganzen Tag gedauert. *Einen ganzen Tag, 24 Stunden, die ganze Nacht,* nur diese Worte waren mir davon geblieben. Eigentlich hatte ich fast keine Erinnerungen an Jihyes Geburt. Es war zwar eines der intensivsten Erlebnisse meines Lebens gewesen, aber weil es so lange her war, konnte ich mich kaum an Details erinnern. Hatte ich einen Patientenkittel getragen? Wann hatte ich mich umgezogen? Hatte ich darunter Unterwäsche getragen? Hatte ich sie auf dem Weg in den

Kreißsaal ausgezogen? Sosehr ich auch versuchte, die Erinnerung aufzurufen, das Einzige, woran ich mich erinnern konnte, war der Löffel.

Ich hatte damals nichts trinken dürfen. Als sich die Wehen in die Länge zogen, hatte ich es vor Durst nicht mehr ausgehalten und die Krankenschwester angefleht, wenigstens einen Schluck Wasser trinken zu dürfen. Daraufhin hatte mir jemand mit einem Löffel, mit einem gewöhnlichen Esslöffel aus Edelstahl, etwas Wasser eingeflößt. Als ich Jihyes Vater später darauf ansprach, sagte er, das sei nicht er gewesen und er hätte auch nichts dergleichen gesehen. Er meinte, ich müsse es geträumt haben, denn er sei ja die ganze Zeit über an meiner Seite gewesen. Es stimmte, dass ich damals nicht bei vollem Bewusstsein gewesen war, aber ich konnte mich immer noch deutlich an den Moment erinnern. Ich wusste noch, wie kalt und glatt sich der Löffel angefühlt hatte, wie er kurz an meiner ausgetrockneten Unterlippe haften geblieben war, dann der klare, reine Geschmack von Wasser, das meine Zunge befeuchtete. Da sich weder Jihyes Vater noch meine Mutter daran erinnern konnten, fand ich nie heraus, was es mit dem Löffel auf sich hatte.

Jihye drehte sich mit ihrem schweren Körper langsam zu mir um. Mit geschlossenen Augen zog sie ihr Umstands-T-Shirt hoch und fing an, sich am Bauch zu kratzen. Im Licht der schummrigen Nachtlampe konnte ich nur ihren dicken hellen Bauch erkennen. Er kam mir nicht wie ein Teil von Jihyes Körper, sondern wie ein gänzlich anderes Lebewesen vor. Er gehörte zu meiner Tochter und tat es auch wieder nicht, er war mit dem Körper meiner Tochter verbunden und dennoch ein selbstständiges, separates Körperorgan. Es kam mir grotesk vor, wie sich Jihye mit der Hand am Bauch kratzte. Ich hielt ihre Hand fest.

»Du kratzt dich noch wund.«

Schlaftrunken und ohne die Augen zu öffnen murmelte Jihye:

»Es juckt so, Mama. Das Jucken macht mich noch verrückt. Deswegen bin ich so früh in Mutterschutz gegangen.«

Ich holte Vaseline aus der Schublade mit den Kosmetiksachen. Nachdem ich sie im Winter das letzte Mal benutzt und wieder zurück in die Schublade geworfen hatte, war die Creme am Deckelrand ranzig geworden. Ich schöpfte von der fest gewordenen Vaseline eine großzügige Menge ab und rieb die Handflächen aneinander, um sie anzuwärmen. Als die Vaseline weich geworden war, rieb ich Jihyes Bauch langsam damit ein. Der Bauch fuhr zusammen, um sich dann geschmeidig und langsam zu bewegen. Auch diese Erinnerung würde nur mir bleiben. In dieser tiefen Nacht, als ich den dicken Bauch meiner schlafenden Tochter einrieb, kam mir der Gedanke, dass wieder ein Abschnitt meines Lebens zu Ende gegangen war.

Polarlichter kann man hauptsächlich zwischen dem 60. und 80. nördlichen Breitengrad sehen. In Alaska, Grönland und den nordeuropäischen Ländern Island, Norwegen, Schweden und Finnland. Bei Europäern sollte Norwegen ein beliebtes Reiseziel sein, um sich Polarlichter anzusehen, während in Korea die kanadische Stadt Yellowknife am bekanntesten war. Die Stadt war über einen eigenen Flughafen gut zu erreichen, die Wetterbedingungen waren verhältnismäßig mild und auch die Kosten im Vergleich zu anderen Reisezielen hielten sich in Grenzen. Es reisten so viele koreanische Touristen dorthin, dass der Nationalpark sogar koreanische Mitarbeiter beschäftigte.

An einem Freitag, als mich weder Sitzungen noch Sprechstunde oder Papierkram festhielten, machte ich früh Feierabend und schaute in einem Reisebüro vorbei. Die Tochter einer Freundin arbeitete dort. Das letzte Mal hatte ich sie wohl vor fünf Jahren auf ihrer Hochzeit gesehen. Mittlerweile war sie Mutter zweier Kinder und Teamleiterin des Bereichs Pauschalreisen. Als sie noch klein war, hatte ich sie mit ihrem Vornamen angesprochen, aber da dies nun nicht mehr angemessen war, redete ich sie mit *Teamleiterin Kim* an. Obwohl sie nicht mehr für die Kundenberatung zuständig war, half sie mir freundlicherweise bei der Planung. Sie sprach mich höflich mit *Mutter* an, obwohl ich keineswegs ihre Mutter war, und beruhigte geduldig meine Sorgen, als würde sie ein Kind beschwichtigen. Ihr Ton ließ mich nachdenklich werden: *War meine eigene Tochter jemals so herzlich zu mir gewesen? War ich jemals so herzlich zu meiner Mutter gewesen?* Teamleiterin Kim riet mir zu einer Pauschalreise.

Die Pauschalreise beinhaltete den Besuch im Nationalpark, in dem man die Polarlichter beobachten konnte, und tagsüber Ausflüge in die Umgebung mit dem Bus und eigenem Reiseführer. Dafür, dass ich mir mit der Reise meinen Lebenstraum verwirklichen wollte, kam mir die Vorstellung, nach einem durchgetakteten Tagesablauf einem Reiseführer hinterherzulaufen, etwas profan vor. Aber was machte das schon? Ich beschloss, die Pauschalreise zu machen.

»Die Hauptsache ist, ich kann Polarlichter sehen. Ich werde wohl nie wieder im Leben die Gelegenheit bekommen, deshalb muss es auf dieser Reise unbedingt klappen.«

Es gab keine Garantie, dass auch tatsächlich Polarlichter zu sehen wären. Es konnte plötzlich schneien oder bedeckt sein oder das Leuchten konnte ohne erkennbaren Grund ausbleiben. Obwohl ich das wusste, bat ich Teamleiterin Kim nachdrücklich, sie müsse es mir garantieren. Peinlich berührt schlug sie vor, vier anstatt drei Übernachtungen in Yellowknife einzuplanen. Blieb man drei Tage in Yellowknife, lag die Wahrscheinlichkeit, Polarlichter zu sehen, bei fünfundneunzig Prozent; über vier Tage erhöhte sie sich auf achtundneunzig Prozent. Ich beschloss, mehrere Hunderttausend Won für diese zusätzlichen drei Prozent auszugeben.

Die Reise konnte nicht sofort gebucht werden, weil sich nicht allzu viele Kunden für dieses Reiseziel interessierten und es sich zudem um eine Kombireise handelte, die einen Stadttrip nach Vancouver mit einschloss. Wir machten aus, den Vertrag abzuschließen, wenn die Flugdaten, das Hotel und die Kosten feststünden. Teamleiterin Kim gab mir jede Menge Material mit: den Reiseplan, eine Broschüre über Yellowknife, einen Kulturbeutel mit Shampoo, Zahnpasta und dergleichen, eine Reisepasshülle, einen Tischkalender des Reisebüros mit Fotos von berühmten Reisezielen und einen Terminplaner.

Dann fragte sie unvermittelt: »Ich bin eine schlechte Tochter, nicht wahr?«

Ihre Augen füllten sich mit Tränen. Ich hatte schon früher, als sie noch klein war, gedacht, dass sie ihrer Mutter ähnlich sah. Heute, mit ihren eingefallenen Wangen und den Augen, die angestrengt versuchten, die Tränen zu unterdrücken, war sie ihrer Mutter wie aus dem Gesicht geschnitten. Meine Freundin hatte einige Verabredungen absagen müssen, weil sie auf die beiden Söhne von Teamleiterin Kim aufpasste. Da ich mich nicht in Familienangelegenheiten einmischen wollte, sagte ich nichts. Teamleiterin Kim schniefte kurz und sagte bemüht fröhlich:

»Ich glaube, ich sollte meiner Mutter auch eine Reise schenken. Immerhin arbeitet ihre Tochter in einem Reisebüro.«

»Wenn sie mit mir zu den Polarlichtern reisen könnte,

das wäre schön. Wenn eine Freundin mitkäme, wäre ich auch nicht so einsam.«

»Das stimmt. Nehmen Sie doch jemanden mit auf die Reise. Wenn Sie allein reisen, ist es teurer, denn sowohl Hotel als auch Besichtigungen sind für zwei Personen gedacht. Und wenn Sie allein sind, bekommen Sie eventuell nicht einmal einen koreanischen Reiseleiter.«

Eigentlich machte es mir nichts aus, allein zu reisen. Vielmehr stellte ich es mir sogar ganz angenehm vor. Doch nachdem ich gehört hatte, dass die Pauschalreise für zwei Personen gedacht war, überlegte ich, dass es auch schön sein könnte, diese Anblicke und Erinnerungen mit jemandem zu teilen. Mit verstreichender Zeit gingen wertvolle Erinnerungen, die nur mir allein gehörten, oft verloren wie Haargummis, die unter dem Regal oder hinter dem Bett verschwinden. Jemand, mit dem ich gemeinsam *Wie hübsch! Unglaublich! Das ist ja traumhaft!* ausrufen konnte, dem ich nach der Rückkehr in den Alltag beim Essen oder beim Kaffeetrinken plötzlich *Weißt du noch, damals?* zurufen konnte, um in gemeinsamen Erinnerungen zu schwelgen. Gab es so jemanden überhaupt in meinem Leben?

Meine Kolleginnen aus der Schule hatten wegen Weiterbildung, Unterricht und Prüfungsvorbereitungen keine Kapazitäten, meine nicht berufstätigen Freundinnen hatten wiederum keine Zeit, da sie ihre kleinen Enkelkinder betreuen, ihre kranken Eltern pflegen oder Dinge für ihre viel beschäftigten Männer erledigen mussten. Nachdem ich nach und nach die infrage kommenden Namen von meiner Liste gestrichen hatte, blieben nur zwei übrig: meine Tochter und meine Schwiegermutter. Jihye war nicht gut auf mich zu sprechen, nicht zuletzt wegen der Sache mit Hanmins Betreuung. Wahrscheinlich würde sie solange ohnehin keinen Urlaub nehmen können. Meine Schwiegermutter hingegen war fast achtzig. Sie hatte zwar schon einmal eine Auslandsreise unternommen, aber würde sie den über zehnstündigen Flug und die Kälte von minus dreißig Grad aushalten können?

Als ich die große Papiertüte aus dem Reisebüro hin und her schwingend zum Parkplatz lief, bekam ich einen Anruf von Jihye. *Mama, Mama*, rief sie nur und sagte dann nichts mehr. Ich fragte sie, was passiert sei.

»Ich glaube, Hanmin muss zum Arzt. Er hat Fieber und muss sich ständig übergeben. Die Babysitterin wollte ihn abholen, doch auf dem Weg nach draußen ist sie im Treppenhaus gestürzt. Ich kann gerade nicht von der Arbeit weg und Hanmins Papa ist heute nach Ulsan gefahren.«

Ich hörte, wie sie tief Atem holte.

»Mama, kannst du Hanmin abholen? Nur ausnahmsweise?«

Am anderen Ende der Leitung hallte Jihyes Stimme wider. Sie war vermutlich in der Toilette oder im Treppenhaus. Jihye fügte hinzu:

»Ich werde dich nie wieder darum bitten. Wirklich, das verspreche ich.«

Ich unterdrückte die Tränen, die mir in die Augen stiegen, und antwortete: »Na gut. Aber nur dieses eine Mal.«

Hanmin hatte eine Magen-Darm-Grippe. Nachdem ich ihm Medikamente gegeben hatte, sank das Fieber zum Glück rasch. Auch seine Übelkeit schien sich gelegt zu haben, denn zum Abendessen leerte Hanmin eine ganze Schüssel Reissuppe. Ich hatte noch eine Babyseife zu Hause, die ich einmal als Probeexemplar mitbekommen hatte, als Hanmin gerade geboren war. Damit badete ich ihn am frühen Abend. Als ich dabei war, ihm mit einem Handtuch die Haare abzutrocknen, kam Jihye mit einem Korb Mandarinen herein.

»Was, es gibt schon Mandarinen?«

»Nur aus dem Treibhaus. Ich habe sie im Supermarkt nebenan gekauft. Für Obst gibt es heutzutage keine Saisons mehr.«

»Ausgerechnet Mandarinen?«

»Ja, sie hatten eben welche.«

Jihyes Vater war auch so gewesen. Warum sagte sie nicht einfach: *Du isst doch gern Mandarinen, Mama. Ich habe welche gekauft, weil es mir leidtut und ich mich bei dir bedanken möchte.* Wenn sie ehrlich gewesen wäre und es ausgesprochen hätte, hätte ich mich vielleicht darüber gefreut. Ich schälte eine Mandarine und sagte, als ich mir ein Stück in den Mund schob: *Mandarinen sind mein Lieblingsobst.*

Jihye aß den übrig gebliebenen Kimchi-Eintopf zu Abend und ging duschen, während Hanmin in meinen Armen einschlief. Er schien vom Kranksein ganz erschöpft zu sein. Seine weiche weiße Wange war an meinen Arm gedrückt. *Wie Sujebi-Teig*, ging mir durch den Kopf, während ich leicht mit dem Finger dagegenklopfte. Hanmin verzog einige Male das Gesicht – vermutlich träumte er gerade – und schlief davon abgesehen ungestört weiter. An dem Tag, als Jihye zum ersten Mal Hanmins Herzschlag gehört hatte, hatte ich ihr *Sujebi* vorgesetzt.

Da Jihye bei uns übernachten wollte, trug ich Hanmin ins Bett hinüber. In der Ecke des Wohnzimmersofas lag, immer noch unberührt, die Papiertüte, die ich im Reisebüro bekommen hatte. Jihye schaute in die Tüte und warf mir einen kurzen Blick zu, um dann den Reiseplan und die Reisebroschüre zu Yellowknife herauszuholen und darin zu blättern. Ich hielt meinen Blick nach vorne gerichtet und gab vor fernzusehen, aber aus den Augenwinkeln beobachtete ich Jihye. Mein Herz schlug etwas schneller. Hatte sich meine Tochter früher vielleicht so gefühlt, wenn ich mir ihr Zeugnis angesehen oder ihre Hausaufgaben überprüft hatte?

Mama, rief Jihye, während sie aufmerksam in der Reisebroschüre blätterte. Ohne den Blick von den Abbildungen der Polarlichter zu heben, fragte sie mich:

»Mama, hast du schon einmal Polarlichter gesehen?«

Wo sollte ich anfangen? Ich berichtete ihr zuallererst von den Polarlichtern, die ich kürzlich vor der Schule entdeckt hatte. Dann erzählte ich ihr von der Postkarte, die ich über zwanzig Jahre lang bei mir gehabt hatte, und zuletzt von dem Schwarz-Weiß-Foto, das ich als Kind gesehen hatte. Als ich von den Polarlichtern sprach, die ich neulich gesehen hatte, machte Jihye für einen kurzen Moment große Augen und ihre Lippen zuckten, als wollte sie etwas sagen.

Nachdem ich mit meiner Geschichte fertig war, holte Jihye ihr Handy hervor, um etwas herauszusuchen. Sie murmelte *Wann war das noch mal, wann war das noch mal,* dann fragte sie:

»War es vielleicht am sechsten September?«

»Was?«

»Der Tag, an dem du die Polarlichter gesehen hast.«

»Keine Ahnung. Ich erinnere mich nicht mehr an das Datum.«

Nach meiner Antwort fiel mir ein, dass ich ja ein Foto gemacht hatte, und ich durchforstete wie Jihye mein Handy nach dem Foto vom Nachthimmel mit dem verschwommenen rötlichen Licht. Das Aufnahmedatum war der sechste September um 20.12 Uhr.

»Woher hast du das gewusst?«, fragte ich sie erstaunt.

Jihye dachte einen Moment nach und fragte dann zurück: »Das waren also Polarlichter?«

Jihyes neues Team wurde zur *Franchise-Geschäftszentrale* umbenannt. Das Nachhilfeinstitut-Franchise war mit nunmehr zehn Filialen rasch expandiert und war derzeit eher damit beschäftigt, sein Wachstum etwas zu drosseln. Darüber hinaus stand nun die Entwicklung eines neuen, eigens für das Nachhilfeinstitut konzipierten Lehrwerks auf dem Plan. Sobald Jihye wieder in den Job eingestiegen war, fühlte sie sich von der Franchise-Betreuung bei gleichzeitiger Arbeit am Lehrbuch überschwemmt. Zu Hause hatte sie zusätzlich mit der Babysitterin zu kämpfen, sodass sie oft allein geweint hatte.

Am siebten September stand eine Fortbildung für die Leiter der Franchise-Filialen an. Am Morgen des Sechsten verstarb unerwartet die Mutter der Abteilungsleiterin, die für das Fortbildungsprogramm zuständig war. Jihye musste den Vortrag zusätzlich zu ihrer laufenden Arbeit übernehmen. Sie konnte nicht einmal zum Begräbnis gehen, weil sie sich bis zum späten Abend vorbereitete und am Vortragsmanuskript saß. Es war kurz nach acht, als sie ein Foto von Hanmin mit einem Handtuch um den Kopf bekam. Ihr Mann schrieb ihr, Hanmin habe zu Abend gegessen und gerade gebadet, Jihye solle sich also keine Sorgen machen, sondern in Ruhe ihre Arbeit zu Ende bringen.

Jihye ging hinaus auf den Gang und holte sich ein Vitamingetränk aus dem Getränkeautomaten, das sie in einem Zug leerte. Sie hatte sich bisher überhaupt keine Sorgen gemacht. Die gut gemeinte Nachricht ihres Mannes und das Foto lösten erst jetzt komplizierte Gefühle bei ihr aus. Sie sah aus dem Fenster, als sie plötzlich ein flirrendes rötliches Licht entdeckte. Es kam weder von der Sonne noch vom Mond. Was war das? In dem Augenblick fing das rötliche Licht an, Wellen zu schlagen. So etwas hatte sie noch nie gesehen.

Sie steckte ihre Hand in die Hosentasche, weil sie ein Video von der Erscheinung aufnehmen wollte, doch sie hatte nur ein paar Münzen in der Tasche. Sie hatte ihr Handy auf dem Tisch liegen lassen. Gerade als sie sich umdrehen wollte, um es zu holen, entfernte sich das rötliche Licht, als würde es sich langsam zurückziehen. Jihye ging wieder ans Fenster. Wenn sie es schon nicht aufzeichnen konnte, dann wollte sie es zumindest genauer betrachten. Was konnte das nur sein? Die Milchstraße? Ufos? Jihye beobachtete die Lichterscheinung und wünschte sich etwas.

An dieser Stelle rutschte mir ein Lachen heraus. »Du hast dir etwas gewünscht? Ohne zu wissen, was es überhaupt ist? Was dachtest du denn, wer dir den Wunsch erfüllen würde?«

»Hm, das Universum, die Natur, Magie oder ein noch unbekanntes mysteriöses Wesen?«

Nach dieser Antwort kicherte auch Jihye über sich selbst. Sie gestand mir, dass sie sich immer etwas wünschte, wenn sie etwas sah, das hübsch war und leuchtete. Sie wünschte sich etwas, wenn sie den Mond sah, wenn sie Kerzen auf dem Geburtstagskuchen auspustete und, als sie noch klein war, auch wenn Flugzeuge über ihr vorbeizogen. Ich fragte mich, ob es vielleicht sogar üblich war, sich etwas zu wünschen, wenn man Polarlichter sah. Ich konnte es nicht wissen, denn in Korea gab es schließlich keine Polarlichter.

»Was hast du dir gewünscht?«

Jihye antwortete nicht. Stattdessen erzählte sie, sie habe heute der Abteilungsleiterin gesagt, dass sie kündigen wolle. Es sei zwar ein wenig impulsiv gewesen, aber sie sei einfach am Ende ihrer Kräfte. Dann sagte sie plötzlich: »Lass uns doch zusammen zu den Polarlichtern reisen. Von nun an werde ich mich immerhin ausschließlich um Hanmin kümmern, da kann mein Mann sich ruhig mal für zehn Tage um das Kind kümmern. Da es mein letzter Urlaub überhaupt wird, kann er kaum etwas dagegen sagen. In Kanada will ich mir bei den Polarlichtern etwas wünschen und mich für mein neues Leben sammeln, damit ich mich gut um Hanmin kümmern kann, wenn ich wieder zurück bin.«

Letztendlich konnte Jihye nicht mitfliegen. Trotzdem ließ sie es sich nicht nehmen, zum Flughafen mitzukommen. Sie zog meinen Koffer und bedauerte immer wieder, dass sie mich nicht begleiten konnte.

»Was wolltest du dir denn beim Anblick der Polarlichter wünschen? Ich kann es mir ja an deiner Stelle wünschen.«

»Es ist mir peinlich, es auszusprechen. Ich schicke dir nachher eine Nachricht per KakaoTalk.«

»Meine Güte. Na gut, dann schick es mir. Wenn ich es nicht vergesse, nehme ich deinen Wunsch mit nach Kanada.«

Jihye warf mir einen schiefen Blick zu und schob mir dann den Koffergriff hin.

Als ich ungefähr zehn Stunden später in Vancouver mein Handy einschaltete, vibrierte es unaufhörlich vor Kurznachrichten vom Außenministerium mit allen möglichen Informationen zu Sicherheit und Vorsichtsmaßnahmen, vom Telekommunikationsanbieter mit Informationen zu den Roaming-Gebühren und als Letztes einer Nachricht von Jihye. In der Sprechblase stand nur ein einziger Satz. Weil Hanmin auf Jihyes Profilbild zu sehen war, wirkte es, als käme der Satz von ihm.

Jihyes Vater kam an einem Frühlingsabend vor zehn Jahren – Jihye war zu der Zeit Studentin – bei einem Verkehrsunfall ums Leben.

Wir kamen am Abend nach der Beerdigung um kurz nach acht zu Hause an. Meine Müdigkeit überwog mittlerweile die Trauer. Jihye, die sich als Erste waschen wollte, ging in das Badezimmer neben dem Wohnzimmer. Meine Schwiegermutter wollte sich kurz hinlegen und sagte, ich solle mich ruhig vor ihr waschen. Ich stellte mich im anderen Bad, das an das Schlafzimmer angeschlossen war, unter die Dusche. Es duftete plötzlich nach Räucherstäbchen, als mir das Wasser an den Haaren hinunterlief. Ich konnte nicht ausmachen, ob das noch der Geruch des Beerdigungsinstituts war, der noch in meinen Haaren haftete, oder ob ich es mir nur einbildete. Das machte mir solche Angst, dass ich die Augen von da an offen hielt. Als ich den beschlagenen Spiegel hinterher mit Wasser bespritzte, sah ich, dass meine Augen rot angelaufen waren.

Bis der Rettungswagen ankam, war sein Herz bereits stehen geblieben, er hatte also hoffentlich nicht lange leiden müssen. Bei dem Gedanken daran sah ich die Szene, bei der ich überhaupt nicht zugegen gewesen war, vor meinem inneren Auge ablaufen und mein Nacken versteifte sich. Der Fahrer war derart betrunken gewesen, dass ihm mit sofortiger Wirkung der Führerschein entzogen worden war. Es war auf einem Fußgängerüberweg passiert, mein Mann hatte Grün gehabt. Wenn man über ein Unglück redet, das einen ohne Vorankündigung überrollt, oder von einer schicksalhaften Liebe, die einen überfällt, benutzt man oft einen Verkehrsunfall als Vergleich. Erst damals war mir bewusst geworden, wie grausam diese Redensart ist.

Der Todestag meines Mannes und der meines Schwiegervaters lagen nur einen Monat auseinander. Bisher hatten wir keine Ahnenzeremonien abgehalten, sondern lediglich um den Gedenktag herum die Urnenhalle besucht. Da beide in derselben Urnenhalle lagen, beschlossen wir auf den Vorschlag meiner Schwiegermutter hin, nur einmal an einem Tag zwischen den beiden Jahrestagen hinzugehen.

»Aber lass uns dieses Jahr an Junchols Todestag hingehen, es ist ja sein erster.«

Ich nickte, und sie sagte nichts weiter. Vorsichtig fragte ich sie, ob sie enttäuscht sei.

»Ja, das bin ich.«

Ich hatte geglaubt, sie würde verneinen, und war so bestürzt, dass ich rot anlief.

»Warum fragst du, wenn du dann so schockiert reagierst?«

»Ich werde mein Bestes geben«, rief ich, ohne groß zu überlegen. Dabei dachte ich gar nicht daran, jedes Jahr eine Ahnenzeremonie abzuhalten – weder für meinen Schwiegervater noch für meinen Mann. Wie wollte ich also *mein Bestes geben?*

Meine Schwiegermutter schüttelte den Kopf. »Nein, ich bin enttäuscht, weil es mir so gut geht. Mir schmecken die Gerichte, die wir zusammen kochen, ganz ausgezeichnet, und du weißt gar nicht, wie viel Spaß es mir macht, im Kulturzentrum meine Kurse für Brettspiele und Englischkonversation für Senioren zu besuchen. Weißt du, Hyokyung, ich hatte immer geglaubt, ich könnte vielleicht ohne Ehemann leben, aber niemals ohne meinen Sohn.«

Meine Schwiegermutter hatte ihr eigenes Leben als »zum Einschlafen durchschnittlich« bezeichnet. Sie war als dritte Tochter in eine Familie geboren worden, die auf einen Sohn wartete. Der Familie ging es zwar finanziell nicht unbedingt schlecht, aber wie ihre älteren Schwestern durfte sie nur die Grundschule besuchen. Das Geld, das sie in einer Reiskuchen-Manufaktur, die Verwandte von ihr führten, verdiente, wurde sofort von ihren Eltern beschlagnahmt. Mit zwanzig heiratete sie einen Mathematiklehrer, der eine ungleich höhere Bildung erhalten hatte als sie und an einer Oberschule unterrichtete. Sie wurde von ihrer Schwiegermutter drangsaliert und von ihrem Mann nach Strich und Faden betrogen, doch ihre beiden Söhne gaben ihr Halt. Insbesondere an ihrem ältesten Sohn, meinem Mann, hing sie sehr.

Sie war stolz darauf, Söhne in die Welt gesetzt zu haben. Als der älteste Sohn zum Studium zugelassen wurde, hatte sie es als Ausgleich dafür empfunden, dass ihr selbst keine Bildung zugestanden worden war. Als ihr Sohn dann seine zukünftige Frau, eine Mathematiklehrerin, mitbrachte, freute sie sich sehr. Sie achtete immer darauf, ihrer Schwiegertochter gegenüber gebildet zu wirken. Wenn der Rest der Familie zur Arbeit gegangen war, las sie im Arbeitszimmer Schulbücher und andere Lehrwerke und löste Übungsaufgaben. Sie verfolgte Berichte zu Themen wie Universitätsaufnahmeprüfungen und Ausbildung aufmerksam, machte sich Notizen dazu und lernte die wichtigen Begriffe auswendig.

»Ich wollte Junchols Vater zeigen, dass auch ich ein intelligenter Mensch bin, mit dem man sich unterhalten kann. Dass auch ich eine anspruchsvolle Unterhaltung mit Mathematiklehrern führen kann. Ich habe in der Zeit wahnsinnig viel gelernt, aber im Nachhinein finde ich es nur erniedrigend. Wozu wollte ich ihn unbedingt beeindrucken?«

Sie war für ihre Generation zweifellos eine besondere Frau. Sie hatte sich nicht einmal einen Enkelsohn oder auch nur allgemein ein zweites Enkelkind gewünscht. Fürsorglich hatte sie sich um ihre einzige Enkeltochter gekümmert. Mit den Jahren steckte sie nach und nach immer weniger Aufwand in die Ahnenverehrungszeremonie an Todestagen und anderen Feiertagen, und nach dem Tod meines Schwiegervaters schaffte sie sie ganz ab. Aber das heißt nicht, dass es zwischen mir und meiner Schwiegermutter keine Spannungen gegeben hätte. Der Grund dafür war immer mein Mann, ihr ältester Sohn, gewesen.

Wenn mein Mann krank war, ihrer Meinung nach unpassend angezogen war oder eine Mahlzeit ausließ, hatte mir meine Schwiegermutter deswegen zugesetzt. *Hyokyung, findest du nicht, dass Junchol zu dünn angezogen ist? Achtest du darauf, dass Junchol seine Vitamine regelmäßig nimmt? Sag Junchol, er soll nicht so viel trinken. Junchol sollte sich langsam die grauen Haare färben.* Anfangs hatte ich noch lachend reagiert und gesagt: *Er ist doch kein kleines Kind,* später hatte ich sie nur noch gebeten, selbst mit ihm zu sprechen. Meine Schwiegermutter, die in allen anderen Lebensbereichen eine vernünftige Frau war, war in dieser Sache gänzlich unvernünftig.

Das Gleiche galt auch bei der Hausarbeit. Wenn es mal dazu kam, dass mein Mann sich Gummihandschuhe anzog, um den Abwasch zu erledigen, oder nach dem Staubsauger oder dem Wäschekorb griff, witterte sie das scheinbar sofort und kam angerannt, um ihrem Sohn die Sachen aus der Hand zu reißen. *Du weißt doch gar nicht, wie das geht! Gib her. Du hilfst uns, indem du nichts anrührst*, schimpfte sie dann immer. Wenn mein Mann dann mit betretenem Gesichtsausdruck das Feld räumte, übernahm ich die Arbeit unauffällig.

Seit mein Mann nicht mehr da war, hatten meine Schwiegermutter und ich unseren eigenen Takt wie ein eingespieltes Tanzpaar. Wenn es Zeit war zu essen, kochte meine Schwiegermutter und ich machte den Abwasch. Wenn ich getrocknete Auberginenscheiben in Wasser einweichte, briet meine Schwiegermutter sie in der Pfanne. Wusch meine Schwiegermutter morgens die Wäsche und hing sie auf, faltete ich sie abends nach der Arbeit zusammen. Erwähnte ich beim Fernsehen, ein Gericht auf dem Bildschirm sähe lecker aus, dann stand garantiert am nächsten Tag das erwähnte Essen auf dem Tisch. Wenn meine Schwiegermutter sagte, *Wie schön die Blumen sind, bald haben wir Herbstlaub!*, reservierte ich uns einen Tisch, von dem aus man eine schöne Aussicht auf die Landschaft hatte.

Unser Alltag war durch gleichmäßige Abnutzung an diesem Punkt angelangt, ohne dass er größere Kratzer oder Dellen erhalten hätte. Wir saßen uns gerade gegenüber und falteten Handtücher zusammen, als ich meiner Schwiegermutter sagte, ich wolle in den Winterferien verreisen. Ich plapperte munter weiter: »Ich bin zwar etwas besorgt wegen der Kälte, aber trotzdem will ich hinfliegen, bevor es zu spät ist. Eigentlich wollte ich schon seit meiner Zeit in der Oberschule unbedingt dorthin. Wenn ich es jetzt nicht mache, schaffe ich es in diesem Leben nicht mehr. So weit bin ich bisher noch nie geflogen.«

»Das hast du gut gemacht. Du solltest alles tun, was du dir wünschst, solange du noch jung bist. Im Alter bringt man den Mut nicht mehr auf und bereut es gleichzeitig.«

Solange ich noch jung war? Ich ging auf die sechzig zu. Neuerdings kamen mir Formulierungen wie »jetzt im Alter«, »in meinem Alter« und »Ich werde langsam alt« ganz selbstverständlich über die Lippen. Aber in den Augen meiner Schwiegermutter schien ich immer noch jung zu sein.

»Mutter, gibt es etwas, das du bereust?«

»Da gibt es so einiges.«

Die flinken Hände meiner Schwiegermutter hielten plötzlich inne.

»Als du das Graduiertenkolleg besucht hast, damals, als Jihye noch ein Baby war …«

»Ja?«

»Das hat mir gar nicht gefallen.«

»Was meinst du? Dass ich immer so spät heimgekommen bin?«

»Nein, dass du damit einen höheren Abschluss als Junchol bekamst.«

Das hörte ich zum ersten Mal. Zu der Zeit war ich rastlos gewesen. Ich wollte gern schneller befördert werden und an der Stiftungsuniversität lehren, und dafür musste ich promovieren. Obwohl ich mir durchaus darüber im Klaren war, dass es zu viel Arbeit dafür war, dass ich gerade erst Jihye zur Welt gebracht hatte, besuchte ich abends ein Graduiertenkolleg. Meine Schwiegermutter hatte mich dafür gelobt und gemeint, ich solle mir keine Sorgen um Jihye machen, sondern mich auf die Promotion konzentrieren. Das war das, was sie sagte. Doch ihre Ansprüche, was die Hausarbeit anging, wurden plötzlich höher, und wenn wir einmal ohne sie ausgingen, reagierte sie beleidigt. Ich redete mir ein, es müsse daran liegen, dass die Betreuung ihrer Enkelin sie körperlich und psychisch auslaugte, und nahm mir vor, sie in Zukunft mehr zu entlasten.

Tagsüber unterrichtete ich in der Schule und abends besuchte ich meinerseits Seminare; an den Wochenenden schnallte ich mir Jihye auf den Rücken und erledigte den Haushalt, bis ich nicht mehr konnte. Ich bereitete drei Mahlzeiten am Tag zu, machte den Abwasch, putzte die Fensterrahmen, die Waschküche und sogar die Fugen zwischen den Fliesen im Bad. Meine Schwiegermutter – nein, wahrscheinlich die ganze Familie – wusste, dass ich mich über die Maßen verausgabte. Aber niemand hielt mich davon ab oder griff mir unter die Arme. Sie schienen allesamt zu denken, dass das nun einmal mein eigenes Los wäre. Und das Komische daran ist: Auch ich selbst war davon überzeugt.

»Trotzdem habe ich immer mit dir angegeben. Selbst wenn ich nur kurz mit Jihye auf dem Rücken draußen war, um Tofu zu kaufen, habe ich den Leuten ungefragt erzählt: *Meine Schwiegertochter geht aufs Graduiertenkolleg.* Ich war nicht einmal so sehr stolz darauf, eine intelligente Schwiegertochter zu haben, eher darauf, dass ich eine so fortschrittliche Schwiegermutter war. Gleichzeitig hat es mir nicht gepasst, dass mein Sohn dir intellektuell unterlegen war.«

Sie erzählte mir das so seelenruhig, dass ich unmöglich überrascht oder verlegen reagieren konnte. Mechanisch bewegte ich meine Finger, faltete die steifen, trockenen Handtücher und rollte sie dann zusammen. Doch wie waren wir eigentlich auf das Thema gekommen? Ach ja, Reue. Meine Schwiegermutter hatte gesagt, sie würde etwas bereuen.

»Und was ist es, das du bereust?«

»Das habe ich dir doch gerade gesagt.«

»Zugelassen zu haben, dass ich das Graduiertenkolleg besuche?«

»Nein, dass es mir missfallen hat, dass du es besuchtest.«

Ein bereits zusammengerolltes Handtuch fiel vom Stapel herunter und faltete sich auseinander. Meine Schwiegermutter griff danach, um es wieder zusammenzurollen.

»Heute mache ich dir ja alles nach. Ich höre mir Podcasts an, treibe Sport und besuche Kurse im Kulturzentrum. Warum habe ich das nicht damals schon gemacht?«

Ich hatte Jihye mit siebenundzwanzig zur Welt gebracht. Wenn ich überlegte, war ich damals noch sehr jung. Meine Schwiegermutter war zwanzig Jahre älter als ich, also war sie mit siebenundvierzig Großmutter geworden. Im Nachhinein verwunderte es mich, wie jung auch meine Schwiegermutter damals gewesen war.

»Deshalb bin ich inzwischen so glücklich. Jetzt gerade sind die besten Jahre meines Lebens.«

Mir ging es genauso. Nach außen hin wirkten wir womöglich wie zwei tugendhafte Witwen, wie man sie aus koreanischen Historienserien kannte – eine verwitwete Schwiegermutter und deren verwitwete Schwiegertochter, die harmonisch zusammenlebten. Doch ich fühlte mich meiner Schwiegermutter nicht einfach verpflichtet. Vielmehr war sie eine ebenbürtige Mitbewohnerin für mich, sozusagen meine letzte Lebenspartnerin. Für mich, der es inzwischen an Kraft fehlte, mich nach Gewohnheiten, Verhaltensweisen und Charakter fremder Menschen zu richten, war es ein Glück, dass meine Schwiegermutter der einzige Rest Familie war, der mir noch blieb.

Manchmal versuchte ich mir vorzustellen, wie es wohl wäre, wenn mein Mann noch lebte. Wäre mein Leben dann so angenehm, wie es jetzt war? Hätte ich auch dann auf natürliche Weise altern dürfen, ohne zusätzliche Energie dafür aufbringen zu müssen, mich körperlich und seelisch am Haushalt aufzureiben und um Anerkennung und Zuneigung buhlen zu müssen?

»Ich bin auch glücklich. Ob du es glaubst oder nicht, aber mir ging es nie besser als jetzt, wo wir zu zweit zusammenleben.«

»Das liegt daran, dass Junchol nicht mehr da ist. Weil ich jetzt nicht mehr Junchols Mutter bin und du nicht mehr seine Ehefrau.«

In dem Moment kam eine Kurznachricht von Teamleiterin Kim, dass der Reisetermin nun so gut wie feststand und ich ihr Kopien von Jihyes und meinem Reisepass schicken sollte. Als ich Jihye anrief und sie darüber informierte, sagte sie zögerlich: *Mama, weißt du, ich muss dir etwas sagen.* Ich hatte eine dunkle Vorahnung.

»Es tut mir leid, aber ich kann nicht mitkommen.«

Ich überlegte, ob ich auch als Einzelperson die Reise würde buchen können. Aus einem Impuls heraus fragte ich meine Schwiegermutter, genau wie mich Jihye vor ein paar Tagen gefragt hatte: »Mutter, wollen wir zusammen verreisen?«

»Was für eine gute Idee, Hyokyung.«

Ohne zu fragen, wann und wohin es gehen sollte oder warum ich ihr plötzlich den Vorschlag machte, sagte sie Ja. Ich wäre meiner Schwiegermutter am liebsten um den Hals gefallen und hätte vor Freude in die Luft springen können.

»Mutter, weißt du eigentlich, dass ich dich unglaublich gernhabe?«

»Es sieht ganz danach aus.«

Ich lachte laut und freute mich gleich noch mehr.

Der kleine Leuchtturm, der die Aktivitäten der Polarlichter vorhersagte, strahlte wieder nur blau. C.A.L.M. Die vier Buchstaben machten einen gnadenlos endgültigen Eindruck. Wir konnten nichts dagegen tun. Ich hatte mich zwar bemüht, Ruhe zu bewahren, aber nach zwei erfolglosen Tagen fiel es mir schwer, meine Nervosität zu verstecken. Meine Schwiegermutter fragte ab und zu nach den Wetteraussichten für Polarlichter, zeigte dabei aber weder Erwartung noch Enttäuschung.

Kurz bevor uns der Reisebus abholen sollte, setzte meine Schwiegermutter noch einmal Wasser auf. Immer morgens nach dem Aufstehen, kurz vor dem Rausgehen, gleich nach der Rückkehr und kurz vor dem Schlafengehen setzte meine Schwiegermutter Wasser auf. Während unseres gesamten Aufenthalts in Yellowknife tranken wir nichts als den *Ssanghwa*-Kräutertee und den süßen *Yuja*-Tee, den wir aus Korea mitgebracht hatten. Egal wie kalt es auch war, der heiße Tee sorgte immer dafür, dass sich Wärme von den Bäuchen aus in unsere ganzen Körper ausbreitete. In der fremden Kälte, wie wir sie noch nie vorher erlebt hatten – die Temperaturen fielen teils auf minus dreißig Grad und der Wind war unerbittlich –, hielten wir auf unsere Art und Weise der Kälte stand.

Meine Schwiegermutter zog sich mehrere Schichten Skiunterwäsche und Pullover und mehrere Paar Strümpfe übereinander an. Sie bewaffnete sich von Kopf bis Fuß mit Wärmepflastern und zog erst eine wattierte Jacke und dann ihren vor Ort geliehenen Canada Goose-Parka über. Schließlich stellte sie sich vor den Spiegel, wo sie sich der Reihe nach verschiedene Mützen aufsetzte und mich fragte, welche ich besser fände. Meine Schwiegermutter hatte eine Vorliebe für selbst gestrickte Mützen. Im Winter trug sie jeden Tag eine andere. Auf dieser Reise hatte sie allein zehn Wollmützen dabei. Sie trug zwar dieselbe Kleidung, denselben Schal und dieselben Schuhe wie gestern, sodass unklar war, warum heute eine andere Mütze passender sein sollte als am Vortag, aber ich suchte die grasgrüne Mütze für sie aus. »Ich habe das Gefühl, heute könnten wir endlich Polarlichter sehen. Meinst du nicht, dass dann Grün besser wäre?«

»Du hast einen guten Geschmack.«

Auch ich zog mehrere Lagen übereinander. Als wir beide fertig angezogen waren, fühlten wir uns zwar so schwerfällig, dass wir uns nur langsam fortbewegen konnten, aber unsere Laune war ungebrochen gut. Seit ich geheiratet hatte, hatten mich der Druck und die Erschöpfung darüber, das Leben gleich mehrerer Personen verantworten zu müssen, nie losgelassen. Am schlimmsten war es gewesen, als Jihye noch klein war. Aber jetzt, wo ich mich nur um mich selbst kümmern musste, fühlte ich mich wunderbar unbeschwert.

Nach ungefähr dreißig Minuten mit dem Shuttlebus gelangte man zum Aurora Village, wo man die Polarlichter beobachten konnte. Es bestand aus einundzwanzig großen Tipi-Zelten, in denen man vor der Kälte geschützt war, einem Souvenirladen und einem Restaurant, in dem wir am Abend zuvor gegessen hatten. Wir hatten Buffalo Ribs bestellt, die zwar teuer waren, aber nicht besonders gut schmeckten. Ich hatte das Gefühl, ein wenig übers Ohr gehauen worden zu sein, aber da es trotzdem ein einmaliges Erlebnis war, störte es mich nicht weiter. Bestimmt ging es allen so, die dort Buffalo Ribs aßen.

Weil der Shuttlebus nicht an unserem Hotel haltmachte, mussten wir ungefähr fünf Minuten bis zu einem nahe gelegenen Hotel laufen. Der Schnee lag so hoch, dass man Straße und Fußweg nicht mehr unterscheiden konnte. Unterwegs kamen wir an einem Souvenirladen vorbei und hielten für einen Blick ins Schaufenster an, als ich plötzlich aus dem Augenwinkel wahrnahm, wie etwas wie ein großer, gelblicher Schneeball blitzschnell seitlich an uns vorbeischoss. Was war das denn? Als ich mich umsah, zeigte meine Schwiegermutter auf die gegenüberliegende Straßenseite. Es war ein Fuchs. Ein Fuchs mit ähnlich gelblichem Fell, wie es der Hund gehabt hatte, den wir in meiner Kindheit auf dem Dorf gehalten hatten, und mit einem buschigen Schwanz.

Zwei junge Frauen kamen aus dem Laden. Meine Schwiegermutter klopfte der einen unvermittelt auf den Arm und wies auf die gegenüberliegende Straßenseite.

»Fox.«

Zum Glück reagierten die Frauen freundlich auf die Annäherung meiner Schwiegermutter. »What a brave fox!«

»Are you Yellowknife?«, fuhr meine Schwiegermutter fort.

Sie wollte anscheinend fragen, ob die beiden in Yellowknife lebten. Gestern und vorgestern schon hatte sie ausländische Touristen in unserem Tipi-Zelt spontan gegrüßt: *Hi! Konbanwa!* Sie hatte sich sogar mit einfachen Sätzen wie *I'm from Korea. Very cold* verständigen können. Aber mit diesen Leuten waren wir die ganze Zeit zusammmen gewesen. Ich hatte nicht damit gerechnet, dass meine Schwiegermutter hier auf der Straße eine wildfremde Person ansprechen würde. Die Frau sah zunächst verdutzt aus, dann sagte sie langsam und deutlich:

»No, I'm from New York.«

»Very cold Yellowknife. Are you okay?«

»I'm not okay. New York is very cold in winter, but not this cold«, sagte die Frau. Dann schüttelte sie sich übertrieben und fragte:

»Did you come to see the aurora?«

»Yes, I want aurora. Die Damen sind aber dünn angezogen, sie sind noch jung. Careful not cold. More clothes.« Als meine Mutter eine Geste machte, als würde sie sich einen Mantel anziehen, lachten die beiden Frauen laut.

»You're so sweet. Thank you.«

»Na, ich sage thank you. Kommen Sie gut heim. Goodbye!«

»I hope you see the aurora. Goodbye!« Die Frauen winkten beim Weggehen. Ich hatte eindeutig mehr

Englisch gelernt als meine Schwiegermutter und bestimmt mehr von dem verstanden, was die Frauen eben gesagt hatten. Trotzdem brachte ich kein Wort auf Englisch heraus. Wie brachte es meine Schwiegermutter nur fertig, so unbefangen zu sein?

Der Fuchs hatte sich am beleuchteten Eingang eines Pubs hingesetzt und uns die ganze Zeit über beobachtet. Da die Umgebung dunkel und die Distanz zwischen uns groß war, konnte ich das Gesicht des Fuchses zwar nicht erkennen, doch ich wusste instinktiv, dass sich unsere Blicke trafen. Eine Begegnung mit einem Fuchs und zwei fremden Leuten mitten in der Stadt – es kam mir vor wie ein Traum.

Im Hotel hatten sich die Chinesen und Japaner, mit denen wir gestern schon im selben Bus gefahren waren, bereits eingefunden. Wir grüßten uns mit einem Nicken. Bald darauf kamen vier fremde Frauen in die Lobby. Da sie die gleichen Jacken von Canada Goose trugen wie wir, mussten sie ebenfalls Touristinnen sein, die zum Aurora Village fahren wollten. Noch bevor sie ein Wort sagten, war mir klar, dass sie aus Korea kamen. Erst hier auf der Reise war mir bewusst geworden, dass es eine typisch koreanische Ausstrahlung gab.

Tagsüber hatten wir neben dem Reiseprogramm – einem Museumsbesuch und einer Besichtigung des Parlamentsgebäudes – nur einen kleinen Spaziergang gemacht. Es wurden zwar auch Hundeschlittenfahrten und Rodeln angeboten, aber ich war in dieser Hinsicht vorsichtig. Allein hätte ich vielleicht darüber nachgedacht, aber für meine Schwiegermutter wäre das nicht das Richtige. Ich wollte zwar das Beste aus der Reise machen, aber es war mir nicht minder wichtig, dass wir als zwei nicht mehr ganz junge Frauen gut aufeinander aufpassten und gesund wieder nach Hause kamen. Deshalb gab ich mich völlig damit zufrieden, dass wir uns gut ausruhten, ausreichend aßen und die fremdartige Landschaft durch das Fenster betrachteten. Und schon das hatte mich so erschöpft, dass mich im Bus sofort der Schlaf übermannte.

Nach unserer Ankunft im Village rannten die koreanischen Frauen aus unserer Gruppe sofort zum Schild mit der Aufschrift *Welcome to AURORA VILLAGE*. Ich musste lachen, als ich sah, wie sie dabei alle in der gleichen Haltung posierten. Solche offensichtlichen Touristenfotos hatte ich früher immer albern gefunden. Doch bei näherem Hinsehen waren das weiche Licht, das das Schild anstrahlte, und die von einer dünnen Schneeschicht bedeckten alten Holzpfeiler, die das Schild stützten, von einer schlichten Schönheit. Meine Schwiegermutter und ich fotografierten einander auch davor. Als wir gerade Kopf an Kopf die Fotos begutachteten, kam der Reiseleiter zu uns herüber und sagte uns, in welches Tipi-Zelt wir gehen durften.

Ein großer See breitete sich vor uns aus. Dahinter befanden sich fünf nach Tieren benannte Hügel. Das Zelt, in das wir gestern eingeteilt worden waren, hatte direkt am See gestanden. Ohne uns dessen bewusst zu sein, waren wir auf dem Hinweg über den See gelaufen, der fest zugefroren und unter knöchelhohem Schnee versteckt lag. Der Reiseleiter erzählte uns, dass die Tipi-Zelte und die Polarlichter im Sommer so klar und wunderschön im See reflektiert wurden wie in einem Spiegel.

Heute befand sich unser Zelt direkt vor dem Buffalo-Hügel. Erst als der koreanische Reiseleiter uns im Vorübergehen *Anstrengend, nicht wahr?* zurief, wurden wir uns der Tatsache bewusst, dass wir auf dem Weg dahin bei jedem Schritt geächzt und gestöhnt hatten. Aus Spaß riefen wir auf dem restlichen Weg absichtlich übertrieben *Meine Beine, meine Knie*. Bisher hatten wir in der absoluten Dunkelheit immer Angst gehabt, falsch aufzutreten und hinzufallen, doch in unserer dritten Nacht war unser Schritt schon sicherer und wir konnten den Blick aufs Village genießen.

Der schwarze Himmel war mit Sternen übersät, die wie viele dicht zusammengedrängte Lämpchen aussahen. Sie bildeten alle zusammen ein großes Bild und stachen gleichzeitig jeder für sich hervor. Sie waren zahlreich und gleichzeitig einzigartig, alle gleich und doch völlig verschieden. Auf dem Boden erstrahlte wiederum ein weißes Schneefeld, das sanft schimmerte, als hätte man Glitzer darüber ausgestreut. Beim Laufen konzentrierte ich mich auf das Gefühl unter meinen Fußsohlen. Der schichtweise vereiste Schnee knirschte kaum beim Auftreten. Ich hatte das Gefühl, über Wolken zu gehen.

Als wir den Klettverschluss am Eingang des Tipi-Zeltes öffneten, sahen wir, dass die Koreanerinnen schon dasaßen. Sobald sie meine Schwiegermutter erblickten, sprangen sie erfreut auf und kamen zu uns geeilt. Während ich im Bus geschlafen hatte, hatten sie sich miteinander unterhalten. Das einzige Heizgerät im Zelt war ein Holzofen und am Eingangsbereich war es so kalt, dass der Atem kondensierte. Wir setzten uns um einen Tisch, der dem Ofen am nächsten stand.

Die vier hatten zusammen die Oberschule besucht und erzählten, dass eine von ihnen im Frühling heiraten wollte. Seitdem sie alle berufstätig waren, konnten sie sich nicht mehr so oft treffen wie früher, und wenn sie nun heirateten, schwanger wurden und sich um die Kinder kümmern mussten, würden sie sich wohl noch seltener treffen können. Deshalb hätten sie sich zu dieser gemeinsamen Reise entschlossen. Unwillkürlich erwiderte ich, das sei eine gute Idee gewesen. Schließlich hatte auch ich meine Reise zu den Polarlichtern aus diesen Gründen jahrzehntelang aufgeschoben.

»Sind Sie beide wirklich Kommilitoninnen vom Graduiertenkolleg? Warum nennen Sie sie dann Mutter?«

Was hörte ich da? Als ich meine Schwiegermutter mit großen Augen ansah, antwortete diese gelassen:

»Ich glaube, es gab keine bessere Alternative. Dafür, Großmutter genannt zu werden, war ich damals noch nicht alt genug, aber für *Eonnie, ältere Schwester*, war ich zu alt, deshalb haben mich früher all meine Kommilitoninnen einfach Mutter genannt.«

Ich lachte nur und sagte, es sei wirklich so gewesen. Die Frau, die diese Frage gestellt hatte, sagte zu der Freundin neben sich: *Siehst du, was habe ich dir gesagt?* Die Freundinnen schienen bereits über den Wahrheitsgehalt dieser absurden Lüge meiner Schwiegermutter diskutiert zu haben.

»Wissen Sie, meine Freundin hier fand, Sie beide sähen eher wie Mutter und Tochter aus. Sie sehen sich wirklich sehr ähnlich.«

»Aber eine Tochter würde doch eher ›Mama‹ sagen.«

»Sie könnten ja auch Schwiegertochter und Schwiegermutter sein. Die Schwiegertöchter sagen ja ›Mutter‹.«

Da fiel ihr die Freundin, die heiraten wollte, ins Wort: »Völlig ausgeschlossen! Schwiegertochter und Schwiegermutter können doch nicht zu zweit verreisen. Das geht aufgrund ihrer Beziehung nicht. Ihr wisst das nicht, weil ihr noch nicht verheiratet seid.«

Alle lachten. Meine Schwiegermutter klatschte sogar in die Hände und lachte am lautesten.

Wir tranken den Kakao, der uns gebracht worden war, und überprüften auf unseren Handys die Wettervorhersage für Polarlichter. Deren Aktivität sollte kontinuierlich ansteigen. Ich konnte es vor lauter Erwartung kaum noch aushalten. Ich legte den Kopf in den Nacken und leckte mit der Zunge das Kakaopulver aus der Tasse, das sich abgesetzt hatte. Die jungen Frauen gingen mehrmals aus dem Zelt und wieder herein.

Es wurde mir langsam zu stickig – vielleicht saßen wir zu nah am Ofen –, also ging ich kurz nach draußen. Es war so eisig draußen, dass ich mir vorstellte, mein Atem würde unmittelbar vereisen und sofort zu Pulver zerstieben. Ich ging langsam umher und sah mich um. Die nach oben hin zulaufenden Tipi-Zelte reflektierten alle ein weiches gelbes Licht; aus dem Ofenrohr an der Spitze stieg Rauch auf. Der Ausdruck *bildhaft schön* beschrieb die Szenerie am besten. Bestimmt verbargen sich in den kleinen Zelten große und kleine Geschichten, ja ganze Welten. Das japanische Paar, das wir gestern im Bus getroffen hatten, war auf Hochzeitsreise nach Yellowknife gekommen. Sie hatten uns erzählt, dass man in Japan glaubte, Kinder, die in einer Polarlicht-Nacht gezeugt wurden, kämen als Genies zur Welt.

Auch ohne Polarlichter war es wunderschön hier. Als ich nur auf das Erscheinen der Polarlichter gewartet hatte, hatte ich das gar nicht wahrgenommen.

Mit vor mir ausgestreckten Armen klatschte ich in die Hände, während ich den Hügel hochlief. Unser Reiseführer hatte uns dazu geraten, weil es auf dem Hügel so dunkel war, dass plötzlich wilde Tiere vor einem auftauchen konnten, ohne dass man es bemerkte.

»Das ist sicherer – sowohl für die Tiere als auch für uns Menschen.«

So sorgten wir dort für Sicherheit: indem wir ein Zeichen gaben, *ich bin hier, ich komme näher, zieh dich zurück, wenn du möchtest.*

Der Buffalo-Hügel war höher gelegen, sodass sich nach allen Seiten ein freier Blick bot. Darunter erstreckte sich ein unendlich weiter Nadelwald. Ich drehte meinen Kopf abwechselnd in alle Richtungen und versuchte zu pfeifen. Ich hatte gehört, das machten die Einheimischen, um die Polarlichter herbeizurufen. Eigentlich konnte ich überhaupt nicht pfeifen. Sosehr ich mich auch bemühte, meinen Mund zu einem O zu formen, und so kräftig ich Luft über die Zunge hinweg ausstieß, es kam kein Ton heraus. Der einzige Laut, den es mir gelang zu erzeugen, war ein unmelodisches Geräusch, das eher wie Luft klang, die durch einen Strohhalm gesaugt wird, und das ich unwillkürlich machte, wenn ich zum Pfeifen ansetzte.

Plötzlich ertönte ein fremdes Geräusch. War irgendwo Schnee von den Bäumen gefallen oder ein Vogel davongeflattert? Ich erstarrte und drehte mich um, konnte aber nichts erkennen. Bald darauf kam ein Pfeifton zurück, der genau wie mein Pfeifen melodielos und kurz war – vielleicht war es ein Windstoß. Ich kann nicht so recht sagen warum, aber anstatt in die Richtung zu schauen, aus der das Geräusch gekommen war, blickte ich nach oben zum Himmel.

Ein Leuchten. Es war ein schwaches, aber unverkennbares Leuchten zu sehen. An dem sternübersäten schwarzen Himmel zogen zwei ungleichmäßig ineinander übergreifende blaue und gelbe Streifen wie Rauch hinweg. Dann verzweigten sie sich, wurden breiter und fingen an zu schlingern. Genau diese Licht-

erscheinung hatte ich im vergangenen Herbst in Seoul gesehen. Aber das Leuchten hier war viel intensiver,
klarer und lebhafter. Wie eine Fahne aus Licht, oder als
würde langsam das Fenster zum Weltall geöffnet. Das
Licht war etwas Lebendiges, ein intelligentes Wesen,
das sich planvoll und eigenständig bewegte. Ohne die
Augen vom Himmel abwenden zu können, sah ich zu
dem Leuchten hoch, als mir plötzlich der Atem stockte.
Erst da wurde mir bewusst, dass ich schluchzte. Mir liefen so unaufhörlich die Tränen, dass sie erst gar nicht
gefrieren konnten.

Meine Beine gaben plötzlich nach. Ich sackte im
Schnee zusammen, sah zum Himmel auf und weinte
geräuschvoll. Hatte ich, seit ich erwachsen war, jemals
so ungehemmt geweint? Hatte ich überhaupt jemals
laut geweint? Es waren keine von Bitterkeit und Enttäuschung, von Schmerz und Reue durchtränkten Tränen, sondern sie waren klar und erleichternd. Sie spül-
ten alles Alte aus meinem Körper und Geist. Auf diesen
Moment hatte ich also hingelebt. Ich war ganz im Hier
und Jetzt, in einem Zustand absoluter Lebendigkeit.

Plötzlich nahm ich herannahende Geräusche wahr.
Es kamen Leute den Hügel hinauf, um bessere Sicht
auf die Polarlichter zu haben.

»Wie schön! Polarlichter! Sie tanzen!«

Aus den Ausrufen der Bewunderung, dem Jubel und
den Schreien in den verschiedensten Sprachen hörte
ich ganz deutlich Koreanisch heraus. Als ich in die
Richtung lief, aus der ich es vernommen hatte, stand

meine Schwiegermutter bei den jungen Koreanerinnen, als wären sie eine zusammengehörende Gruppe, und machte Fotos. *Stellen Sie sich schnell zu viert hin, ich mache ein Foto von Ihnen, nein, meine Hände frieren überhaupt nicht, die Polarlichter wärmen anscheinend, mir ist kein bisschen kalt ...*

Ich rannte zu ihnen und machte Fotos von meiner Schwiegermutter und mir. Dann wollte ich den von Polarlichtern erstrahlenden Himmel fotografieren, doch nach wenigen Fotos war der Akku leer. Es hieß zwar, er würde sich wieder etwas erholen, wenn man das Handy etwas aufwärmte, aber ich steckte es einfach in die Tasche. Ich würde sie stattdessen mit den Augen sehen. Die ganze Schönheit mit eigenen Augen aufnehmen.

Inzwischen hatten die Polarlichter den Himmel vollständig in Besitz genommen. Sie schlingerten erst langsam, dann lebhaft tanzend, um daraufhin Wellen zu schlagen. Zu den blaugrünen Polarlichtern mischte sich violettes Licht, was noch viel prächtiger aussah. Überall ertönten Jubel und Seufzer. Weil uns der Nacken langsam steif wurde vom In-den-Himmel-Schauen, legte ich mich mit meiner Schwiegermutter einfach auf den Hügel, wo schon einige Leute im Schnee lagen.

Ich streckte meinen Arm nach meiner Schwiegermutter aus und nahm ihre Hand. Da wir über den Thermohandschuhen noch dicke Fausthandschuhe trugen, konnte von ›Nehmen‹ eigentlich nicht die Rede sein, vielmehr legte ich meinen dicken Handschuh auf den dicken Handschuh meiner Schwiegermutter.

Dennoch drehte sie sich zu mir um – vielleicht hatte sie das Gewicht meiner Hand gespürt. Ihr Gesicht war fast vollständig vom Schal verdeckt, nur die Augen lugten hervor; ihre Wimpern waren von einer leichten Eisschicht überzogen. An ihren Augen konnte ich erkennen, dass mich meine Schwiegermutter anlächelte.

Die Entfernung zwischen mir und dem Himmel, zwischen mir und den Polarlichtern ließ sich schwer abschätzen. Mal sahen sie unendlich weit entfernt aus, dann wieder zum Greifen nah. Als ich so ruhig dalag und die über uns hinwegfegenden Polarlichter betrachtete, bewegte sich auch etwas in meinem Inneren, sodass ich erneut in Tränen ausbrach. Die Tränenspur lief in meine Mütze und rann hinunter bis zum Hinterkopf, der nicht nur nass wurde, sondern sich vor Kälte bald taub anfühlte. Als meine Brust von Schluchzen bebte, zog meine Schwiegermutter ihre Hand unter meiner hervor, um sie daraufzulegen. Beruhigend tätschelte sie mir die Hand. Ich schluckte den Rotz und die Tränen herunter und rief: »Komm, wir wünschen uns etwas!«

»In Ordnung. Du zuerst.«

In dem Augenblick wirbelten die Polarlichter auf und flatterten in Richtung Erde, als wollten sie auf uns hinunterfallen. Ich war so überwältigt, dass mir die Sprache wegblieb. In mir stiegen wieder heftige Gefühle auf und ich schrie wehklagend: »Ich will mich nicht um Hanmin kümmern! Ich will einfach nicht! Ich nehme ihn nicht in meinen Ferien. Ich nehme ihn auch nicht, wenn er in die Schule kommt.«

Was für ein erbärmlicher Anblick – eine Großmutter, die lauthals heulte, weil sie nicht auf ihr Enkelkind aufpassen wollte. Aber ich meinte es ernst. Ich wusste nicht, ob ich weinte, weil ich von den Polarlichtern bewegt war oder weil mich der Gedanke, dass ich auf Hanmin aufpassen sollte, so aufwühlte. Meine Schwiegermutter wälzte sich eine Weile vor Lachen im Schnee.

»So, jetzt bin ich an der Reihe!«

Dann richtete sie sich auf, räusperte sich und rief überdeutlich: »Ich möchte lange leben! Ich nehme gerne ein künstliches Beatmungsgerät und was auch immer mich am Leben hält. Wozu soll man beim Sterben hübsch und würdevoll sein? Die Hauptsache ist ein langes Leben. Ich will so lange es geht an dieser schönen Welt festhalten.«

Diesmal war ich diejenige, die sich vor Lachen im Schnee wand. Dieser Wunsch passte bestens zu meiner Schwiegermutter. Die beide auf ihre Art unrühmlichen Wünsche zweier Frauen, die es durch Zufall unter ein Dach verschlagen hatte – die eine fast sechzig, die andere fast achtzig –, wurden von den Wellen der Polarlichter verschlungen und aufgewirbelt.

Bis mittags hatte es mit der Wettervorhersage für Polarlichter gar nicht gut ausgesehen. Für diese paar Tage waren wir vom anderen Ende der Erde hergeflogen, und unsere Körper, die schon im heimischen Wetter von Gliederschmerzen geplagt wurden, hatten die arktische Kälte nur mit Wärmekissen ausgehalten. Wir hätten unmöglich wieder zurück nach Hause fliegen können, ohne die Polarlichter gesehen zu haben. Ich hatte sogar schon ernsthaft darüber nachgedacht, unseren Rückflug ungeachtet der zusätzlichen Kosten zu verschieben. Jeden Tag hatte ich mich aufs Neue dick angezogen, mich mit warmem Essen satt gegessen und die Kamera eingepackt. Und ich hatte es geschafft, unter dem vom Polarlichtsturm bedeckten Nachthimmel zu liegen.

Manche Dinge liegen außerhalb menschlicher Kontrolle. Trotzdem kann man geduldig sein, sich vorbereiten, nicht völlig verzweifeln und – wenn man dann doch Glück hat – es dankbar annehmen, ohne es als seinen eigenen Verdienst hinzustellen. Meine Tränen hörten auf zu fließen.

Meine Schwiegermutter holte sich schließlich eine Erkältung. In der Nacht, in der wir von der Polarlicht-Besichtigung zurückkamen, wurde sie von hohem Fieber geplagt und stöhnte die ganze Nacht über Schüttelfrost und Gliederschmerzen. Nachdem sie Schmerzmittel aus unserer Reiseapotheke genommen und reichlich geschlafen hatte, sank zwar das Fieber, aber richtig erholt war sie noch nicht. Meine Schwiegermutter saß in die Decke eingewickelt auf dem Bett und sagte, jetzt hätte sie keine Kopf- und Halsschmerzen mehr und der Schnupfen sei weg, aber die Arme und Beine täten ihr immer noch weh.

»Im Restaurant unten im Erdgeschoss haben wir doch diese Suppe gegessen. Ich glaube, wenn ich eine gute Portion davon esse, bringt mich das wieder auf die Beine.«

Die Suppe stand zwar nicht auf der Zimmerservice-Karte, aber als ich an der Hotelrezeption nachfragte, brachte man uns die Suppe und die Nudeln mit Fleischklößen, die ich für mich bestellt hatte, ohne Weiteres aufs Zimmer. Mit der Decke um die Schultern kam meine Schwiegermutter an den Tisch. Nachdem sie laut schlürfend die Suppe aufgegessen hatte, ging sie wieder zurück ins Bett und zog dabei die Decke nach sich wie eine Schleppe. Bei diesem Anblick fiel mir ein, dass auch Jihye sich immer verhielt wie ein kleines Kind, sobald sie krank war. Während ich die Nudeln aß, sah ich, wie sich der Deckenhaufen bewegte.

»Es macht dir doch nichts aus, allein unterwegs zu sein, oder?«

»Wie bitte?«

»Ich möchte mich heute ausruhen. Was für ein Glück, dass ich gestern die Polarlichter gesehen habe. Es ist doch in Ordnung, wenn du allein losziehst, oder?«

»Macht es dir denn nichts aus, allein zurückzubleiben?«

»Wenn ich mich nicht wohlfühle, rufe ich dich an.«

»Gut, dann machen wir es so.«

Meine Schwiegermutter spülte ihre Medikamente mit etwas *Ssanghwa*-Kräutertee hinunter und zog sich die Decke über den Kopf.

Auch in der letzten Nacht waren die Polarlichter atemberaubend. Obwohl ich nun schon wusste, was mich erwartete, war ich überwältigt und zutiefst gerührt. Aber weinen musste ich nicht mehr. Zurück im Hotel duschte ich heiß, bevor ich ins Bett ging. *Bist du wieder zurück?*, fragte mich meine Schwiegermutter. Ich wollte sagen, dass die Polarlichter auch diesmal wunderschön gewesen waren, brachte aber kaum mehr als ›Ja‹ heraus, denn mir schnürte sich die Kehle zu.

»Wie schön. Meine Arme und Beine tun jetzt nicht mehr weh. Das Fieber ist weg und ich muss auch nicht mehr husten. Alles wieder in Ordnung. Ich glaube, in Vancouver kann ich wieder das ganze Programm mitmachen.«

Wie schön, erwiderte ich ebenfalls. Ich träumte von den Polarlichtern. Morgens wusste ich nicht mehr, ob ich sie im Traum nur gesehen hatte oder ihnen sogar hintergerannt war, ob ich von den Polarlichtern eingesaugt worden oder ob ich auf ihnen geflogen war. Sobald ich beim Aufwachen die Augen öffnete, waren sämtliche Bilder wie auf Knopfdruck spurlos verschwunden; nur das Wissen, dass ich von Polarlichtern geträumt hatte, war noch da. Es war ein seltsames Gefühl.

Einer meiner Lieblingsdichter hatte einmal etwas über die Einbuchtung über der Oberlippe – das Philtrum – geschrieben. Dort hieß es: Nachdem die Engel dem Baby im Bauch alle Weisheiten der Welt mitgegeben haben, drücken sie ihm einen Finger auf die Lippen, damit es alles wieder vergisst, bevor es hinaus in die Welt geschickt wird – und dabei entsteht das Philtrum. Ich hob meine Hand und betastete meine Einbuchtung über der Lippe. Ich hatte ohne Zweifel eine andere Welt betreten, nur konnte ich mich nicht mehr an sie erinnern. Aber ich wusste, das Leuchten dieser Welt war in mich gedrungen.

Die ganze Zeit über war das Wetter mild, alles andere als winterlich. Immer wenn die Temperaturen dann doch plötzlich fielen, trug ich eine der Mützen, die meine Schwiegermutter gestrickt hatte. Die Tage in Yellowknife fühlten sich weit weg an, als lägen sie bereits Jahre zurück, und manchmal, als hätte ich sie nur geträumt.

Ich hatte geglaubt, mein Leben würde sich nach der Rückkehr aus Yellowknife verändern. In einer Dokumentation, die ich mir vor der Reise angesehen hatte, waren Leute gezeigt worden, die nach ihrer Reise zu den Polarlichtern ihren Job aufgegeben hatten und Astrofotografen geworden waren, oder die noch mal an die Uni zurückgegangen waren. Man brauchte nur einen Schritt aus dem Alltag herauszutreten, um zu sehen, dass es viele Wege im Leben gab. Für diese Menschen waren die Polarlichter dieser eine Schritt gewesen. Ich hatte angenommen, bei mir würde es ähnlich sein, schließlich hatte ich die Polarlichter lange Zeit in mir aufbewahrt.

Aber es passierte nichts dergleichen. Die restlichen Ferien verbrachte ich damit, die Schüler auf die letzten Uniaufnahmeprüfungen vorzubereiten, an einer Fortbildung für Schulberatung teilzunehmen und Pilates zu machen. Die Ferien waren wie immer zu kurz und bei dem Gedanken an das bevorstehende neue Schuljahr flatterte immer wieder mein Herz, ohne dass ich hätte sagen können, ob aus Angst oder freudiger Erwartung.

Ich schüttete einen Beutel mit Andenken vor Jihye aus: Ahornsirup, ein wie ein Eisbär geformtes Yellowknife-Autoschild, wie Schlittenhunde geformte Kühlschrankmagnete, Schlüsselanhänger in Form von Ahornblättern, Postkarten mit Polarlichtern, Miniatur-Inukshuks und Handcreme. Jihye schob die Sachen mit spitzen Fingern hin und her und nahm sich eine Flasche Ahornsirup und eine Packung Handcreme heraus.

»Nimm dir ruhig noch mehr mit. Es ist ja genug da.«

Jihye schüttelte den Kopf. »Nein, ich brauche nicht so viel Plunder.«

»Also, hör mal. Was heißt hier Plunder?«

In Wirklichkeit war ich überhaupt nicht enttäuscht von ihrer Reaktion. Ich fragte mich zwar manchmal, wie ein Kind, das aus meinem Bauch gekommen war, so anders sein konnte als ich. Doch dann sagte ich mir immer, dass sie ja nur ein paar Monate in meinem Bauch verbracht hatte, während sie schon seit Jahrzehnten hier draußen in der Welt lebte. Ich neigte dazu, Menschen, die völlig anders als ich waren, nach meinen Maßstäben zu betrachten. Man brauchte sich als Mutter nur kurz gehen zu lassen und schon wurde man seinem Kind gegenüber überheblich.

»Wie hat es dir gefallen, Oma?«

Auf Jihyes Frage blickte meine Schwiegermutter gedankenverloren ins Nichts. Sie schloss langsam die Augen und sagte dann mit deutlicher Betonung: »Wenn ich die Augen schließe wie jetzt, dann kann ich die Lichter tanzen sehen. Sie umschließen mich und fliegen mit mir ins Universum. Dann wird mir bewusst, wie unendlich das Universum ist und dass ich nichts weiter bin als ein Staubkörnchen.«

»Oma, du hast doch nicht etwa die Vergänglichkeit des Lebens erkannt?«

»Mir ist die Erkenntnis gekommen, dass ich mit beiden Händen nach dem Leben greifen muss. Zumindest will ich gut für mein Staubkörnchen-Selbst sorgen und ein schönes Leben führen, damit ich nicht davongeweht werde.«

Jihye nickte wortlos mit dem Kopf. Auf meine Frage, ob bei der Arbeit alles in Ordnung sei, nickte sie erneut. Als ich sie fragte, ob sie mit der neuen Babysitterin gut auskam, schüttelte sie allerdings den Kopf.

Mein Schwiegersohn hatte eigentlich sämtliche Urlaubstage nehmen und sich um Hanmin kümmern wollen, während Jihye mit mir auf Reisen wäre. Der Plan schien gut durchdacht zu sein. Mein Schwiegersohn hatte gesagt, Jihye solle beruhigt nach Kanada fliegen und sich um Hanmin keine Sorgen machen, sie könnten sich ja Gedanken um die Betreuungssituation machen, wenn sie wieder zurück wäre. Dann fragte er: »Übrigens, wie kommt ihr plötzlich auf die Polarlichter?«

»Ich will mir dort etwas wünschen.«

»Was denn?«

Jihye wollte erwidern, dass sie sich wünschte, ihren Job auch weiterhin behalten zu können, aber sie brachte es nicht über die Lippen. Es war einfach zu absurd, um es laut auszusprechen. Wer kam denn auf die Idee, zu kündigen und sich gleichzeitig zu wünschen, den Job auch weiterhin behalten zu können? Und warum? Und warum musste sie für diesen Wunsch bis nach Kanada fliegen? Sie konnte doch einfach hierbleiben und wie gewohnt zur Arbeit gehen. Anstelle einer Antwort fragte Jihye ihren Mann:

»Hast du vielleicht im Herbst auch die Polarlichter gesehen?«

»Polarlichter? Was für Polarlichter? Wir waren doch die ganze Zeit über hier in Seoul.«

»Ja, in Seoul. An dem Abend am sechsten September, als ich Überstunden machen musste. Du weißt schon, am Tag vor der Fortbildung für die Institutsleiter. Erinnerst du dich? An dem Tag habe ich ganz eindeutig Polarlichter durchs Fenster gesehen.«

»Hm … ich war so damit beschäftigt, Hanmin zu füttern und zu waschen. Da bin ich gar nicht darauf gekommen, aus dem Fenster zu sehen.«

Mein Schwiegersohn sah Jihye weder schief an noch unterstellte er ihr, ihre Beobachtung sei Einbildung gewesen. Er hörte ihr ernsthaft zu und antwortete ihr erst, nachdem er ehrlich versucht hatte, sich zu erinnern. Jihye sah all die Tage vor ihrem inneren Auge vorbeiziehen, an denen sie früh von der Arbeit heimgekommen war, um sich um Hanmin zu kümmern, und wie oft sie erschöpft und gedankenverloren aus dem Fenster gestarrt hatte. Wenn sich einer von ihnen so sehr dem Kind widmete, dass er keine Zeit fand, aus dem Fenster zu sehen, und eine andere währenddessen die ganze Zeit aus dem Fenster sah, wer von den beiden war dann eher für die Kinderbetreuung geeignet? In dem Augenblick war Jihye klar geworden, was ihrem Wunsch zugrunde lag.

»Ich glaube, ich kann mich nicht um Hanmin kümmern.«

Als hätte er es vorausgeahnt, hatte ihr Mann seelenruhig geantwortet: »Es sieht ganz danach aus.«

Jihye hatte beschlossen, in ihrer Firma zu bleiben. Die Abteilungsleiterin war hin und her gehetzt, um die schriftliche Kündigung, die bereits vom Geschäftsführer genehmigt worden war, wieder rückgängig zu machen.

Mein Schwiegersohn hatte sich während seines Urlaubs bei den Krippen in der Gegend beraten lassen, war mit Hanmin für eine Vorsorgeuntersuchung beim Kinderarzt gewesen, und er hatte mögliche Babysitterinnen interviewt und eine neue Kandidatin eingestellt. Mein Schwiegersohn übernahm die Kommunikation mit der Babysitterin allein, was die Babysitterin anfangs wohl irritierte; aber mittlerweile fragte sie nicht mehr nach *Hanmins Mama,* sondern hatte sich an meinen Schwiegersohn gewöhnt. Früher hatte er Jihye Vorwürfe gemacht, wenn er meinte, dass die Babysitterin etwas falsch machte. Doch jetzt hatte sich der Spieß umgedreht und sie lastete es ihrem Mann an, wenn ihr etwas an der neuen Babysitterin missfiel.

»Ich nehme mir zwar vor, das zu lassen, aber manchmal finde ich es ganz schön, es ihm jetzt heimzuzahlen.«

Ehrlich gesagt hätte ich am liebsten geweint, als ich damals am Flughafen in Vancouver die Nachricht von Jihye las. Sie war ungefähr zehn gewesen, als sie verkündet hatte, sie wolle später auf keinen Fall Büroangestellte werden – das sei viel zu langweilig. Ihre Traumberufe hatten damals interessantere Namen und lagen in den unterschiedlichsten Feldern: Designerin, Pilotin, Sängerin, Ärztin und Profi-Gamerin. Ich klärte sie nicht darüber auf, dass es auch Designerinnen, Pilotinnen und Ärztinnen gab, die in Büros arbeiteten. Ich ermutigte sie einfach, ihren Träumen nachzugehen. Ihre naiven Gedanken und unrealistischen Vorstellungen waren mir damals als liebenswert erschienen.

Ich weiß, dass es hilft, das Leben zu ertragen, wenn man ganz in seiner Arbeit aufgeht. Ich weiß auch, wie wichtig und wertvoll das Recht auf Arbeit ist – und dass es für manche etwas ist, das mit Mühe erkämpft werden muss. Wie auch immer, Jihye hatte ihre erste Krise überwunden. Ich redete Jihye ein, das verdanke sie mir, weil ich daran gedacht hatte, ihren Wunsch bei den Polarlichtern vorzutragen.

Es waren zwar meine Schwiegermutter und ich gewesen, die die Polarlichter gesehen hatten, aber verändert hat sich Jihyes Leben. Die Veränderung bestand darin, dass sich ihr Leben eben nicht veränderte, obwohl es kurz davorgestanden hatte, und das war vielleicht die größte Errungenschaft dieser Reise. Seitdem dachte ich darüber nach, was ich tun konnte, was ich nicht tun wollte, und darüber, wie das mein und Jihyes Leben jeweils beeinflussen würde. Und ich dachte über die Zeit nach, die mir und meiner Schwiegermutter noch blieb.

Meine Schwiegermutter achtete darauf, etwas weniger zu essen und dafür mehr Sport zu treiben und mehr zu schlafen. Sie machte jeden Nachmittag ein vierzigminütiges Schläfchen. Ich selbst sah nun öfter zum Himmel hinauf. Ob es wirklich Polarlichter waren, die Jihye und ich in jener Herbstnacht in Seoul gesehen hatten? In welchem Winkel des Universums mochten die Wünsche, die wir in Yellowknife zu den Polarlichtern hochgeschickt hatten, jetzt sein? Und in welchem Licht würden sie zu uns zurückkehren?

GROSSE MÄDCHEN

Die frische Narbe verlief ungefähr zwei Zentimeter lang von ihrem rechten Mundwinkel aus. Abwechselnd über und unter der horizontalen, wie mit einem Lineal gezogenen geraden Linie befanden sich rote Punkte – vermutlich war die Wunde dort genäht worden. Als die massive Eingangstür des Cafés knarrte, hatte ich unvermittelt dieses Bild vor Augen. Ich spürte ein Stechen an den Lippen, während gleichzeitig ein bohrender Schmerz durch meine rechte Schläfe fuhr. Ich drückte mir mit der Hand auf den Mund.

Damals war ich im zweiten Jahr der Mittelschule gewesen, also im selben Alter wie meine Tochter Juha jetzt. Nachdem die Frau wieder aus unserem Haus ausgezogen war, hatte mein Vater nach der Narbe gefragt. Während sie sämtliche Sicherheitsriegel vorschob, hatte meine Mutter geantwortet:

»Er soll gesagt haben, er würde ihr den Mund zerreißen, wenn sie ihm noch einmal widerspräche. Und genau das hat sie getan ...«

»Das macht doch keinen Sinn! Der Schnitt ist so sauber, als wäre man mit einer Schere am Werk gewesen. Hat sie sich denn überhaupt nicht gewehrt?«

»Du findest es seltsam, dass die Narbe sauber ist?

Ist das wirklich so schwer, sich das vorzustellen? Nicht genug damit, dass der Mann seine Ehefrau zusammenschlägt, bis ihr die Rippen brechen und das ganze Gesicht mit blauen Flecken übersät ist, nein, dass er ihr auch noch den Mund zerreißt, das findest du nicht seltsam? Ergibt das für dich etwa einen Sinn?«

In dem Moment hatte ich plötzlich einen stechenden Schmerz an den Lippen gespürt. Da hatte es angefangen.

Hyunseongs Mutter wollte mich treffen, wir müssten über Juha sprechen.

»Das erzähl ich dir nur, weil ich mir Sorgen mache. Also wirklich, diese Unbi ist unmöglich. Hast du gewusst, dass sich Juha mit so einem Mädchen herumtreibt? Vermutlich nicht, du bist ja sehr beschäftigt.«

Die Mütter von Hyunseong, Seho und Seonu redete ich mit *Eonnie, ältere Schwester,* an. Sie behandelten mich immer wie eine gänzlich unerfahrene Mutter, dabei waren sie eigentlich keineswegs klüger oder erfahrener als ich, was Erziehung und Fürsorge anging. *Auch ich habe mein Kind unter Schmerzen zur Welt gebracht und fünfzehn Jahre lang aufgezogen, was sollte mir da an Wissen fehlen? Sollte ich euch nicht vielmehr voraus sein, was den Informationsstand und die geistige Flexibilität angeht?* Aussprechen konnte ich das natürlich nicht. *Das stimmt, Eonnie, vielen Dank, Eonnie.* Ich ging nur darauf ein, wenn es wirklich sein musste, um losen Kontakt mit ihnen zu halten und ab und an auf ihre Unterstützung zählen zu können.

Juha hatte mir bereits von der Sache mit der Kommission gegen Gewalt an der Schule erzählt. Es hatte mich zwar ein wenig überrascht, dass es bereits an der Mittelschule sexuelle Belästigung gab, aber dem Umstand, dass Hyunseong einer der Täter sein sollte, hatte ich keine große Beachtung geschenkt. Hyunseong war gut in der Schule, er war aufgeschlossen und seit der Grundschule beliebt bei den anderen Jungen. Früher hatte er sich auch mit Juha gut verstanden. Doch mit der Zeit schienen sie sich wie von selbst voneinander zu entfernen, bis Juha dann irgendwann begann, den Mund zu verziehen, sobald man Hyunseong erwähnte. Als ich sie einmal fragte, warum sie ihn nicht mehr mochte, hatte sie nur knapp erwidert:

»Er hat eine Hackfresse.«

Es ist eine endlose und undankbare Arbeit, Kinder in der Pubertät jedes Mal auf ihre Wortwahl und ihr Verhalten anzusprechen. Außerdem wollte ich nicht mit ihr streiten, deshalb sagte ich lediglich, sie solle so etwas nicht über einen Freund sagen. Mein Mann war der Meinung, man dürfe nicht einmal so reagieren. Er plädierte stattdessen für die Ach-so-Taktik. Man bräuchte zwar nicht auf alle Forderungen der Kinder einzugehen, aber ihre Gefühle müsse man uneingeschränkt akzeptieren.

»*Ach so, Hyunseong hat eine Hackfresse.* Das soll ich also zu unserer Tochter sagen, meinst du?«

Mein Mann schüttelte sich vor Lachen und sackte auf dem Sofa zusammen. Was fand er nur so komisch? Einmal, als er begeistert eine Sendung mit Sketchen schaute, die ich absolut nicht witzig fand, hatte ich ihn das geradeheraus gefragt. Mein Mann hatte damals erwidert, er fände alles daran witzig. *Alles? Restlos alles?* Ich musste ein verständnisloses Gesicht gemacht haben, denn er hatte hinzugefügt:

»Wir haben eben einen unterschiedlichen Sinn für Humor.«

Es war damals nicht das erste Mal gewesen, dass ich sein Verhalten in eigentlich unbedeutenden Situationen als derart befremdlich empfunden hatte. Kam es wirklich nur daher, dass wir einen unterschiedlichen Sinn für Humor hatten? Wir schliefen zwar seit zehn Jahren unter einer Decke, doch womöglich hatten wir bislang in unterschiedlichen Welten gelebt.

Ich fragte Juha nicht weiter über die Kommission gegen Gewalt in der Schule aus. Irgendwann hatte ich aufgehört, sie über ihre Freunde, die Schule und den Unterricht – einfach über die Zeit, die sie ohne mich verbrachte – auszufragen. Jetzt reagierte sie zwar noch gereizt, aber irgendwann würde sie mir alles freiwillig erzählen und sich mir öffnen. In diesem Glauben hatte ich bislang abgewartet und sie in Ruhe gelassen, daher hatte ich nicht den blassesten Schimmer davon, was in der Schule passiert war.

Es war nicht nötig, den Rock absichtlich hochzuzie-
hen. Die Schuluniformröcke waren ohnehin schon be-
schämend kurz. An dem Tag, als sich Unbi lässig auf
die Schließfächer der Jungen setzte, trug sie ausgerechnet einen dieser Röcke. Der Rock rutschte noch weiter nach oben. Unbi streckte ihre Beine aus und zog
sie wieder ein, sodass ihre Unterschenkel und Füße
wie eine Schaukel auf und ab wippten. Dabei schau-
ten flüchtig ihre Oberschenkel hervor. Hyunseong und
ein anderer Schüler näherten sich gerade den Schließ-
fächern, um ihre Schulbücher zu holen.

Es war Mittagspause, und im Klassenzimmer herrschte
eine ruhige Geschäftigkeit wie in der Wartehalle eines
Servicecenters: Jedes Kind war mit seinen eigenen Angelegenheiten beschäftigt. Plötzlich schrie Unbi auf:

»Bist du pervers, oder was? Was machst du da?«

Hyunseong hielt sein Handy in Unbis Richtung und
mit einem *Klick* ertönte das Geräusch des Auslösers.
Auch die Mädchen, die in der Nähe standen, stimmten protestierend in das Schreien ein. Hyunseong und
der andere Schüler grinsten boshaft. *Was regst du dich
auf, wir haben doch nur ein Selfie gemacht. – Ihr lügt. Das
lass ich mir nicht gefallen.* Nachdem eine Weile vulgäre
Schimpfwörter hin- und hergegangen waren, streckte
Hyunseong sein Handy aus.

»Da, kannst ja selber nachsehen, ob ein Foto von dir
dabei ist oder nicht.«

Verächtlich lächelte Unbi mit verschränkten Armen
und erwiderte:

»Nachsehen? Hast du gerade gesagt, ich soll nachsehen? Keine Sorge, das mache ich – und zwar auf meinem Handy.«

Das Ganze war mit Unbis Handy gefilmt worden. Juha hatte es rücklings auf ihrem Stuhl sitzend von ihrem Fensterplatz in der letzten Reihe aus aufgenommen.

Die ahnungslosen Jungen waren so verblüfft, dass sie kein Wort mehr hervorbrachten. Unbi zeigte die beiden in der Beratungsstelle der Schule an, und in der Woche darauf sollte die Kommission gegen Gewalt in der Schule tagen. Es war schon ungewöhnlich, dass die beiden Jungen, die bessere Noten hatten als Unbi, sich abwechselnd von ihren Eltern und den Lehrern Strafpredigten anhören mussten, sodass sie nicht mehr richtig zum Lernen kamen. Und sollten sie zusätzlich dazu bestraft werden – auch wenn sie nur eine schriftliche Entschuldigung schreiben müssten –, dann würde das in der Schüler-Kartei vermerkt und es wäre davon auszugehen, dass sie an keiner Elite-Oberschule mehr aufgenommen würden.

Die Mädchen hatten sich zwar ebenfalls mit Schimpfereien an dem Streit beteiligt, aber weil sie ihre Geschichte untereinander abgesprochen hatten, konnten sie sich aus der Affäre ziehen. Während die hinterlistigen Mädchen fein raus waren, würden die unbedarften Jungen nun wahrscheinlich bestraft. So weit die Vorgeschichte, wie sie mir Hyunseongs Mutter erzählte.

»Was sagst du dazu?«

Was ich dazu sage? Ich wüsste vor allem gern, warum du mich zu so später Stunde noch treffen wolltest. Da ich das auf keinen Fall offen sagen konnte, lachte ich nur resigniert. Hyunseongs Mutter meinte, nicht nur ihr Sohn, sondern auch Juha sei ein Opfer. Unbi hätte sie für ihren Plan benutzt, die Jungen mit guten Noten zu Fall zu bringen. Hyunseongs Mutter wollte, dass Juha als Zeugin bei der Sitzung der Kommission gegen Gewalt in der Schule vorsprach und die Wahrheit erzählte.

»Die … Wahrheit?«

Die »Wahrheit« war angeblich, dass Unbi die ganze Situation eingefädelt und Juha dazu gebracht hatte, alles zu filmen.

»Du willst also behaupten, Juha hat die Situation absichtlich und heimlich gefilmt?«

»Die Mädchen sollen so getan haben, als ob sie sich aus Spaß gegenseitig filmen. *Du musst die Kamera so halten, dass die Beine länger aussehen, wow, gutes Handy,* solche Sprüche halt. Wenn man sich nur das Video ansieht, könnte man wirklich meinen, es wäre zufällig aufgenommen geworden. Deshalb brauchen wir jemanden, der die Wahrheit erzählt.«

Wenn es aussah, als wäre alles zufällig gefilmt worden, auf welcher Grundlage unterstellte sie den Mädchen dann böse Absichten? Und warum dachte sie, Unbi hätte Juha ausgenutzt? War Juha wirklich ausgenutzt worden?

»Ich höre das gerade zum ersten Mal. Im Moment

kann ich dir noch keine Antwort darauf geben. Erst muss ich mit Juha sprechen …«

Hyunseongs Mutter holte heftig Atem, als wollte sie etwas sagen, doch dann stieß sie die Luft nur explosionsartig aus.

»Ja. Wenn du erst von mir davon gehört hast, ist es natürlich schwierig, sofort etwas darauf zu sagen. Dann sprich erst einmal mit Juha. Ich rufe dich morgen an.«

Ich ließ Hyunseongs Mutter, deren Miene versteinert war, zuerst gehen, und stand erst auf, nachdem ich in Ruhe meinen Kaffee ausgetrunken hatte. Gerade als ich bedrückt und durcheinander die Tür des Cafés aufstieß, wurde ich zum ersten Mal seit Langem wieder von diesem Schmerz heimgesucht.

Meine Mutter war dabei, draußen in einer Ecke der Diele gedämpfte Erbsenschoten gleichmäßig auszubreiten und abkühlen zu lassen. Im Sommer gab es bei uns zu Hause gedämpfte Erbsen. Wir aßen sie nicht wie andere vermischt mit Reis oder im Reiskuchen, sondern dämpften sie samt Schoten, die dann in einem Korb bereitstanden, damit die Familie beliebig davon naschen konnte.

»Auf dem Markt gibt es schon Erbsen. Ich habe gleich ein Netz gekauft, weil die Farbe so schön ist und sie so frisch duften.«

Ich öffnete eine Schote und steckte mir eine Erbse in den Mund. Sie war genau auf die richtige Temperatur abgekühlt und hatte eine aromatische, fruchtige Süße, die ganz anders schmeckte als die von Zucker. Meine Mutter sah mir zu, wie ich mir eine Erbse nach der anderen in den Mund schob, und lächelte zufrieden.

»Warum lachst du?«

»Eltern macht es schon glücklich, wenn sie ihren Kindern nur beim Essen zusehen.«

»Ich werde heiraten.«

In derselben Haltung, mit demselben Gesichtsausdruck und denselben Bewegungen wie zuvor pulte ich die Erbsen und schob sie mir in den Mund.

Die Ärmel hatte ich mir hochgekrempelt, nun lief das Wasser von den Schoten die Handlinien entlang über die Arme. Meine Mutter gab mir einen Klaps auf die Hand. Die glatte Erbse in meiner Hand kullerte auf den Boden und rollte weit weg.

»Heiraten? Bist du verrückt geworden?«

Meine Mutter und ich saßen uns wie in einem Fernsehdrama gegenüber, daran kann ich mich heute noch gut erinnern.

»Wen? Diesen Mann, den dir jemand vorgestellt hat? Wie oft habt ihr euch schon getroffen? Weniger als zehnmal, oder?«

»Siebenmal.«

Ich hatte mich nicht auf den ersten Blick in meinen Mann verliebt. Er hatte weder einen herausragenden Charakter noch war er eine gute Partie, wie man es gemeinhin nannte. Zu der Zeit war ich von meinem Leben überfordert. Ich empfand die verschiedensten, gleichzeitig miteinander ringenden Gefühle für meine Mutter; sie pendelten zwischen Respekt und Enttäuschung und nahmen immer größeren Raum ein, bis diese Hassliebe kaum noch zu ertragen war. Ich wollte anders denken, mich bewegen und leben als bisher, und ich wollte meine Familie endlich verlassen. Ich vermute, ich wollte meiner Mutter auch wehtun.

»Lass es sein. Du bist erst vierundzwanzig. Die ganze Welt steht dir offen, und du willst das alles aufgeben?«

»Wieso denn aufgeben? Warum meinst du, ich würde irgendetwas aufgeben, nur weil ich heirate? Ich werde alles in Angriff nehmen, was ich will.«

»Glaubst du etwa, das wird alles einfach so klappen? Glaubst du wirklich, eine Frau, die heiratet und Kinder bekommt und aufzieht, kann alles machen, was sie möchte?«

»Du hast ja wohl nicht gerade das Recht, so zu reden.«

»Mich und meinen Job gibt es genau aus dem Grund, weil es immer noch so ist.«

Meine Mutter hatte auf eigene Initiative vor fast dreißig Jahren eine Beratungsstelle gegen häusliche Gewalt in einer erzkonservativen kleinen Provinzstadt eröffnet. An dem Tag, als am Eingang des gerade mal zehn Quadratmeter großen Büros, für das sie mit ihrer Co-Geschäftsführerin ihr ganzes Geld zusammengelegt hatte, das Schild *Beratungsstelle gegen häusliche*

Gewalt aufgehängt wurde, soll es einen Ansturm gegeben haben: einerseits von Männern, die behaupteten, heutzutage würde doch niemand mehr seine Frau schlagen, die Beratungsstelle sei eine Schande für die ganze Gegend; andererseits von Männern, die den beiden vorwarfen, sie würden sich in fremde Angelegenheiten einmischen. Erstaunlicherweise waren die wenigsten von ihnen betrunken gewesen, und kaum einer hatte geflucht oder wild mit Sachen um sich geworfen. Diese Männer waren lediglich fest davon überzeugt gewesen, dass sie recht hatten, und waren mit der anständigen Absicht gekommen, die beiden einfältigen Frauen vor einem großen Fehler zu bewahren. Es war in dem Jahr gewesen, in dem eine Frau, die von ihrem Mann so heftig verprügelt worden war, dass sie ihr Kind tot zur Welt bringen musste, ihren Mann umgebracht hatte.

Danach kamen immer wieder fremde Frauen in unser Haus. Manche von ihnen waren derart angespannt, dass sie eine aggressive, abweisende Energie verströmten. Dann gab es noch gepflegte, vornehme, bedächtig sprechende Frauen. Andere wiederum schwatzten pausenlos, als wären sie alte Freundinnen meiner Mutter. Wenn die Frauen bei uns wohnten, schlief mein Vater im Erdgeschoss bei meiner Großmutter und meine jüngere Schwester und ich konnten nur fest umschlungen einschlafen, weil wir irgendwie verängstigt waren. Ich erinnere mich noch an den süßsäuerlichen Geruch, der vom Kopf meiner Schwester ausging.

Manchmal wurde meine Mutter sogar von fremden Männern tätlich angegriffen. Die Polizei, die sich in solchen Fällen nicht blicken ließ, sooft man auch Hilfe anforderte, pflegte bisweilen aufzutauchen, wenn ein Ehemann gemeldet hatte, seine Frau werde in der Beratungsstelle »gefangen gehalten«. Dann wurde alles – das Büro, die Notunterkunft und selbst unser Haus – auf den Kopf gestellt. Es gab viele Menschen, die die Arbeit meiner Mutter alles andere als mit wohlwollenden Augen betrachteten. Die Hälfte davon lehnte sie mit dem Argument ab, sie sorge nur für Aufruhr, die andere Hälfte meinte, dass sie ja sowieso nichts ausrichten konnte. Meine Großmutter verlangte von meiner Mutter zwar nicht direkt, mit der Arbeit aufzuhören, aber sie ließ immer wieder Sticheleien hören: »Und das soll also ein Beruf sein? Bekommst du überhaupt Geld dafür?«

»Ich bekomme eine kleine Aufwandsentschädigung von der zentralen Beratungsstelle in Seoul.«

»Kein Gehalt, kein Gewinn, nur eine Aufwandsentschädigung? Das verstehe ich nicht, aber ich bin wohl zu ungebildet.«

Meine Mutter meinte dazu nur, solche Kommentare würden ihr wirklich überhaupt nichts ausmachen. Gingen die Frauen jedoch wieder zurück zu ihren Ehemännern, dann lag meine Mutter mehrere Tage lang krank im Bett. Nachdem eine Frau, die sich eine Woche in unserem Haus versteckt gehalten hatte, wieder zurückgegangen war, brachte die achtlose Bemerkung meines

Vaters, warum sie dann überhaupt die Beratungsstelle aufgesucht habe, meine Mutter zum Explodieren.

»Glaubst du, Jeongae ist aus freien Stücken wieder zurückgegangen? Sie hat kein Geld, keine Arbeit, der sie nachgehen könnte, keine Eltern, bei denen sie Zuflucht suchen könnte, und daheim warten ihre beiden Kinder. Was soll sie schon groß tun? Du darfst nicht schlecht über sie reden. Niemand auf dieser Welt hat das Recht, schlecht über sie zu reden!«

Meine Mutter hatte von der Leiterin der Beratungsstelle zur Verwaltungssekretärin gewechselt, dann zur Beraterin und schließlich wieder zur Leiterin. Nachdem sie ihr ganzes Leben der Beratungsstelle gewidmet hatte, legte sie plötzlich alles nieder, um Juha zu betreuen. Unmittelbar nach der Heirat wurde ich schwanger, dabei war ich, wie meine Mutter gesagt hatte, noch jung und hatte noch so vieles vor mir. Meine Mutter brachte es nicht über sich, ihre Tochter, die mit dem Baby in den Armen verzweifelte, zu ignorieren. Ich versuchte der Behauptung meiner Mutter zu glauben, sie habe sich ohnehin zur Ruhe setzen wollen.

Die Kopfschmerzen waren so unerträglich, dass ich nicht weiterlaufen konnte. Ich ging in einen Convenience Store, um mir Kopfschmerztabletten und Wasser zu kaufen, und schluckte auf der Stelle zwei Tabletten. Weil die Wirkung nicht so schnell eintrat, wie ich gehofft hatte, hockte ich mich erst einmal auf den Bordstein vor dem Ladengebäude. Ich überlegte kurz, ob ich meinen Mann anrufen sollte, damit er mich abholte. Aber ich ließ es sein, denn dadurch würden die Kopfschmerzen schließlich weder verschwinden noch würde mein Mann mich nach Hause tragen. Die Luft war nicht besonders rein, aber die Nachtluft war einigermaßen erfrischend, was meinen klaren Verstand wieder allmählich zurückbrachte. Ich saß dort ungefähr zwanzig Minuten.

Ich kam viel später als geplant zu Hause an, doch aus Juhas Zimmer war noch eine Online-Vorlesung zu hören. Als Juha in die Mittelschule eingetreten war, hatte sie erst gar nicht mehr zur Schule gehen wollen. Sie hatte einen riesigen Aufstand veranstaltet, weil sie die Schule abbrechen wollte. Doch jetzt im zweiten Jahr klammerte sie sich derart krampfhaft an die Noten, dass es beinahe besorgniserregend war. *Ich will richtig gut sein, ich will gewinnen, ich werde es denen zeigen, ich werde dafür sorgen, dass sie auf mich nicht herabsehen.* Permanent sagte sie solche Sätze. Es war zwar eine Erleichterung, dass sie sich selbstständig ums Lernen kümmerte, aber ich fühlte mich irgendwie nicht ganz wohl dabei.

Ich ging mit einer Scheibe getoasteten Weißbrots in Juhas Zimmer. Juha warf mir einen flüchtigen Blick zu und hielt die Vorlesung an. »Wenn du etwas zu sagen hast, dann sag es.«

Ich musste es von ihr persönlich hören. Ich konnte es nicht ignorieren, ich konnte unmöglich so tun, als wäre nichts gewesen. Doch die Geschichten, die Hyunseongs Mutter mir erzählt hatte, hatten sich in meinem Kopf verworren. Ich feuchtete mehrmals die Lippen an, gab wiederholt *Hm, hm* von mir, um dann ein Lachen auszustoßen. Und wieder konnte ich nur lachen. Ob ich nun bestürzt, verlegen oder verschämt war, egal, in was für einer ärgerlichen, unbequemen Situation ich steckte, immer musste ich lachen. Als Kind hatte ich eigentlich nicht viel gelacht. Auf den alten Fotos im Album hatte ich immer die Unterlippe vorgeschoben. Angeblich war ich selbst der Aufforderung, zumindest fürs Foto zu lachen, nicht nachgekommen. An der Uni hatten mich meine Freunde nur *Strenge Miene* genannt. Wenn jemand einen Witz machte, fragte ich daraufhin ernsthaft nach. Wie war ich bloß zu jemandem geworden, der nur albern und nichtssagend lachte?

Ich atmete einmal tief durch, bevor ich Juha möglichst ohne Absicht und Werturteil meine Frage stellte.

»Erzählst du mir von der Sache mit Hyunseong und der Kommission gegen Gewalt in der Schule?«

Nach wie vor blickte Juha gleichgültig drein. Sie war mir ähnlich.

»Die Jungs in unserer Klasse haben ein Mädchen sexuell belästigt. Und einer von ihnen ist Hyunseong.«

Juha biss von der Toastscheibe ab. Ein energisches Knuspergeräusch.

»Das ist alles?«

»Das ist alles.«

»Ich hätte aber noch ein paar Fragen. Zum Beispiel,

warum haben die Jungs das Mädchen belästigt, mit welcher Absicht, und wie ist das Ganze bis zur Kommission gegen Gewalt in der Schule gekommen?«

»Du fragst, warum? Diese Frage möchte ich selbst gern stellen. Es ist nicht das erste oder das zweite Mal. Was denken die sich eigentlich dabei? Die Stimmung in unserer Klasse könnte zurzeit nicht schlimmer sein.«

Juha biss erneut vom Toast ab. Die inzwischen weich gewordene Weißbrotscheibe mit dem Bissabdruck wurde lautlos kleiner.

»Du hast heute Abend Hyunseongs Mutter getroffen, stimmt's?«

Zack. Wieder dieser Schmerz. Hastig drückte ich mir die Hand auf den Mund. Wieder kündigten sich Kopfschmerzen an. Ohne meine Qual zu bemerken, fuhr Juha gelassen fort.

»Ich kann mir schon vorstellen, was sie gesagt hat. Bestimmt ist alles, was sie gesagt hat, falsch. Ich wette, sie weiß es auch. Sie möchte es nur nicht wahrhaben. Oder vielleicht glaubt sie tatsächlich daran, weil sie Hyunseong blind vertraut.«

Ein Blitzen. Die Kopfschmerzen waren wieder da. Zweimal innerhalb kurzer Zeit, was eigentlich selten vorkam. In dem Zustand konnte ich unmöglich das Gespräch fortsetzen oder auch nur klar denken. Mit Mühe brachte ich hervor, wir würden ein anderes Mal weiter darüber reden und Juha solle nicht zu spät ins Bett gehen. Dann verließ ich das Zimmer. Ohne zu duschen, fiel ich ins Bett und schlief sofort ein.

Morgens, als ich mich gerade an meinen Arbeitsplatz setzte, rief Hyunseongs Mutter an.

»Hast du gestern mit Juha geredet?«

»Ach, gestern konnte ich sie nicht darauf ansprechen, es ging ihr nicht so gut.«

»Das ist keine Sache, die man aufschieben darf. Uns läuft die Zeit davon. Heute musst du mit ihr reden, ja?«

»Ja, ich rufe dich danach an.«

Am nächsten Dienstag sollte also die Kommission gegen Schulgewalt zu einer Sitzung einberufen werden? Hyunseongs Mutter tat mir leid, sie hatte sicher kein Auge zugetan. Andererseits war ich etwas enttäuscht, weil sie sich überhaupt nicht erkundigt hatte, was Juha denn fehle. Es hieß, man sei erst erwachsen, wenn man Kinder zur Welt gebracht und großgezogen habe. Früher hatte ich das auch geglaubt, aber jetzt nicht mehr. Gewöhnliche Erwachsene, die schon einiges gesehen und erlebt haben, sind normalerweise bereit, für das Wohl der Allgemeinheit ein gewisses Maß an persönlichem Leid hinzunehmen. Sie sind imstande, vernünftige Urteile nach gesundem Menschenverstand zu fällen und bis zu einem angemessenen Grad Gerechtigkeit, Mitgefühl und Aufopferungsbereitschaft an den Tag zu legen. Es sei denn allerdings, es geht um ihre Kinder.

Eltern jugendlicher Ausübender sexueller Gewalt heften sich an die Fersen der jungen Opfer, um sie zu einer Einigung zu überreden. Eltern protestieren dagegen, dass neben der Schule ihrer Kinder eine Sonderschule errichtet wird. Universitätsprofessoren nennen den Namen ihrer minderjährigen Kinder als Co-Verfasser von wissenschaftlichen Aufsätzen. Hochrangige Beamte scheuen nicht vor Bestechung zurück, um ihren Kindern Jobs zu verschaffen ... Jedes Mal, wenn ich solche Nachrichten sah, dachte ich über das Elterndasein nach. Bloß nicht boshaft werden, bloß nicht nur auf das Kind einschießen. Das sagte ich mir immer wieder. Dass man sein Kind gut und sicher aufziehen konnte, auch ohne boshaft und borniert zu sein.

Meine Laune hatte einen Tiefpunkt erreicht und auch körperlich war ich erschöpft. Ich wollte eigentlich weniger Kaffee trinken, aber weil mein Verlangen nach einem starken geeisten schwarzen Kaffee immer größer wurde, nahm ich mein Portemonnaie und das Handy und verließ leise das Büro. Bis Dienstbeginn waren es noch zehn Minuten. Um mir einen Kaffee zu holen, musste ich nur rasch in den Kaffeeladen im Erdgeschoss hinuntergehen. Ich eilte gerade zum Fahrstuhl, als mein Mann anrief.

»Was machen wir bloß? Ich bin auf dem Weg in die Fabrik in der Provinz. Ich glaube, ich kann erst morgen früh nach Hause kommen.«

»Ich habe dir doch gesagt, dass ich heute einen Workshop habe.«

»Es hat hier einen Betriebsunfall gegeben. Ein Mitarbeiter hat sich anscheinend ernsthaft verletzt. Du kannst im Internet nachsehen, in den Nachrichten wird ununterbrochen darüber berichtet.«

»Schon gut. Leg erst einmal auf.«

Mir war nicht mehr nach einem Kaffee, sondern eher nach Alkohol zumute. Der alljährliche Workshop, der bisher immer mit einer Übernachtung verbunden gewesen war, war auf meine Initiative auf ein Tagesprogramm gekürzt worden. Am späten Nachmittag wollten wir zum Abschluss ins Kino gehen und anschließend gegrillten Schweinebauch zu Abend essen. Ich hatte den Film ausgewählt, die Karten besorgt und im Restaurant einen Tisch reserviert. Mein Mann sollte eigentlich früh Feierabend machen und sich um Juhas Abendessen kümmern.

Juha war alt genug, um allein ins Nachhilfeinstitut zu gehen und sich etwas zu essen zu machen. Trotzdem machte es mich nervös, das Kind so spätabends allein zu lassen. Ich traute der Welt nicht, und noch weniger traute ich meinem Kind. Letztendlich rief ich meine Mutter an und bat sie, den Abend über bei Juha zu bleiben.

»Ich habe heute Unterricht.«

Ach ja, es war ja Donnerstag. Meine Mutter besuchte donnerstagsabends ein Seminar am Graduiertenkolleg.

»Ist etwas passiert?«

»Ach nein, es ist nichts. Ich kümmere mich selbst darum.«

Unbewusst entfuhr mir ein tiefer Seufzer. Warum musste heute ausgerechnet ein Donnerstag sein? Ich beschloss, nach dem Kino die anderen nur bis zum Restaurant zu begleiten und Yunjin darum zu bitten, sich um die Rechnung zu kümmern. Dann würde ich früher wegkommen. In den letzten Neujahrsfeiertagen hatte ich immerhin den Nachtdienst für Yunjin übernommen.

Yunjin, die auch heute gerade noch rechtzeitig angekommen war, tupfte sich mit einem Taschentuch die Schweißperlen von der Nase. Sie kam immer erst in allerletzter Minute an, weil sie zuerst das Kind in den Shuttlebus der Kinderkrippe setzen musste. Da Yunjin noch außer Atem war, brachte ich es nicht übers Herz, sie darum zu bitten. Während ich hin und her überlegte, bekam ich eine KakaoTalk-Nachricht von meiner Mutter: *Das Seminar fällt heute aus. Ich kümmere mich um Juha. Lass dir Zeit.*

In das Eingabefeld schrieb ich *Fällt das Seminar wirklich aus?* Aber ich drückte nicht auf *Senden.* Es war höchst unwahrscheinlich, dass ihr Seminar plötzlich ausfiel. Auch dieses Mal versuchte ich mir einzureden, es werde schon stimmen, und schrieb zurück: *Danke.*

Von der Zulassung meiner Mutter am Graduiertenkolleg hatte ich von Juha erfahren. Es war im Februar gewesen, als Juha kurz davorstand, die Mittelschule zu besuchen.

»Was soll das denn heißen? Deine Oma ist doch über sechzig.«

»Kann man nicht auf das Graduiertenkolleg gehen, wenn man über sechzig ist?«

»Was? Na ja, eigentlich schon.«

Meine Mutter hatte mit dreiundsechzig ein Master-Programm in Beratungspsychologie angefangen. Sie wollte den jüngeren Kolleginnen in der Beratungsstelle helfen. Ich hatte ihr an den Kopf geworfen, dass es wohl Jahre dauern würde, bis sie es geschafft hätte, einen Abschluss und ein Zertifikat in der Tasche zu haben, um dann als Beratungspsychologin arbeiten zu können. Ich bereute meine unüberlegten Worte sofort.

»Natürlich brauche ich weder Abschluss noch Zertifikat, um jemandem zuzuhören. Jetzt schütten mir ja auch schon alle ihr Herz aus. Aber ich kann doch nicht immer das Gleiche sagen – *Das ging mir genauso, ich weiß, halten Sie durch*. Wenn ich es richtig gelernt habe, kann ich ihnen vielleicht besser helfen.«

Ich fand, dass meine Mutter ein wunderbarer Mensch war. Dann fragte ich mich, wie eine so wunderbare Mutter nur eine Tochter wie mich zur Welt hatte bringen können. Ich erzählte niemandem von dem Gedanken. Allein dahin zu kommen, hatte lange gedauert. Als Kind hatte ich nicht richtig verstanden, worin die Arbeit meiner Mutter genau bestand, und als ich dann etwas größer wurde, war ich unzufrieden gewesen, dass meine Mutter immer so viel zu tun hatte und ständig erschöpft war. Schließlich war ich irgendwann endlich stolz auf meine Mutter. Von da an musste ich mich insgeheim stets mit ihr vergleichen, wobei ich nicht sonderlich gut abschnitt.

Die Bücherregale meiner Mutter waren voll mit Büchern über häusliche Gewalt und sexuelle Gewalt. Wenn ich nichts zu tun hatte, zog ich von den Erfahrungsberichten, die die Beratungsstelle meiner Mutter herausgab, eine Ausgabe heraus, als würde ich einen Band aus einer Weltliteratur-Ausgabe ziehen, um darin zu lesen. Als Jugendliche las ich neben sentimentalen Comic-Magazinen wie *Wink* und *Issue* gleichzeitig das feministische Magazin *If*. Ich besuchte Filmvorführungen von Animationsfilmen und Dokumentarfilmen zur Prävention häuslicher Gewalt und nahm an Sexualaufklärungs-Camps für Jugendliche teil.

An der Uni wollte ich gern einer feministischen Studiengruppe oder einem Verein beitreten, aber es gab keine. Dabei waren bereits zehn Jahre vergangen, seitdem meine Mutter ihre Beratungsstelle führte. Ich konnte es nicht fassen und nur den Kopf darüber schütteln. Da mir nichts anderes übrig blieb, stellte ich kurzerhand selbst eine Gruppe auf die Beine. Ich begann mit einer Lesegruppe. Auf der Plattform *Freechal*, die es damals noch gab, richtete ich eine Community ein und eröffnete ein einfaches Forum mit Ankündigung, Terminen, Archiv, Schwarzem Brett und Fotogalerie. Ich hing ein Blatt mit meiner Webadresse und meiner Handynummer in allen Unigebäuden aus. Ich erhielt mehr interessierte Anfragen als erwartet und noch mehr Anmeldungen bekam ich für die Community im Internet. Ich erhielt allerdings auch einige Kurznachrichten mit Schimpfwörtern, Spott und Drohungen. Ich ließ mich zwar nicht davon einschüchtern – schließlich war ich mit meiner Mutter aufgewachsen und hatte gewusst, worauf ich mich da einließ –, aber dass die Leute es nicht einmal für nötig hielten, ihre Handynummer zu verdecken, schockierte mich doch ein wenig.

Nach einigen Sitzungen hatten wir feste Termine ausgemacht, uns ein Programm überlegt und uns zu einem Mitgliederstamm zusammengefunden. Es gab sechs feste Mitglieder, davon vier im ersten Studienjahr. Wir freundeten uns rasch an. Da wir viel zu viert unterwegs waren, hatten wir keine Schwierigkeiten, uns an der Uni zurechtzufinden.

Es war entweder auf einer Semesterabschlussparty oder auf einer Dankesveranstaltung für die Abteilungsprofessoren, die von den Absolventen organisiert worden war. Jedenfalls war ich bis dahin lange Zeit auf keiner Abteilungsveranstaltung mehr gewesen. Ich hatte zwar keine Lust gehabt hinzugehen, aber ich ließ mich von einer Kommilitonin dazu überreden. Da ich mich nicht an Aktivitäten in meinem Studienfach beteiligte, kannte ich fast niemanden. Also saß ich nur neben meiner Kommilitonin, langweilte mich und trank Bier. Ein Student mir schräg gegenüber, den ich nicht kannte – vermutlich ein älterer Kommilitone –, rief laut und deutlich hörbar meinen Namen: »Na so was, wen haben wir da? Trinken Feministinnen etwa auch Alkohol?«

Er lallte. Vor ihm standen eine halb leere *Soju*-Flasche und fünf, sechs Bierflaschen. Ein anderer älterer Kommilitone neben ihm setzte noch eins drauf: »Du Vollidiot. Du hast ja keine Ahnung, wie viel Alkohol Feministinnen vertragen. Auf Rauchen stehen sie auch. Hey, du rauchst doch auch, oder?«

Ich ließ mich nicht einschüchtern und wurde auch nicht nervös. Vielmehr fand ich die beiden bedauernswert. Trotzdem war meine Laune ruiniert, daher verließ ich die Veranstaltung frühzeitig. Ich lief in den Convenience Store, wo ich mir eine Packung *Esse*-Zigaretten und ein Feuerzeug kaufte. Die erste und letzte Zigarette in meinem Leben hinterließ bei mir keinen bleibenden Eindruck. Nur die Erinnerung an das zischende Blinken einer defekten Straßenlaterne blieb in aller Deutlichkeit zurück.

Danach lief das Universitätsleben so weiter. Im Jahr meines Studienabschlusses bestand ich die Beamtenprüfung und heiratete. Im Sommer des darauffolgenden Jahres brachte ich Juha zur Welt. Außer dem einjährigen Erziehungsurlaub, als Juha in die erste Klasse ging, arbeitete ich am laufenden Band. Ich hatte nicht gedacht, dass ich so viel Arbeit haben würde. Wenn ich nach den Überstunden heimkam, schlief Juha meist schon, und wenn ich wegen Veranstaltungen auch an Wochenenden zur Arbeit musste, weinte ich heimlich auf der Toilette, weil ich Juha vermisste. Und ich beneidete meine ledigen Freundinnen, die verreisten oder im Ausland studierten. Ich versuchte mir auszumalen, wie mein Leben wohl verlaufen wäre, wenn ich nicht geheiratet hätte, wenn ich Juha nicht zur Welt gebracht hätte.

Meine Mutter merkte, dass es mir schlecht ging, und schlug vor, ich sollte mich ein wenig ausruhen oder mich nach einer neuen Arbeit umsehen, aber richtig verstehen konnte sie mich nicht. *Ich ziehe doch Juha für dich auf und kümmere mich sogar um den Haushalt. Meinst du etwa, es gibt viele Arbeitsplätze, wo man einjährigen Erziehungsurlaub nehmen kann? Überhaupt, du warst doch diejenige, die unbedingt heiraten wollte …*

»Weißt du, was für Ängste ich früher durchstehen musste? Du kennst doch diese eng verschlungene Gasse hinter dem Apothekengebäude auf dem Heimweg von der Beratungsstelle. Jedes Mal, wenn ich dort vorbeigelaufen bin, dachte ich, hier könnte man mich mit einem Messer überfallen und spurlos verschwinden lassen. Bist du enttäuscht, wenn ich so etwas sage? Findest du, ich klinge zu rechthaberisch?«

»Ja, ich bin extrem enttäuscht und finde, du klingst sehr rechthaberisch. Erspar mir das bitte.«

Ich wusste, was für ein hartes, mühseliges Leben meine Mutter geführt hatte. Aber dass sie gelitten hatte, hieß noch lange nicht, dass der Schmerz und die Ungerechtigkeiten aus meinem Leben sich in Luft auflösten.

Juha und meine Mutter lagen dicht nebeneinander auf dem Einzelbett und schliefen. Juhas langes, helles Bein über dem Bein meiner Mutter, die meine alte Trainingshose trug. Ein vertrautes Bild, das ich stets zu sehen bekommen hatte, wenn ich spät von der Arbeit heimgekommen war. Die Details hatten sich selbstverständlich verändert: Die mit Comicfiguren gemusterte Matratze war inzwischen einem Bett gewichen und die einst winzige Juha war nun größer als ihre Großmutter. Meine Mutter, die aufgewacht war, befreite sich vorsichtig von Juhas Bein und kam aus dem Zimmer.

»Ich glaube, eine Mutter von einem Freund hat Juha angerufen.«

Ach ja, Hyunseongs Mutter! Als ich das Handy aus meiner Tasche hervorholte, wurden mir zwei verpasste Anrufe und eine Nachricht mit Bitte um Rückruf angezeigt. Aber musste sie deshalb gleich das Kind anrufen? Wieder entfuhr mir ein ungläubiges Lachen.

»Schämt sich diese Mutter nicht? Schließlich hat der Junge ganz vorsätzlich mit der Kamera draufgehalten.«

Ganz vorsätzlich mit der Kamera draufgehalten?

»Hast du den Film etwa gesehen?«

»Den Juha aufgenommen hat? Du etwa nicht?«

Auf meine Frage nach der Kommission gegen Gewalt in der Schule hatte Juha nur erzählt, dass die Jungen jemanden sexuell belästigt hätten. Alles andere hatte ich von Hyunseongs Mutter gehört: ob es zufällig oder geplant passiert war, dass Hyunseong die Kamera auf Unbi gehalten und auf den Auslöser gedrückt hatte, ob das Ganze absichtlich inszeniert oder zufällig gefilmt worden war und dass Juha die Szene gefilmt hatte. Juha, die mir außer den nötigsten Tatsachen nichts hatte verraten wollen, hatte ihrer Großmutter alles freiwillig erzählt und ihr sogar den Film gezeigt. Ich hatte nicht einmal gewusst, dass das Video in Juhas Besitz war. Auf einmal stieg mir der Alkohol, den ich beim Abendessen getrunken hatte, zu Kopf.

Juha schlief immer noch in derselben seitlichen Haltung wie vorhin. Aus dem Wohnzimmer schien schwaches Licht in ihr Zimmer, fiel auf Juhas Kinn und ließ ihre Wangen rundlicher erscheinen als sonst. Auch ihre Nase sah besonders rund aus. Diese niedliche rundliche Nase. Juha wollte sie sich richten lassen, sobald sie zwanzig wäre. Sie ließ sich nie von meinen Worten überzeugen, dass sie schon jetzt hübsch sei. Sosehr ich ihr auch beteuerte, sie sei auch ungeschminkt hübsch, auch mit zusammengebundenen Haaren und ohne Ohrringe, auch ohne Nasenoperation, malte sich Juha die Lippen knallrot an, trug ihre hüftlangen Haare auch im Hochsommer offen und ließ sich unbeirrt drei Ohrlöcher machen.

»Mama, wenn du sagst, so sei ich hübsch, anders aber auch, dann heißt das doch, dass ich in jedem Fall hübsch zu sein habe. Kannst du mir denn nicht sagen, dass ich nicht hübsch zu sein brauche?«

Aber in meinen Augen bist du nun einmal hübsch. Die Nase lässt du dir sicher so oder so richten. Wenn ich Juha zusah, die mir ähnlich war und doch so anders, fühlte ich mich einsam und ratlos. Auf dem Nachttisch lag ihr Handy, aber ich brachte es nicht über mich, es mir zu nehmen. Zögernd sah ich abwechselnd auf ihr Gesicht und auf ihr Handy, als Juha schlaftrunken die Augen öffnete.

»Bist du wieder da?«

Taumelnd richtete sie sich auf und ging aus dem Zimmer. Leichtfüßig und geräuschlos lief sie ins Bad. *Klack,* wurde der Lichtschalter gedrückt, *klack,* sprang die Badezimmertür zu. Ich hörte Geplätscher in der Toilette, bald darauf die laute Wasserspülung und das Händewaschen am Waschbecken. Ich stand nur geistesabwesend da und konzentrierte mich auf die Geräusche.

Juha verließ das Badezimmer, lief in die Küche und holte sich Wasser aus dem Kühlschrank. Sie hielt sich die Plastikflasche vor den Mund, ohne dass sie ihre Lippen berührte, und ließ das Wasser hineinlaufen. Geräuschvoll schluckte sie es hinunter. Anscheinend war sie nun wieder wach. Sie setzte sich an den Esstisch und fragte mich:

»Hast du viel getrunken?«

»Hyunseongs Mutter hat dich angerufen?«

Juha antwortete nicht. Ich zog den Stuhl ihr gegenüber vor und setzte mich. Meine Mutter warf uns einen Blick zu und rollte sich dann auf dem Sofa zusammen.

»Hyunseongs Mutter hat mich auch angerufen. Sie möchte, dass du zur Sitzung der Kommission gegen Gewalt in der Schule erscheinst und erzählst, was tatsächlich abgelaufen ist. Du weißt doch, dass Hyunseong sich auf die Aufnahme an der naturwissenschaftlichen Oberschule vorbereitet?«

»Ich will nicht in diese Sache verwickelt werden.«

»Du hast das Ganze gefilmt. Du bist bereits darin verwickelt.«

»Na und? Soll ich denen etwa Lügen auftischen, nur damit Hyunseong auf die naturwissenschaftliche Oberschule gehen kann?«

»Nein, du sollst mir nur ehrlich erzählen, was passiert ist. Nur so kann ich dich beschützen.«

»Ich habe es dir doch ehrlich erzählt. Hyunseong hat mit Absicht sein Handy unter Unbis Rock gehalten und sie sexuell belästigt.«

»Stimmt es denn, dass sich die Jungen mit Absicht, ich meine, mit sexueller Absicht so verhalten haben? War es nicht vielleicht doch nur ein Streich? Jungen handeln nun einmal oft unüberlegt. Es hätte auch einfach eine dumme Angeberei sein können.«

Juha erwiderte nichts darauf. Mit einem Gesichtsausdruck, als wolle sie kein weiteres Wort mehr hören, schob sie den Stuhl zurück und stand auf. Ich griff hastig nach ihrem Handgelenk. Ich hätte gern gefragt, ob die ganze Situation, auch das Filmen mit dem Handy, geplant gewesen war, aber es kam mir nicht über die Lippen.

»Wie ich höre, hat Unbi schon einmal einen Jungen, der Klassenbester war, gefragt, ob er nicht mit ihr gehen wolle. Und als seine Schulnoten dann schlechter wurden, hat sie ihn fallen ...«

Als ich stotternd vom Thema abkam, fiel mir Juha ins Wort: »Diese Jungs sind Wiederholungstäter. Bei jeder Gelegenheit halten sie ihr Handy auf die Beine oder Brüste von uns Mädchen, drücken im Selfie-Modus auf den Auslöser und kichern. Wenn wir Mädchen uns dann erschrecken, freuen sie sich noch mehr. Ich habe das auch ein paar Mal erlebt. Weißt du, was für ein widerliches Gefühl das ist?«

Juha schloss die Augen und verzog einen Moment lang das Gesicht.

»Und? Hast du sie deshalb gefilmt? Habt ihr die Situation absichtlich inszeniert?«

»Mama, du bist genauso wie die anderen.«

»Nein! Ich bin nicht wie die anderen! Weißt du nicht, was ich in meiner Jugend alles mitbekommen habe? Als ich so alt war wie du, habe ich an Sexualaufklärungs-Camps teilgenommen. Und wie du weißt, habe ich an der Uni eine feministische Lesegruppe organisiert.«

Juha lachte schnippisch und antwortete.

»Na klar. Das war vor zwanzig Jahren. Und jetzt bist du zu jemandem geworden, der behauptet, *Die Jungs sind unbedacht, man muss nachsichtig mit ihnen sein, heimliches Fotografieren und darüber lachen ist nur Spaß*. Du bist zu jemandem geworden, der nur ignorante Sprüche von sich gibt wie *Die Mädchen machen sich an die Jungs ran, damit diese schlechter in der Schule werden*. Mama, du brauchst dringend ein Update.«

Das alles war also bereits zwanzig Jahre her. Was war in den zwanzig Jahren mit mir geschehen? Während ich nur sprachlos in die Luft starrte, holte Juha ihr Handy und legte es auf den Esstisch.

»Du findest den Film in der Fotogalerie. Du kannst ihn dir ja ansehen, wenn du es so genau wissen willst. Und Unbi hat mit Jeongwu Schluss gemacht, weil er ihr dauernd mit ungewaschenen Händen in die Unterhose greifen wollte.«

Juha ging in ihr Zimmer und knallte die Tür hinter sich zu. *Soll das heißen, mit gewaschenen Händen wäre es in Ordnung? Machst du etwa auch so was, Juha? Wenn ich diese Frage stellen würde, wäre ich dann zu ignorant?* Ich biss mir auf die Lippen und legte den Kopf auf den Tisch. Ich schluchzte bereits eine Weile, als sich eine Hand auf meine Schulter legte.

»Warum ist deine Tochter bloß so? Sie macht ja meine Tochter unglücklich.«

Ach, Mama. Als ich schluchzend den Kopf hob, sah ich, dass die Augen meiner Mutter auch gerötet waren.

»Was für ein Ding! Unbi hat ein neues Handy. Das Display ist grandios, oder?«

Das war eindeutig Juhas Stimme. Das Mädchen mit dem glasklaren Lachen musste Unbi sein. Sie wirkte so kindlich, dass man sie auch für eine Grundschülerin hätte halten können, und mit ihren etwas hängenden Augenwinkeln machte sie einen sanftmütigen Eindruck. Unbi rief, Juha solle sie so filmen, dass ihre Beine lang aussähen, und setzte sich auf die Schließfächer. Ich musste lächeln, weil es so niedlich aussah, wie die kurzen kräftigen Beine hin und her baumelten. In dem Moment erschienen Hyunseong und ein fremder Junge im Bild. Sie flüsterten sich gegenseitig etwas ins Ohr, dann holte Hyunseong ein Handy aus der Hosentasche, das er in Unbis Richtung hielt.

»Wow! Man kann gut sehen, man kann gut sehen. Man kann richtig tief druntersehen!«

Klick, klick. Das Bild wackelte unsicher, zoomte heran, bis kein Fokus mehr zu erkennen war, und zoomte wieder heraus. Dann hörte man eine fremde Stimme.

»Juha, was ist denn? Ist alles in Ordnung?«

»Ja, alles in Ordnung. Wenn ich das Geräusch des Auslösers höre, wird mir für einen Moment schwarz vor Augen.«

»Wirklich? Warum das denn?«

»Keine Ahnung. Es ist wie das Blitzlicht einer Kamera, dann sehe ich nichts. Der Kopf tut mir dann plötzlich weh.«

Im Hintergrund dieses Gesprächs war ein Durcheinander von Gekicher und Gelächter, von Buhrufen und Schimpfwörtern zu vernehmen. *Darf ich nicht einmal ein Selfie machen? Du hast mir die Kamera unter den Rock gehalten! Ich habe mich nicht im Mindesten nach deinen kurzen Beinen umgedreht! Du Perverser, alte Sau, du parasitärer Koreaner, deine Mudda* und weitere Ausdrücke, die ich nicht kannte, folgten, bis der Film abrupt abbrach.

Ich drehte den Film ein wenig zurück, um mir Juhas Worte noch einmal anzuhören. *Mir wird für einen Moment schwarz vor Augen. Der Kopf tut mir dann plötzlich weh.* Juhas Worte erschreckten mich weitaus mehr als die Schimpfwörter, mit denen die gerade mal fünfzehnjährigen Kinder einander bedachten. Sie hatte die gleichen Symptome wie ich. Mit fünfzehn hatte ich so getan, als würde es mir nichts ausmachen, obwohl ich mich vor der langen, klar erkennbaren Narbe der fremden Frau entsetzlich gefürchtet hatte. Ich hatte meine Angst und Beunruhigung geleugnet, hatte mir eingeredet, ich hätte so etwas bereits zur Genüge gesehen und gehört, das hier sei nicht schlimm. Dann hatten die Kopfschmerzen angefangen. Noch heute hatte ich diese Migräne, die sich mit einem Stechen am Mundwinkel ankündigte und an der Schläfe einsetzte. Ich sah wieder Juhas Gesicht vor mir, wie es sich verzogen hatte, als sie sagte, dass die Jungs das auch schon bei ihr gemacht hatten.

Am nächsten Morgen rief ich Hyunseongs Mutter an, um ihr mitzuteilen, dass Juha nicht aussagen könne und dass auch Juha sich nach dem Vorfall in einer prekären Lage befände. Hyunseongs Mutter legte wortlos auf.

Die jugendlichen Täter mussten eine schriftliche Entschuldigung schreiben und an einem Aufklärungsprogramm zum Thema Belästigung teilnehmen. Und von nun an sollten die Handys der Schüler bei der Morgenversammlung eingesammelt und erst nach der letzten Unterrichtsstunde wieder zurückgegeben werden. Unmittelbar nach dem Vorfall hatten einige Klassen bereits das Einsammeln der Handys eingeführt, nun sollte es durch die Schulordnung festgelegt werden.

An dem Tag, als die Kommission gegen Gewalt in der Schule tagte, waren Juhas Kopfschmerzen so stark, dass sie nicht in die Schule gehen konnte. Unbi hatte nur den Film als Beweismittel eingereicht, Juha hatte weder mündlich noch schriftlich ausgesagt. Dennoch schien es sie belastet zu haben. Weil sie bereits am Vorabend ein Stechen an der linken Schläfe verspürte, hatte ich ihr eine Tablette gegeben und sie früher ins Bett geschickt. Trotzdem hatte sie am Morgen gleich nach dem Aufstehen mit Übelkeit zu kämpfen gehabt. In dieser Verfassung wollte ich sie nicht in die Schule schicken. Als ich sie fragte, ob sie denn den ganzen Tag allein bleiben könne, nickte sie.

»Iss Reis und keine Instantnudelsuppe.«

Das war das Einzige, was ich meiner leidenden Tochter zu sagen imstande war.

Nachdem ich die dringende Vormittagsarbeit erledigt hatte, rief ich kurz nach elf zu Hause an. Juhas Stimme war rau, vermutlich hatte sie geschlafen. Sie sagte, ich solle mir keine Sorgen machen, es gehe ihr viel besser als am Morgen. Wieder sagte ich, sie solle gut essen, und legte auf. Kurz nach halb zwölf kam ein Foto per KakaoTalk, der Tisch war mit einem Schälchen Reis und Beilagen aus dem Kühlschrank gedeckt. Dazu eine kurz angebundene Nachricht: *Bin am Essen.*

Da mich das Foto beruhigte und ich viel zu tun hatte, vergaß ich am Nachmittag wieder, dass Juha allein zu Hause war. Auf dem Heimweg von der Arbeit fragte ich sie über KakaoTalk, was sie zu Abend essen wollte, worauf die Antwort kam: *Oma bereitet schon das Essen vor.* Hatte Juha sie angerufen? Ich hatte ein schlechtes Gewissen und war gleichzeitig beruhigt.

Als Beilagen gab es nur eingelegtes Gemüse, fermentierte Meeresfrüchte und Kimchi. Meine Mutter stellte drei tiefe Teller auf den Tisch.

»Was ist das?«

»Reis mit Avocado und gesalzenem Fischrogen.«

»Als ich gehört habe, dass du das Abendessen kochst, habe ich gedacht, zu Hause köchelt ein scharfer Kimchi-Eintopf vor sich hin.«

»Ich kann es nicht mehr leiden, wenn der Geruch von Kimchi-Eintopf in die Kleidung und die Haare kriecht. Lass uns von nun an lieber einfach kochen und essen.«

Juha, die unserem Gespräch gelauscht hatte, hielt ihrer Großmutter den nach oben gereckten Daumen entgegen. Das einfache Abendessen meiner Mutter schmeckte mir wider Erwarten so gut, dass ich während des Essens ständig *mmh, mmh* machte. Juha, die es bisher wortlos gelöffelt hatte, sagte plötzlich:

»Wir haben es absichtlich gefilmt. Wir wussten, die Jungs würden auftauchen, sobald sich ein Mädchen dort hinaufsetzt. Ich habe das Gespräch vorher mit Unbi geübt.«

Ich hatte es bereits gewusst. Juha war zwar schon groß, aber sie war immer noch meine Tochter. Ich hatte mir schon denken können, was in ihr vorgegangen war. Meine Mutter schien überhaupt nicht damit gerechnet zu haben; sie war ganz bestürzt und rief entrüstet *Juha, wie konntest du nur!*. Ich überlegte, ob auch ich schimpfen sollte, beschloss dann aber, mich zur Komplizin zu machen.

»Erzähl niemandem davon. Das bleibt unter uns.«

Juha nickte.

»Übrigens, was machen deine Kopfschmerzen?«

»Ach ja. Ich habe es gar nicht gemerkt. Die Kopfschmerzen sind wie weggeblasen.«

Juha pickte mit ihren Stäbchen die Reiskörner herunter und schob sich nur eine Scheibe Avocado in den Mund. Da ich sie nie getadelt hatte, wenn sie beim Essen nur bestimmte Sachen herauspickte, aß Juha immer nur das, was ihr schmeckte. Trotzdem war sie gesund. Der Gedanke, dass ich sie dazu bringen musste, sich ausgewogen zu ernähren, hatte vielleicht weniger mit der Realität als mit meiner übertriebenen Fürsorge zu tun. Auch ich legte den Löffel beiseite und griff mit den Stäbchen nach einem Stück Avocado. Die Avocado hatte genau die richtige Reife und rutschte nach wenigen Bissen den Hals hinunter. Auch Juha nahm sicher gerade diesen vollen, samtig-weichen süßen Geschmack und die angenehme Konsistenz wahr.

Bei dem Anblick der rundlichen zartgrünen Avocadoscheiben auf Juhas Teller fiel mir wieder die Erbse ein, die mir damals aus der Hand gefallen war. Würde sich eines Tages auch Juha an diese Szene mit mir erinnern wie an eine Szene aus einem Fernsehdrama? Und welche fremde Frucht würde an dem Tag auf Juhas Tisch liegen?

ERSTE LIEBE, 2020

Am letzten Schultag der vierten Klasse gestand Sungmin ihr seine Liebe. Sie waren nach der Schule gemeinsam nach Hause gelaufen. Als sie am Haus Nummer
401 der Wohnsiedlung, in dem Seoyon wohnte, angelangt waren, stellte er sich ihr zaghaft in den Weg.

»Was ist?«

»Komm mal mit.«

Sungmin führte Seoyon zu dem Blumenbeet zwischen den Hausnummern 401 und 402. Seoyon ahnte,
was Sungmin ihr sagen wollte.

Die beiden waren das ganze vierte Schuljahr hindurch gut befreundet gewesen. Hin und wieder wurden sie dafür von den anderen Schülern aufgezogen,
denn in diesem Alter suchten sich Mädchen eine beste
Freundin und Jungen zogen ihrerseits in Cliquen herum. *Geht ihr miteinander? Oder flirtet ihr noch? Hast du
dich in sie verknallt?* Während Seoyon diese Fragen ignorierte, konterte Sungmin, die anderen sollten nicht so
kindisch sein. Sungmin ärgerte sich zwar, aber er wollte
es nicht abstreiten und damit Seoyon vor den Kopf sto-
ßen. Nach reiflicher Überlegung war ihm das als die
bestmögliche Antwort erschienen. So war ein Jahr vergangen.

Obwohl die Klassenlehrerin bereits vor der Zeugnis-
ausgabe mehrmals nachdrücklich gemahnt hatte, die
Zeugnisse nicht herumzuzeigen, verbreitete sich die
Information zur Klasseneinteilung wie ein Lauffeuer.
Sungmin und Seoyon waren beide in der A-Klasse.
Seoyon hatte freudig in die Hände geklatscht, Sung-
min hingegen war einen Moment lang verdutzt. War
das so etwas wie Schicksal? In dem Augenblick hatte
Sungmin den Entschluss gefasst, Seoyon seine Gefühle
zu gestehen.

Sungmin schob mit der Spitze seines Turnschuhs die
Erde im Blumenbeet hin und her und fingerte eine Zeit
lang an seinem Mund-Nasen-Schutz herum, bevor er
den Mund aufmachte.

»Du, Seoyon. In der Schule fragen die anderen doch
ständig, ob wir miteinander gehen, ob wir uns gernha-
ben und so. Weißt du, ich habe dich wirklich ein bisschen gern.«

»Ein bisschen?«

»Nein, nein. Ein bisschen sehr.«

»Ah ja.«

Sungmin zupfte nervös an einem Hautfetzen an seinem Fingernagel und fragte:

»Wollen wir … miteinander gehen?«

Ohne zu antworten, sah ihm Seoyon ins Gesicht. Sie
hatte Sungmin auch gern. Aber sie wusste nicht, was
›miteinander gehen‹ eigentlich genau bedeutete. In ihrer Freizeit verbrachten sie auch jetzt schon viel Zeit
miteinander und liefen zusammen von der Schule heim.

Würde sich daran etwas ändern, wenn sie miteinander gingen? Während Seoyon darüber nachgrübelte, zog Sungmin so fest an einem Hautfetzen, dass er tief einriss und sich ein Blutstropfen bildete. Seoyon machte große Augen.

»Du blutest …«

»Ja, ich verblute.«

Seoyon musste lachen.

»Gut, lass uns miteinander gehen.«

»Okay. Ich schreibe dir später.«

Mit roten Ohren lief Sungmin davon, während Seoyon ganz langsam aus dem Blumenbeet trat.

Sie verglichen ihre Stundenpläne mit den Nachhilfekursen miteinander. Montags und mittwochs fiel Seoyons Englischkurs zeitlich mit Sungmins Mathekurs zusammen. Also machten sie aus, ein wenig früher von zu Hause loszugehen, um sich vor der Nachhilfe kurz auf dem Spielplatz zu treffen. Wenn Seoyon donnerstags mit Mathe fertig war, dann war es Zeit für Sungmin, in den Nachhilfekurs für argumentatives Schreiben zu gehen. Sie wollten dann unterwegs beim Gehen telefonieren. Und sie würden sich Kurznachrichten schreiben, wann immer sich eine Gelegenheit bot. Für mehr gemeinsame Treffen hatten sie zwar aktuell keine Zeit, aber nach den zweiwöchigen Frühlingsferien würde ja das neue Schuljahr beginnen. Sie gaben sich gegenseitig das Versprechen, im neuen Schuljahr würden sie sich täglich sehen und wie in der vierten Klasse zusammen von der Schule nach Hause laufen. Sie stimmten darin überein, ihre Beziehung nicht an die große Glocke zu hängen. Sie wollten nicht, dass man über sie redete.

Die glückliche Zeit des Herzklopfens nahm nach einer Woche ein jähes Ende. Ende Februar, als die Corona-Neuinfektionen explosiv anstiegen, wurde der Schulbeginn um zwei Wochen verschoben. Die Nachhilfeinstitute in der Umgebung schlossen ebenfalls fürs Erste. Seoyon und Sungmin konnten sich nun weder in der Schule noch auf dem Weg zum Nachhilfeunterricht treffen. Selbst das Telefonieren gestaltete sich schwierig.

Seoyon konnte zwar in ihrem Zimmer bei geschlossener Tür telefonieren, was Sungmins Mutter jedoch nicht erlaubte. Sie beteuerte zwar, sie werde natürlich nicht nachfragen, mit wem Sungmin telefonierte, er solle sich also ganz ungestört fühlen. Aber sobald sie mitbekam, dass er telefonierte, hielt sie sofort in ihrer momentanen Beschäftigung inne – der Staubsauger wurde ausgeschaltet, das Leitungswasser floss schwächer und das Radio wurde leise gedreht. Sungmin konnte zu Hause unmöglich telefonieren.

Dafür schrieben sich die beiden jede Menge Kurznachrichten. *Was machst du? Hast du schon gegessen? Mir ist langweilig. Mama bringt mich noch auf die Palme. Meine Schwester lässt mich nicht in Ruhe. Ich habe ferngesehen. Ich bin spät aufgestanden. Ich spiele gerade ein Computerspiel. Ich gehe mir kurz die Zähne putzen …* Es war Seoyon, die als Erste die Echtzeitübertragung ihres gewöhnlichen Alltags mit einem *Ich vermisse dich* unterbrach.

Seoyon hielt das Handy mit beiden Händen fest und starrte auf den Bildschirm. Es kam keine Antwort. Da sie ununterbrochen hin- und hergeschrieben hatten, war es ausgeschlossen, dass Sungmin ihre Nachricht nicht gesehen hatte. Was war los? War mit dem Handy etwas nicht in Ordnung? Seoyon klappte das Handy zu und wieder auf. Die letzte Nachricht im Chat mit Sungmin war immer noch ihr *Ich vermisse dich*. Hätte sie das besser nicht schreiben sollen? War es vielleicht zu viel für Sungmin gewesen? Während Seoyon verschiedene Tasten im Versuch drückte, die jüngste Nachricht zu löschen, vibrierte das Handy. Es war Sungmin: *Du bist so süß.*

Seoyons Herz klopfte noch schneller als in dem Moment, als er sie gefragt hatte, ob sie miteinander gehen wollten, und ihr schoss das Blut ins Gesicht. *Süß. Er findet mich süß.* Sie drückte das Handy ans Herz und wälzte sich auf dem Boden, als plötzlich die Tür aufgerissen wurde. Es war ihre ältere Schwester.

»Choi Seoyon, was machst du denn da? Bist du jetzt völlig verrückt geworden?«

»Kannst du nicht anklopfen? Du störst, Choi Juyon.«

»Du hast ja 'nen Knall. Mama ruft doch, dass du zum Essen kommen sollst. Hast du sie nicht gehört?«

»Nein! Ich habe nichts gehört!«

»Hast du dich etwa mit Corona angesteckt?«

»Für dich hat wohl alles mit Corona zu tun? Ziemlich bescheuert.«

»Es gibt Essen.«

Die Schwester verließ wieder das Zimmer und knallte die Tür hinter sich zu. Seoyon schrieb Sungmin, sie wolle schnell etwas essen. Sofort kam eine neue Nachricht. Sie war nicht von Sungmin.

[Web-Benachrichtigung] LG U+ LTE Tarif 19
Guthaben (20.200 Einheiten) aufgebraucht.

Seoyon sackte in sich zusammen und murmelte: *Mist, jetzt bin ich aufgeschmissen.*

Seoyon benutzte ein altes Klapphandy. Anders als bei neueren Modellen, die zumindest eine einfache Internetsuche und die Nutzung des KakaoTalk ermöglichten, war Seoyons Handy nicht internetfähig. Bis zur zweiten Klasse hatte Seoyon noch ein Kinderhandy benutzt, das man um den Hals trug, und in der dritten Klasse hatte sie das Handy ihrer älteren Schwester geerbt, die stattdessen ein Smartphone bekommen hatte. Seoyon hatte vergebens versprochen, sie werde fleißiger in der Schule sein, Schulsprecherin werden, sich nicht mehr mit ihrer älteren Schwester streiten und immer den Teller leer essen, wenn sie nur ein Smartphone bekäme.

Für Seoyon war dieses Klapphandy ihr Ein und Alles. Und jetzt hatte sie ihr ganzes Guthaben aufgebraucht und konnte weder KakaoTalk noch soziale Medien oder E-Mail nutzen. Bis zum Monatsende würde sie Anrufe und Kurznachrichten nur noch empfangen können. Hätte sie ein Smartphone gehabt, hätte

sie ohne Probleme über die KakaoTalk-App kommuni-
zieren können.

Seoyon nahm sich einen großen Löffel Reis und zog
die Suppenschale heran, um direkt daraus zu schlürfen.
Du hast heute aber einen gesunden Appetit, Seoyon, sagte
ihre Mutter und gab ihr eine Scheibe von der Eierrolle.
Auch hier biss Seoyon herzhaft hinein. Niemand wusste
besser als Seoyon, dass es ihrer Mutter ein Anliegen war,
ihre Jüngste und schlechteste Esserin ordentlich zu füttern. Seoyon erwiderte das zufriedene Lächeln ihrer
Mutter und rief: »Mama, im März komme ich schon in
die fünfte Klasse!«

»Ja, so groß bist du schon geworden. Schade nur, dass
wir gar nicht wissen, wann die Schule wieder anfängt.
Ob deine Schwester überhaupt eine Einschulungsfeier
für die Mittelschule bekommt?«

»Du hast hoffentlich nicht vergessen, dass ihr mir ein
Smartphone versprochen habt, wenn ich in die fünfte
Klasse komme, oder?«

Ihre Mutter hielt mit ihren Stäbchen in der Hand
inne, als sei sie selbst erschrocken, weil sie es völlig vergessen hatte. Seoyon beobachtete vorsichtig das Gesicht ihrer Mutter und fragte: »Es sind ja nur noch ein
paar Tage bis dahin, wollen wir nicht heute schon eines
kaufen gehen?«

Ihre Mutter legte eine weitere Scheibe Eierrolle in
Seoyons Reisschälchen und antwortete beschwichtigend:

»Die Schulen und Nachhilfeinstitute haben alle wegen Corona geschlossen. Da können wir doch nicht in die Geschäfte gehen, das ist im Moment zu gefährlich.«

»Dann lass uns doch eins über das Internet bestellen.«

»Nun drängle nicht so, Seoyon. Es eilt doch nicht. Spielen und YouTube schauen tust du ohnehin schon mit meinem Handy. Wir kümmern uns darum, wenn sich die Corona-Lage beruhigt hat, ja?«

Lag es vielleicht am Geld? Seoyons Vater führte ein kleines, auf Pauschalreisen nach Japan spezialisiertes Reisebüro. Schon mit der Anti-Japan-Kampagne war es langsam schwierig für das Unternehmen geworden, und mit Beginn der Coronakrise war es endgültig in eine finanzielle Ernstlage geraten. Seoyon hatte zufällig mitbekommen, wie sich ihre Eltern während der Fernsehnachrichten darüber unterhielten. Hinzu kam, dass Seoyons Mutter gleich am nächsten Wochenende ihre Arbeit verloren hatte. Ihre Mutter war Dozentin für Geschichtspädagogik und leitete Führungen für Kinder durch Museen und Galerien. Bislang war sie so gefragt gewesen, dass sie kein freies Wochenende gehabt hatte, doch aufgrund der Corona-Lage waren nun alle Termine abgesagt worden.

Seoyon überlegte, ob sie ihre Mutter darum bitten sollte, ihr wenigstens das Handy-Guthaben aufzuladen, doch sie brachte es nicht übers Herz. *Was machst du? Hast du viel zu tun? Warum antwortest du nicht?*, fragte Sungmin via Kurznachricht. Schließlich rief er am späten Nachmittag an. Seoyon, die das Handy die ganze

Zeit über in der Hand gehalten hatte, nahm ab, noch bevor die erste Vibration abgeklungen war.

»Tut mir leid. Mein Guthaben ist aufgebraucht, deshalb kann ich nur Anrufe annehmen. Ab März kann ich dir wieder schreiben.«

»Es wäre so schön, wenn du auch KakaoTalk benutzen könntest. Kannst du nicht wenigstens über den Computer darauf zugreifen?«

»Ich benutze den Laptop meiner Mutter.«

»Ach so.«

»Wie hast du es geschafft, mich anzurufen? Ich dachte, das geht nicht wegen deiner Mutter?«

»Meine Mutter bringt gerade den Biomüll weg. Oh, Mama ist zurück. Ich muss auflegen!«

Weit weg am anderen Ende der Leitung ertönte ein mechanisches Tuten, dann war die Verbindung abgebrochen. Seoyon ging in die Hocke und vergrub ihr Gesicht zwischen den Knien.

Die Kurznachrichten wurden stetig weniger. Jeder Tag war gleich, daher gab es nicht viel zu erzählen. Im März gingen Seoyons Englisch-Nachhilfestunden als Online-Kurs über Zoom weiter und das Nachhilfeinstitut für Mathematik verschickte die Arbeitsblätter mit Rechenaufgaben per Mail. Seoyon verbrachte mehr Zeit als früher mit Spielen auf dem Handy ihrer Mutter und stritt sich oft mit ihrer Schwester.

Der Schulbeginn wurde wieder um zwei Wochen verschoben, wohingegen alle Nachhilfeinstitute, die

Seoyons Schwester besuchte, die Wiederaufnahme der Kurse durchsetzten. Die Apotheken gaben nur zwei Masken pro Person in der Woche aus. Seoyons Schwester, die jeden Tag Nachhilfekurse hatte, trug drei Tage lang dieselbe Maske. Am dritten Tag ging sie nur ungern ins Nachhilfeinstitut, weil ihre Maske inzwischen säuerlich roch. Seoyon zeigte ihr, wie man sich mit einer Serviette und Gummiband eine Maske basteln konnte. Das hatte sie auf YouTube gesehen, doch ihre Schwester würdigte sie keines Blickes.

Sungmin ging ebenfalls wieder ins Nachhilfeinstitut. Er beneidete Seoyon dafür, dass ihre Nachhilfeinstitute weiterhin auf dem Online-Unterricht bestanden.

Ja, aber ich habe viel mehr Hausaufgaben als sonst.

Gestern musste ich fast zwei Stunden länger im Institut bleiben, weil ich den Test nicht bestanden habe.

Sungmin, der in der dritten Klasse mit einem vorgezogenen Mathematikkurs begonnen hatte, lernte bereits den Lehrstoff für das erste Mittelschuljahr. Sein Nachhilfeinstitut war dafür berüchtigt, dass die Schüler nach jeder Kursstunde einen Test schreiben müssen und erst dann nach Hause gehen durften, wenn sie den Test bestanden. Bereits bei der Anmeldung wurde man darauf hingewiesen, dass man keine Pläne für die Nachmittage nach dem Kurs machen sollte, weil man nicht mit Gewissheit sagen konnte, wann der Unterricht enden würde.

Seoyon schickte Sungmin zwar Nachrichten wie *Das muss anstrengend sein* oder *Halt durch*, aber eigentlich konnte sie nicht nachvollziehen, warum er das alles machte. Seoyon besuchte das Nachhilfeinstitut für Mathematik seit dem zweiten Schulhalbjahr der vierten Klasse. Davor hatte sie nur mit Übungsbüchern gelernt. Ihre Mutter hatte ihre Rechenübungen korrigiert und ihr die falsch gelösten Aufgaben erklärt, aber irgendwann hatte das nicht mehr ausgereicht. Als die Stimme ihrer Mutter beim Erklären immer lauter wurde, machte Seoyons Schwester den Vorschlag mit der Nachhilfe:

»Mama, ihr müsst sie ins Nachhilfeinstitut schicken. Bei der Bruchrechnung hört es auf. So was kann man nicht mehr mit der Familie lernen.«

Seoyon besuchte zweimal die Woche jeweils für eine Stunde einen Nachhilfekurs in Mathe, wo sie zusätzlich zum Stoff, den sie gerade in der Schule durchnahm, Übungsaufgaben löste. Von da an kam sie gut im Unterricht mit und erhielt stets über neunzig Punkte in den Abschnittstests, sodass auf ihrem Zeugnis für das zweite Schulhalbjahr ein *Sehr gut* in Mathe stand. Obwohl sie sich also eigentlich keine Sorgen um ihre Noten machen musste, fühlte sich Seoyon ratlos und beunruhigt.

Ab April stellten auch die Nachhilfeinstitute, die Seoyon besuchte, wieder auf Präsenzunterricht um, während am Sechzehnten das neue Schuljahr im Online-Format begann. Einerseits fand es Seoyon schade, da nun das Herumhängen zu Hause vorbei war, andererseits war sie erleichtert, dass nun der Alltag zurückkehrte. Außerdem war sie nervös, weil sie sich fragte, ob ihre Freundinnen wohl in der Zwischenzeit fleißiger gelernt hatten als sie.

Am Mittwoch, den ersten April, traf Seoyon vor dem Nachhilfekurs in Englisch Sungmin kurz auf dem Spielplatz – zum ersten Mal seit einem Monat. Sungmins Augen über der Maske waren gebogen wie Halbmonde. Wenn Sungmin lachte, schlossen sich seine Augen fast ganz. Seoyon machte sich zwar darüber lustig, indem sie ihm mit den Fingern vor den Augen wedelte und fragte *Wie viele Finger sind das?*, aber sie mochte seine freundlichen Augen.

Wie ein Wasserfall schüttete sie ihm ihre Gefühle aus. Wie es ihr in der Zwischenzeit ergangen war, wie unruhig sie gewesen war und wie sehr ihr die Decke auf den Kopf gefallen war. Beim Aufzählen der Namen ihrer Freundinnen, mit denen sie gern herumgehangen hätte, *Subin, Dakyung, Yeonsu, Jiyu,* war Seoyon plötzlich zum Weinen zumute. Sie biss sich fest auf die Lippen, weil sie fürchtete, ihr könnten tatsächlich die Tränen kommen, wenn sie weiterspräche. Sie war erleichtert, dass sie die Maske trug. Sungmin, der Seoyons Gefühle bemerkt haben musste, lachte übertrieben und fragte, ob es denn nicht toll sei, keine Hausaufgaben und Tests, keine Leseprotokolle oder Tagebücher mehr schreiben zu müssen. Seoyon erriet zwar, was Sungmin damit bezwecken wollte, gab sich aber keine Blöße und schimpfte gespielt mit ihm.

Als Seoyon das Thema wechselte und *Wir sehen uns*

ja am Montag sagte, entgegnete Sungmin, als sei es ihm just in dem Moment eingefallen:

»Ich besuche jetzt jeden Montag vor der Mathe-Nachhilfe einen Kurs in Naturwissenschaften.«

»Ach so.«

»Mach doch auch mit.«

»Ich frage meine Mama.«

»Hast du nicht gesagt, du willst in ein anderes Mathenachhilfeinstitut wechseln? Komm doch zu uns. Da werden jetzt auch schulbegleitende Kurse angeboten, da gehen einige von unserer Schule hin. Junsu geht zum Nachhilfeinstitut *Mathematik für Begabte* und hat sich auch schon für den schulbegleitenden Kurs bei uns angemeldet.«

Als der Schulunterricht nicht richtig in Gang kam, fingen die Nachhilfeinstitute das eifrig mit privaten Ergänzungsmaßnahmen auf. Sie boten Zusatzunterricht und regelmäßige Tests an, durch die man seine Leistungen evaluieren lassen konnte. Auch Sungmins Nachhilfeinstitut für Mathe hatte solche Kurse im Programm. Sungmin besuchte weiterhin seinen Mathekurs auf Mittelschulniveau Eins und zusätzlich den schulbegleitenden Kurs für die fünfte Klasse. Nicht nur Sungmin, sondern auch die anderen aus dem vorgezogenen Mathekurs würden den Parallelkurs besuchen.

»Nach Corona sollen die Notenunterschiede enorm werden. Die Schwächeren werden dann garantiert nicht mehr mitkommen, hat unser Institutsleiter gesagt.«

Wieder erwiderte Seoyon nur, sie würde ihre Mutter

fragen. In Wirklichkeit hatte sie nicht vor, sich wieder ein Nachhilfeinstitut für Mathe zu suchen. Sie hatte damit einfach aufgehört.

Seit Jahresbeginn hatte Seoyons Vater nach und nach seine Angestellten entlassen; inzwischen arbeitete er allein. Die einzige Arbeit, die er im Büro verrichtete, bestand darin, Stornierungen und Rückzahlungen zu bearbeiten, aber er tat alles, um das Unternehmen am Leben zu erhalten. Es hatte ohnehin eine Veränderung nötig gehabt. Die Nachfrage nach Pauschalreisen war immer weiter gesunken, dafür wünschten sich viele Kunden Thermalreisen als Geschenk für ihre Eltern oder spezielle Reisepakete für Paare oder Familien. Seoyons Vater nahm sich vor, die Krise als Chance zu nutzen und neue Reiseprogramme zu entwickeln. Es gab zwar überhaupt keinen Umsatz, aber er versuchte sich mithilfe verschiedener Corona-Sonderzuschüsse für den Kleinhandel und die Tourismusbranche über Wasser zu halten. Zusätzlich verdiente er in einem Nebenjob Geld mit dem Auf- und Abladen von Paketen.

Das alles hatte Seoyon von ihrer Schwester erfahren. Sie hatte geglaubt, ihre Mutter hätte sie vorerst wegen Corona aus dem Mathekurs genommen, weil dort zu viele Schüler auf engem Raum zusammensaßen. Sie hatte gedacht, auch ihre Schwester hätte wegen Corona mit den Nachhilfekursen in Mathe und Kunst aufgehört. Sie hatte gedacht, ihr Vater käme spät heim, weil er viel Arbeit im Reisebüro hatte. Und sie hatte angenommen, dass ihre Mutter sich ehrenamtlich im

Gemeindesozialzentrum als freiwillige Helferin für Infektionsschutz gemeldet hatte. Jedes Mal, wenn sie das kalte Mittagessen aß, das ihre Mutter vor dem Gehen für sie vorbereitet hatte, hatte sie ihrer Mutter ein wenig gegrollt, dass diese gerade fremden Kindern warmen Reis zubereitete. Sie hatte nicht im Traum daran gedacht, dass es sich um einen Aushilfsjob handeln könnte. Nachdem Seoyon nichts ahnend um ein Smartphone gebettelt hatte, knuffte ihre Schwester sie, sobald ihre Mutter das Zimmer verlassen hatte.

»Papas Firma steht kurz vor dem Bankrott und wir können uns nicht mal mehr die Nachhilfekurse leisten. Und du verlangst ein Smartphone?«

Nachdem Seoyon erfahren hatte, wie es um die finanzielle Situation der Familie stand, brach sie in Tränen aus. Sie weinte, weil sie sich Sorgen machte, aber auch, weil ihre Eltern ihr leidtaten, und weil sie ein schlechtes Gewissen hatte.

»Und was ist mit unserer Nachhilfe in Englisch? Ist es denn in Ordnung, dass wir weiter hingehen?«

»Das ist in Ordnung. Ich habe doch mit dem Kunstunterricht aufgehört. Ich werde nicht auf die Kunstoberschule gehen.«

Obwohl Seoyon nichts falsch gemacht hatte, lasteten schwere Schuldgefühle auf ihr. Mehrere Nächte hintereinander träumte sie davon, dass sie mit ihrer Familie auf der Flucht war. Da sie nachts nicht richtig schlief, fühlte sie sich tagsüber energielos, sodass sie sich nicht mit ihrer Schwester stritt. Als ihre Mutter sah, wie teilnahmslos ihre beiden Töchter plötzlich waren, meinte sie, es wäre ihr lieber, wenn sich die beiden wieder streiten würden. Seoyon hätte Sungmin gern ihr Herz ausgeschüttet, aber das war zu viel Tiefgang für ein Gespräch in SMS.

Es war Zeit, sich zum Nachhilfeinstitut aufzumachen. Gerade als Seoyon von der Bank aufstehen wollte, holte Sungmin eine Papiertüte aus seiner Tasche und streckte sie ihr hin.

»Was ist das?«

»Ein Geschenk.«

»Darf ich es schon aufmachen?«

»Ja.«

Es waren Masken – fünf KF94-Gesichtsschutzmasken in Größe M. Seoyon zitterten die Hände, als hätte sie einen Verlobungsring bekommen.

»Woher ... woher hast du das?«

»Ich habe sie mir zusammengespart, indem ich mehrere Tage lang dieselbe Maske getragen habe. Meine Mama weiß nichts davon.«

Mit zugeschnürtem Hals brachte Seoyon gerade noch ein *Danke* heraus. Die beiden liefen Hand in Hand über den menschenleeren Spielplatz, dann ließen sie einander los und gingen in unterschiedliche Richtungen.

Das war das letzte richtige Gespräch, das sie miteinander führten, denn Sungmin hatte viel zu tun. Montags hatte er einen Kurs in Naturwissenschaften, mittwochs musste er Hausaufgaben machen oder einen Test schreiben, oder er hatte Zusatzunterricht. Das

Versprechen, das sie sich anfangs gegeben hatten, löste sich von selbst auf und sie kamen nicht einmal mehr dazu, sich mit ihren halb von der Maske verdeckten Gesichtern kurz zu sehen. Wenn sie sich ab und zu Nachrichten schickten, schrieb Sungmin: *Es wäre schön, wenn du im selben Nachhilfeinstitut wärst. Es wäre schön, wenn du KakaoTalk benutzen würdest,* was Seoyon zusätzlich unter Druck setzte.

Eines Tages – Seoyon hatte eine Zusatzstunde in Englisch besucht und war eine Stunde später als sonst auf dem Heimweg – stieß sie vor dem Convenience Store auf Sungmin. Sie war erfreut und verlegen zugleich. Sie winkte als Erste und sagte *Hallo,* worauf Sungmin zurückwinkte. Seoyon lächelte Sungmin an und ging weiter. Erst später fiel ihr ein, dass ihr Lächeln ja von der Maske verdeckt worden war. Sie machte sich jedoch keine großen Gedanken oder bereute es gar, dass sie nicht stehen geblieben war. Sie fand, dass sie es jetzt ohnehin nicht mehr ändern konnte.

Erst am fünften Juni durfte Seoyon wieder in die Schule gehen. Der Präsenzunterricht wurde gestaffelt aufgenommen. Mitte Mai begannen die Schüler im dritten Oberschuljahr, und die fünfte und sechste Klasse der Grundschule sowie das erste Jahr der Mittelschule durften am ersten Juni in die Schulen zurückkehren. Jeder Klasse wurde ein bestimmter Wochentag zugeordnet, an dem sie Unterricht vor Ort hatte. Seoyon, die in der fünften Klasse war, ging immer nur freitags zur Schule.

Nachdem sie neben dem Alltäglichen wie Schulbüchern und -heften, ihren Leseprotokollen, Filzstiften, Buntstiften, Schere, Kleber und Klebeband noch zusätzlich Taschentücher, Feuchttücher, Hand-Desinfektionsgel und Hausschuhe in den Schulranzen gepackt hatte, ließ sich der Reißverschluss nur mit Mühe schließen. Auf dem Weg zur Schule polsterte Seoyon unentwegt die Riemen mit der Hand, weil sie ihr sonst in die Schultern schnitten. Über dem Schultor hing ein Banner mit der Aufschrift: *Schön euch zu sehen, Freunde! Wir haben euch vermisst!*

Seoyon lief durch den Haupteingang, an dem eine Wärmebildkamera installiert war, ins Gebäude, wo sie sich erst einmal die Schuhe auszog und dann in ihr Klassenzimmer ging. Dort saß ihre Klassenlehrerin, die sie bis dahin nur auf dem Bildschirm von Google Meet gesehen hatte. Es war ein eigenartiges Gefühl. Fühlte es sich so etwa an, wenn man eine berühmte Persönlichkeit traf? Als Seoyon ihr ihren Namen nannte, sagte die Klassenlehrerin *Schön, dich zu sehen, Seoyon,* und überprüfte ihre Körpertemperatur, die sie dann in die Anwesenheitsliste eintrug. Danach gab sie Seoyon etwas Desinfektionsgel auf die Handfläche.

Die Tische standen jeweils eine Armlänge weit voneinander entfernt. Seitlich und vorne an den Tischen waren Plexiglas-Schutzscheiben angebracht, an denen frontal Namensschilder für die jeweiligen Schüler angeklebt waren. Seoyon setzte sich an den Tisch mit ihrem Namen und sah sich im Klassenzimmer um. Es trugen zwar alle ihre Maske, aber ihre Freunde erkannte sie auf Anhieb. Nur Jiyu hätte sie fast nicht wiedererkannt; in den Winterferien hatte sie sich die Haare kurz geschnitten, die mittlerweile allerdings schulterlang waren. Die Kinder winkten sich von ihren Plätzen aus zu.

Seoyon holte gerade ihr Mäppchen, ein Heft und das Koreanisch-Lehrbuch aus dem Ranzen, als jemand im Vorübergehen zweimal kurz an ihre Schutzscheibe klopfte. Es war Sungmin. Das war alles an Austausch zwischen den beiden. Die Pausen waren kurz und man musste auf seinem Platz bleiben, es sei denn, man wollte auf die Toilette gehen. Nach der letzten Stunde mussten die Schüler mit ausreichend Abstand in einer Schlange hintereinander aus dem Schultor laufen. Seoyon war die ganze Zeit über drei Meter von Sungmin entfernt.

An einem Morgen in der dritten Woche schüttete Seoyons Nachbarin vom Nebentisch plötzlich den ganzen Inhalt ihres Ranzens auf dem Tisch aus. Danach zu urteilen, wie sie hastig darin kramte, schien sie etwas Wichtiges zu suchen. Seoyon fragte das völlig aufgelöste Mädchen:

»Hast du was vergessen?«

Ihre Frage musste die Gesichtsschutzmaske, die Schutzscheibe und die Entfernung von einer Armlänge überbrücken:

»Ja, ich habe Wasser dabei.«

»Wie?«

»Ich habe Wasser.«

»Ich meine, ob-du-was-ver-ges-sen-hast!«

»Ach so. Mein Mäppchen. Ich glaube, ich habe mein Mäppchen zu Hause vergessen.«

Seoyon überlegte kurz, dann holte sie einen Bleistift mit einem Radiergummi am Ende aus ihrem Mäppchen und reichte ihn ihrer Nachbarin. Diese starrte nur auf den Stift, ohne ihn anzunehmen. Seoyon holte ein Feuchttuch aus ihrem Ranzen, mit dem sie den Bleistift sorgfältig abwischte. Dann nahm sie das mit dem Tuch umwickelte Stiftende und hielt es ihrer Nachbarin hin. Erst da nahm diese den Stift entgegen und bedankte sich.

Im Klassenzimmer ging es weitgehend problemlos zu. Niemand rannte herum oder verletzte sich, und Prügeleien gab es auch keine. In den Pausen unterhielt man sich flüsternd mit den Freunden an den Nachbartischen. Wenn jemand im Unterricht etwas Komisches sagte, lachten alle. Das Rennen auf dem Sportplatz war zwar verboten, aber man konnte zumindest einfache Spiele wie Sportstapeln und Luftballon-Volleyball machen. Nach der letzten Unterrichtsstunde hatte Seoyon immer das Gefühl, keine Luft mehr zu bekommen. Im Nachhilfeinstitut oder im Supermarkt hatte es ihr nichts ausgemacht, die Schutzmaske stundenlang zu tragen, aber unbegreiflicherweise fühlte sie sich kurzatmig, sobald sie vor dem Schultor in der Schlange stand.

Anstelle der Schulmahlzeiten wurden zwei randvoll gefüllte Kisten mit Kimchi und Gemüse für Seoyon und ihre Schwester geliefert. Ihre Mutter freute sich und sagte, es seien auch insgesamt sechzehn Kilo Reis geliefert worden. Mit ihren Bonuspunkten konnten sie Obst beim Genossenschafts-Supermarkt kaufen, also hätten sie für die nächste Zeit erst einmal keine Sorgen, was das Essen anging. Seoyon fand es zwar etwas eintönig, dass es jedes Mal Wurzelgemüse und gebratene Samtfußrüblinge als Beilage gab, aber es gab ihr auch irgendwie ein schönes Gefühl, dass ihre Mutter sagte, dank der beiden Töchter könnten sie gut essen.

Als das Wurzelgemüse fast aufgegessen war, kochte Seoyons Mutter getrocknetes Rettichgrün. Sie kochte es zum ersten Mal selbst. Bis dahin hatte sie immer nur vorgekochtes, in Portionen abgepacktes und eingefrorenes Rettichgrün verwendet, das ihr Seoyons Großmutter geschickt hatte. Der Geruch war für Seoyon neu. Als die in Wasser eingeweichten Rettichblätter zu kochen begannen, roch es nach Handtüchern, die in der Regenzeit nicht richtig trocknen. Seoyon fand es eigenartig, dass in letzter Zeit hier und da dieser Geruch durch das Fenster wehte. Vermutlich kochten sie alle diese getrockneten Rettichblätter aus dem Lebensmittelpaket.

Um dem Geruch auszuweichen, nahm Seoyon ihr Springseil und ging nach draußen, wo sie vor dem Haus auf Subin stieß. Im vergangenen Jahr waren sie zusammen in dieselbe Klasse gegangen und sehr eng befreundet gewesen, aber dieses Jahr sahen sie sich zum ersten Mal. Subin erzählte, dass sie seit April dasselbe Mathenachhilfeinstitut wie Sungmin besuchte, und fragte Seoyon:

»Ihr seid doch auch dieses Jahr in derselben Klasse, oder?«

»Ja.«

Plötzlich kicherte Subin und sagte:

»Kim Sungmin ist echt richtig nett.«

»Ach ja?«

»Ich sehe ihn jeden Tag, wir haben in denselben Nachhilfeinstituten Englisch und Mathe. Im Moment schreiben wir öfter bei KakaoTalk. Ich kann gut verstehen, warum du ihn magst.«

»Ich mag Kim Sungmin doch gar nicht.«

»Geht ihr nicht miteinander?«

»Nein! Diese Frage hängt mir langsam zum Hals heraus.«

Sie hatte mit Sungmin ausgemacht, dass sie ihre Beziehung geheim halten wollten. Aber nachdem sie gesagt hatte, dass sie ihn weder mochte noch mit ihm ging, hatte sie trotzdem ein schlechtes Gewissen. Abgesehen davon hatte sie zurzeit wirklich nicht das Gefühl, mit ihm zusammen zu sein. Während sie mit dem Fahrstuhl wieder nach oben fuhr, schrieb sie Sungmin, ob er seine Nachhilfekurse gut hinter sich gebracht habe. Sofort kam eine Antwort: *Ja.* Wie immer war das Gespräch schnell vorbei.

An einem Freitag, an dem Präsenzunterricht stattfand, war der Englischunterricht in der dritten Stunde etwas früher zu Ende. Seoyon gab Sungmin unauffällig ein Zeichen, nach draußen zu kommen. Da die anderen Klassen freitags keinen Präsenzunterricht hatten, liefen sie bis zur Treppe, die zur Bibliothek führte, durch einen menschenleeren Gang. Sie liefen nach oben bis zum Treppenabsatz. Dort sagte Seoyon:

»Lass uns Schluss machen.«

»Aber Seoyon ...«

»Ich wollte es dir nicht am Telefon oder per SMS mitteilen, sondern von Angesicht zu Angesicht. Ich habe mir gedacht, später gibt es vielleicht keine Gelegenheit mehr, es dir zu sagen. Machen wir Schluss.«

Sungmin griff nach Seoyons Handgelenk, als sie die Treppe hinuntergehen wollte.

»Wie kommst du auf einmal darauf?«

»Die Pause ist gleich vorbei. Wir müssen wieder zurückgehen.«

Seoyon schüttelte Sungmins Hand ab und lief die Treppe hinunter. Sungmin rannte ihr hinterher und rief ihren Namen. *Seoyon, warte einen Moment! Hey, Choi Seoyon!* Ihre Klassenlehrerin, die sich bis dahin im Lehrerzimmer aufgehalten hatte und nun wieder auf dem Weg ins Klassenzimmer war, wurde Zeugin dieser Szene. Sie sah ein Mädchen mit einem frostigen Blick, bei dem es einem kalt den Rücken hinunterlief, und einen hilflosen Jungen, der ihr verzweifelt hinterhereilte. Der Junge weinte in der nächsten Unterrichtsstunde hinter seiner Plexiglas-Schutzscheibe; seine Schultern wurden von lautlosen Schluchzern geschüttelt. Es kam nicht oft vor, dass in der Schule ein Junge aus der fünften Klasse weinte. Die Klassenlehrerin ahnte, dass etwas nicht in Ordnung war. Vielleicht Mobbing? Aber wer war dann das Opfer und wer der Täter?

Die Klassenlehrerin rief die beiden nach dem Unterricht zu sich nach vorne.

»Niemand darf seinen Platz verlassen, außer man muss zur Toilette. Das wisst ihr, oder?«

Seoyon antwortete mit Ja, aber Sungmin schwieg. Stattdessen ließ er den Kopf hängen und fing wieder an zu schluchzen. *Ach, Kim Sungmin.* Seoyon wusste zwar, dass er sensibel war, aber sie hätte nie damit gerechnet, dass er in Tränen ausbrechen würde. Sie seufzte. Auf die Frage der Klassenlehrerin, ob alles in Ordnung sei, antwortete Sungmin nicht. Diesmal sah die Klassenlehrerin die beiden abwechselnd an und fragte:

»Habt ihr euch gezankt? Was ist zwischen euch vorgefallen?«

Es wäre merkwürdig gewesen zu sagen, es sei nichts passiert, wo Sungmin derart heulte. Also antwortete Seoyon, ja, sie hätten sich gezankt.

»Aber es war nichts Ernstes. Wir werden uns wieder vertragen.«

Da fiel ihr Sungmin ins Wort.

»Sie will mit mir Schluss machen.«

»Hey!«, fuhr ihn Seoyon mit aufgerissenen Augen an, aber Sungmin fuhr unbeirrt fort.

»Wegen Corona konnten wir uns kaum treffen. Und jetzt will sie plötzlich mit mir Schluss machen, dabei habe ich nichts falsch gemacht!«

Die Klassenlehrerin war zwar etwas unangenehm berührt, versuchte aber, die beiden Kinder zu beruhigen.

»Also, ich weiß ja nicht, was genau zwischen euch war, deshalb kann ich euch keinen Rat geben. Aber im Moment müssen wir hier die Präventionsregeln einhalten ...«

Doch die Kinder beachteten sie gar nicht. Seoyon warf Sungmin einen bösen Blick zu und herrschte ihn an:

»Du hast es ja selbst gesagt, wegen Corona können wir uns nicht einmal treffen. Wozu sollen wir dann noch miteinander gehen? Wir können ja nicht einmal etwas zusammen machen!«

»Ist das meine Schuld? Du wolltest ja nicht in mein Nachhilfeinstitut kommen. Und du willst ja kein KakaoTalk benutzen.«

»Natürlich möchte ich auch in dein Nachhilfeinstitut gehen. Und ich möchte auch KakaoTalk benutzen. Aber das geht eben nicht. Deshalb sage ich ja, wir sollten Schluss machen.«

»Dann gib mir die Masken zurück, die ich dir geschenkt habe!«

»Wow, Kim Sungmin, jetzt zeigt sich dein wahrer Charakter ... Also gut. Nächste Woche bringe ich sie dir. Dafür machen wir unsere Beziehung wieder rückgängig. Wir machen nicht einfach Schluss, wir sind *nie* miteinander gegangen. Zwischen uns war und ist nichts.«

Seoyon verbeugte sich zum Abschied vor der Klassenlehrerin und rannte aus dem Zimmer. Wieder flossen dicke Tränen aus Sungmins Augen und durchnässten seine Maske. Die Klassenlehrerin holte eine neue aus ihrer Schublade und reichte sie ihrem Schüler.

»Sungmin. Ich kann euch nicht beibringen, wie man eine Beziehung zu führen oder wie man sich zu trennen hat. Aber … hm … die Masken zurückzuverlangen, war nicht so nett, findest du nicht?«

Sungmin sagte nichts. Die Klassenlehrerin fügte hinzu:

»Es ist ein Jammer, dass es wegen Corona so weit gekommen ist. Das tut mir wirklich leid.«

»Warum tut es Ihnen leid?«

»Ich weiß nicht. Das tut es eben.«

Draußen vor dem Klassenzimmerfenster wurde Seoyon sichtbar, wie sie über den Schulhof lief. Im Verhältnis zu ihrer zierlichen Figur sah ihr Schulranzen viel zu groß und schwer aus. Schniefend wischte sich Sungmin die Tränen weg und folgte ihr mit dem Blick, bis sie hinter dem Gebäude verschwand.

»Diese Geschichte könnte die Welt verändern.« *The Guardian*

Der Sensationserfolg aus Südkorea, der weltweit für Furore gesorgt hat: »Kim Jiyoung, geboren 1982« zeigt das schmerzhaft gewöhnliche Leben einer Frau in Korea und gleichzeitig deckt es eine Feindlichkeit gegenüber Frauen und Müttern auf, die uns allen – egal, wo auf der Welt – nur allzu bekannt vorkommt.